La Doña y el monte

La Doña y el monte

Nitty Rizo Patrón

Editorial
CAMINO AL
ANDAR

La Doña y el monte.

Primera edición: Octubre 2017
© Nitty Rizo Patrón
© Editorial Camino al Andar
Av. El Sol 448 – Barranco
Lima-Perù

Email: editorialcaminoalandar@gmail.com
Facebook: Edit Camino AlAndar
Blog: editorialcaminoalandar.blogspot.com

Editor: Juan Brambilla Vega
Diseño de portada: Alferatt Vidal
Diagramación: Alexis Gonzales Berrocal

Hecho el Depósito Legal en la Biblioteca Nacional del Perú
N° 2017-12846
ISBN: 978-612-4754-0-3

A mis hijos, para que recuerden;
y a mis nietos y a los hijos de mis nietos, para que conozcan.

PRÓLOGO

LA DOÑA Y EL MONTE es un título literario que alude a dos elementos poderosos, rebeldes, una doña y un monte. María Félix ("la doña") popularizó al personaje de la mujer que no se debe a nadie y vive a su aire, sobre todo en ese campo agreste tan presente en los filmes mexicanos de los años cincuenta y sesenta. Doña Bárbara es la protagonista de la novela del mismo nombre, cuyo autor es el venezolano Rómulo Gallegos; ella, un personaje ingobernable que debe enfrentar con todas sus armas la hostilidad masculina del monte, y los desafíos del corazón. "Monte" decimos en el Perú cuando nos referimos un paisaje agreste, boscoso, pero sobre todo difícil para una coexistencia apacible con el ser humano.

El título que Cristina Rizo Patrón ha elegido para agrupar sus crónicas de vida es adecuado a lo narrado, pero solo hasta cierto punto. Estas crónicas ciertamente relatan cómo se va forjando el temperamento de la doña, desde la juventud hasta la prematura viudez, en un proceso de endurecimiento dado por el conflicto constante entre el deseo de una vida plena, intensa e inabarcable, y los topes que le va imponiendo la realidad. Sin embargo, el endurecimiento no es sino una armadura que la autora/protagonista debe ponerse para ocultar la ternura, que puede llegar a convertirse en un punto débil cuando se elige una vida sin temores ni barreras sociales.

Conocí algunas de las crónicas que componen este volumen cuando Cristina me las iba leyendo en la terraza de su casa en el fundo Choloque, allá por el 2005. En ningún momento la autora y amiga se permitió un deslizamiento por la pendiente del sentimentalismo al compartir conmigo textos tan formidables y cargados de emotividad, de humor, de tolerancia y de valor. Cristina se refería a sus relatos como registros sencillos, casi domésticos, de episodios de su propia experiencia. Modestia la de la doña. Desde aquella noche poblada de luciérnagas, de olor a mango y de una exquisita cena salida de las manos de mi anfitriona, yo quedé fascinado ante el hecho de que Cristina, además de haber vivido lo que había vivido, tuviera también el don de escribirlo. Ella en ese momento enfrentaba una crisis debida a la caída del precio del mango y del limón, los principales productos del fundo, pero mientras luchaba por mantener la calidad de su producción y se adelantaba a los efectos de un mal momento, se daba tiempo para volcar en la pantalla de su computadora las palabras que, concatenadas, iban dando cuenta de dos o tres décadas de amor.

De amor, sí, pues La doña y el monte es un conjunto de historias de amor, de amor apasionado, apacible, creador, desafiante. Es el amor de Cristina por la vida, que en las crónicas se va desplegando primero en el entorno cálido de una grande y antigua familia; y luego, a partir de un encuentro realmente novelesco, es el amor incondicional, solidario, de pareja y de compañeros que inicia con Manolo, "el viejo", el hombre con el que une su vida y su impulso a fracturar el cauce que le tenía deparado su clase social, en una Lima pueblerina y pacata.

Quizás a través de un ADN muy antiguo, donde figuran militares valientes, conquistadores y terratenientes de horca y cuchillo, Cristina heredó el impulso por partir, dejando atrás la ciudad, partir hacia el monte, para enfrentar desafíos completamente diferentes a los que la vida, acaso, tenía reservados para ella. Desde que visita Jecuán, la autora se adhiere como a una segunda piel a la vida de la hacienda. Una vida que buscaba combinar la dureza de la tarea cotidiana con el placer de los techos altos, las habitaciones ventiladas, el olor a petróleo en los pisos y el contacto con personajes que en la urbe jamás habría conocido.

Uno de los elementos constantes y mejor resueltos en este delicioso volumen, está dado precisamente por la descripción del contacto que establece Cristina con el personal de servicio de las diferentes haciendas en las que vivió, pero también con los campesinos y sus carencias, con las "mayoras" y sus maneras de llevar un duelo, con los matrimonios jóvenes poco entrenados para constituir una nueva familia, con los enfermos y moribundos a los que ella se daba a atender como una forma de devolver en algo todo lo que recibía: cariño, cuidado, confianza, ternura.

Sensatez, aunque en apariencia Cristina en muchos momentos bordeó la orilla contraria, es una palabra que define muy bien el temple de la doña. Sentido común aunado a una cierta locura por encarar cualquier desafío para ganarlo, de modo que todo el mundo salga beneficiado. Es lo que Cristina hacía en cada una de las estaciones a las que la voluntad del trabajo en el campo llevaba a toda la familia por diversos tramos de nuestros valles costeros del norte. Humor, el necesario para poner distancia y alegría a situaciones que enfangadas en el dramatismo no habrían llegado a ningún buen puerto. Humanidad, un sentimiento imprescindible para ubicarse como interlocutora con la gente de la chacra y la aldea.

Mención aparte merece la relación de Cristina con sus hijos, tan presente en las crónicas que componen el presente volumen. Niños que disfrutan del calor y la atención de unos padres amorosos, que comparten con ellos los conflictos derivados de la vida elegida. En ese sentido, son emblemáticas aquellas secuencias en las que el fenómeno El Niño afecta severamente la vida de la familia, del que esta no puede huir, ya que tienen que seguir bregando porque ahí está todo lo que poseen y no están dispuestos a perderlo. Los muchachos entonces se avienen a nuevas y duras rutinas, que alcanzan al diario comer tanto como a los hábitos de higiene, o de sueño y baño.

La doña y el monte discurre por la anécdota, la reflexión, la información pura y dura, la introspección. ¿El eje? El amor. El amor por el hombre con el que tanto coincidió y al que perdió. El amor por sus hijos, desde luego; pero englobando a todas las variantes de ese sentimiento, el amor por el campo, por la tierra, los algarrobos, los frutos, los sembríos y la gente. Un universo completo agrupado por un sentir muy hondo, tan hondo como los pozos que había que perforar en el desierto para obtener el agua, el líquido maravilloso que venía con la vida. La vida de una doña en un monte.

Rafo León, 2017.

1.   El principio.

Aunque no era precisamente la mañana más hermosa del año, el cielo blanco y frío me recordó a los hijos allá en Lima; y por enésima vez me hice la firme resolución de empezar a escribir sobre tantas vivencias, buenas y malas, que sé que ellos quieren compartir y en muchos casos recordar.

Este proyecto de vida que iniciamos Manolo y yo y que fue tan especial, debe quedar por escrito también para mis nietos, quienes igualmente forman parte de él, aunque no lo compartieran ni conocieran a su abuelo. Sé que lo viven en cada visita al Choloque y que les llega a través de sus padres, y ahora estas historias "veríficas" les hablarán sobre sus orígenes y conocerán las pruebas y vivencias que todos tuvimos que pasar, y les transmitirán los valores, principios morales y enseñanzas de vida que siempre tratamos de inculcar en nuestra familia.

Esta vez sentí que el impulso de escribir era más fuerte, y aquí estoy, a las seis y media de la mañana, tratando de recordar y transmitir lo que hoy es el equipaje de recuerdos que cargo con gusto y que sigue aumentando conforme pasan los días. Sí, los días, porque así es como se vive la vida: día a día.

Trabajar los últimos tres años de secundaria con el discjockey más popular en Lima, Barton Wilson, un norteamericano enamorado del Perú que tenía hasta su propia orquesta y quien, por grabar sus programas de noche y dormir de día, necesitaba una secretaria de 5pm a 8pm, precisamente después de que yo regresaba a casa del colegio, me había permitido no solo practicar y ganar algo, sino también perfeccionar mi inglés y "madurar" profesionalmente antes que mis compañeras; y así fue que, con apenas 18 años, yo ya había pasado el noviciado al salir del colegio e incluso había podido obtener un puesto envidiable. ¡Fue hace tantos años el día en que cambió el rumbo de esa nueva vida!

Una nueva vida que yo apenas había iniciado al terminar mis estudios y al entrar a trabajar en la recién formada Refinería Conchán, con un importado y extraordinario jefe que me había abierto la posibilidad de irme a trabajar a los Estados Unidos con la Standard Oil. Ya todo estaba arreglado: había enviado mi solicitud y los papeles de la prueba y había sido aceptada. Ya tenía alojamiento asegurado en casa de una tía de mi actual jefe, y solo faltaba decidir sobre la fecha de mi traslado, el pasaje y los trámites de la Visa.

Interrumpo los recuerdos para volver al presente. Lucho, trabajador de los buenos del Choloque y a quien le dicen Pancho porque su mujer decidió cambiarle el nombre, vino a pedirme si le podía "sacar copias", o sea pasar a máquina una tarea del colegio que le habían dado a su hija. De lo más conmovida por poder ayudar a María, una preciosa chiquilla de doce años, tomé el borrador de la tarea y me puse a tipearlo. El título era "Humor" y, en efecto, se trataba de tres chistes de loros. Empezaba ya el tercer y último chiste y me encontré con que se trataba de un loro de "mierda", que le decía al cura que "le metiera el dedo" a una señora desmayada para despertarla. Cosas que pasan. El pobre Lucho no tenía idea de lo que me había traído, y le dio un chucaque tremendo cuando lo llamé para explicarle que la señora Nitty no podía copiarle esos chistes y que averiguara quién le había dado semejante tarea a su hija.

Pasada la interrupción y volviendo a ese ayer de primera juventud, todos los planes y posibilidades de terminar casada con un gringo que ni iba a comer cebiche, ni bailar vals criollo, pero que por supuesto me daría una mejor vida y unos hermosos hijos rubios con ojos azules, simplemente se fueron al tacho al minuto de entrar a la casa hacienda de Jecuán, en Huaral, cuando asistí al almuerzo que, unos días después, mi tío Manolo Santa María, administrador de la hacienda, ofrecía por el aniversario del segundo matrimonio de su padre, don Teobaldo, el patriarca de la familia Santa María.

Debo interrumpir nuevamente los recuerdos, ya que regresó "Pancho", esta vez con algunos chistes tan malos como los anteriores, pero al menos sin los adjetivos ni implicancias mencionadas. Debo tipear el trabajo antes de que oscurezca, ya que aún no llega la electricidad por estos lares, y tratar de alumbrar la mesita donde está mi Underwood con lamparín de kerosene es simplemente imposible. Todo sea por la niña María.

Continuaré mañana dada la importancia que tuvo esta celebración en mi vida.

2.   Primera visita a Jecuán.

Uno de los primos hermanos de mi madre, Manolo, había decidido festejar el aniversario de su padre y madrasta con una pachamanca serrana en Jecuán, la hacienda que administraba en Huaral. Manolo había invitado a toda la familia Santa María, desde las hermanas de su padre y matriarcas de todos los Santa María, Elvira, Luzmila y Clementina, hasta el último bisnieto.

Yo había llegado a Lima el día anterior al almuerzo, de regreso de la hacienda de unos tíos, en Barranca. Había tenido una crisis por exceso de trabajo, diagnosticada como "surmenage", y por indicación médica había salido de Lima a pasar unos días con ellos. Me habían prohibido hasta leer, mi actividad favorita. Sin ninguna intención de obedecer al médico en este tema, no tardé en encontrar un libro sobre la vida de Désirée, la amante de Napoleón, cuya historia me salvó de las noches de silencio y soledad como lo hicieron después tantas otras historias que me acompañaron gran parte de mi vida. Todavía sufría por la ruptura con Javier, mi último enamorado, y aunque razones no me faltaron para terminar la relación, no dejaba de lamentarme ni de extrañarlo. Ojalá este almuerzo –pensé- se convierta en una jarana; de esas que armaban los "parientes anexos" a los Santa María (los Bazo, Rizo Patrón y los Velarde) cada vez que se juntaban. Felizmente, sabía que Nini, la hermana de Manolo, cuyo enamorado era amigo y compañero de juergas de Javier, iba a estar allí y que me pondría al día sobre las andanzas de mi ex-enamorado.

No sé cómo mi mamá había convencido a mi papá de que me dejara usar mi nueva "ternada" anaranjada. Me había arriesgado a comprar nada menos que un pantalón pescador y una blusa a juego, sabiendo que el viejo veía con malos ojos el que usara otra cosa que no fueran faldas o vestidos. Creo que se tomaba muy en serio eso de que uno era menor de edad hasta los veintiún años, cuando recién podía obtenerse la Libreta Electoral, Brevete, etc. Y como yo tenía solo diecinueve años, seguía siendo su hijita.

Me sentía lo máximo y de lo más animada cuando bajé las escaleras antes que nadie, rogando que el viejo no me viera hasta que estuviera sentada y muda en el carro para no llamar la atención. No valió de nada. Creo que se me pasó la mano con el colorete, como lo llamaban entonces. Lo había comprado tan anaranjado como el pantalón y según el viejo parecía una "bataclana". Creo que era su adjetivo femenino más ofensivo. Acordaron que no me quitaría el pantalón naranja, pero sí que me lavaría la cara, así que regresé a la casa para efectuar una limpieza en regla y feliz de que, al menos, ¡podría lucir mi hermosísimo pantalón anaranjado!

Es curioso que, a mí, que todo lo olvido, se me haya quedado grabada esa entrada a Jecuán. La casa hacienda tenía un gran patio detrás, cerrado, con un portón grande por donde antiguamente entraban las carretas y carrozas, y también un "parqueo" para caballos con sus viejas argollas de hierro empotradas en la pared encima de los comederos. Allí cuadramos nuestra "carreta" VW y entramos por un corredor ancho que terminaba en la sala principal, que a su vez daba a una gran terraza sombreada por ficus gigantes poblados de Santa Rositas (golondrinas). A ambos lados de este corredor estaban las puertas de los dormitorios –puertas antiguas, muy altas, todas con ventanas de vidrio y madera.

El techo era una claraboya elevada, también de madera, que dejaba pasar la luz y los rayos del sol que en esa mañana se lucían como nunca en un Huaral casi siempre nublado, tal como pude apreciar meses después.

Óscar, mi hermano, se había quedado cuadrando el carro afuera en el patio, feliz de que lo hubieran dejado manejar desde Lima. Yo iba caminando con los viejos por el corredor, contemplando al fondo los hermosos ficus y pensando en quiénes habrían vivido en esa casa tan grande y hermosa.

Fue en ese momento cuando sentí una voz que me decía: "aquí te quedas".

Fue tan real la sensación que me paré en seco. Mi mamá, que había seguido caminando, volteó y me preguntó qué me pasaba. "Mamá", le dije sin siquiera pensarlo, "aquí es mi sitio; aquí me voy a quedar; alguien me lo acaba de decir."

Lo especial fue que en ningún momento dudé de que así iba a suceder.

No sabía cómo, pero sí que iba a vivir allí. Hasta ese momento, Manolo no había aparecido en mis pensamientos. Él era el tío que yo casi no veía porque no vivía en Lima; y mi relación con Nini, su hermana, muy frecuente en los últimos meses, se debía a que salíamos las dos parejas juntas. Cheti, enamorado eterno de Nini, era compañero de La Molina y de otras correrías de Javier, mi "marchante" del momento; de manera que a Manolo casi no lo había tratado ni visto, ni mucho menos relacioné con él la seguridad que sentí de que mi futuro estaba en Jecuán.

3.   Manolo y Nitty.

Ayer en la noche, ya en cama y releyendo "Primera visita a Jecuán", sentí un ruido junto a mi dormitorio, en la que fue nuestra primera oficina en El Choloque. Inmediatamente me levanté decidida a investigar, porque quedarse con los miedos es peor que enfrentarlos. Me puse mis sayonaras, agarré mi linterna y el revólver sin saber cuál poner en la mano izquierda y cuál en la derecha, y salí al patio. Felizmente no fue más que el gato, que había tumbado la horqueta de mi único rosal, así que regresé aliviada. En el camino me di cuenta de que hubiera sido más fácil encender la luz, porque hace ya unos meses que nos ha llegado. Lo que son los hábitos...

Ese almuerzo familiar en Jecuán fue verdaderamente para mí, LA FIESTA. No estuve con Manolo en toda la mañana, pues como buen anfitrión y con tanta gente no tuvo tiempo para dedicarme. La verdad, creo que tampoco se fijó en mí como prospecto, al menos no todavía. O sea que Manolo... ¡no tenía la menor idea de lo que le esperaba! Por mi parte, sintiéndome ya la dueña de Jecuán, me paseé por toda la casa haciendo mentalmente miles de cambios y arreglos y luego salí a caminar. La casa estaba en las faldas de un cerro, y de la terraza de los ficus se bajaba por una escalera de madera a un terreno que, según yo, sería mi futuro jardín, que nunca lo fue porque el exceso de sombra y humedad no dejaban crecer nada. El terreno era atravesado por una acequia que tenía agua permanente y abundante y que era la bendición de Jecuán. Eso no lo aprecié hasta que nos mudamos al norte, a la zona del "bosque seco", donde cada gota de agua hay que extraerla de cincuenta o más metros de profundidad. Este terreno terminaba en un cerco que daba a un potrero, en el cual pastaba "mi" ganado Holstein, que le daba un toque de color al paisaje. Luego venía la cancha de fútbol, de pasto, rodeada por la ranchería con todas sus casas pintadas de blanco.

Ya en la tarde, después de una verdadera pachamanca al estilo tarmeño, pasamos a la casa. En el comedor, una pequeña pieza de 10 x 6 metros, se había instalado un conjunto criollo traído de Huaral y todos los invitados se sentaron en las sillas puestas alrededor, también al estilo Tarma...¡y así empezó la jarana!

Casi todos eran casados y los que no lo eran bailaban con sus parejas. Además, como Manolo seguía en su afán de atender a los invitados decidí integrarme al conjunto musical, de manera que me pasé toda la tarde cantando y bromeando desde el improvisado estrado. Debo confesar que, con muy mala intención, y ya habiéndome dado cuenta que si me iba a quedar en Jecuán tenía que hacer algo por la patria (ayúdate que yo te ayudaré), pedí al conjunto que cantara un vals de Alicia Maguiña que estaba de moda:

Un dulce despertar,
un nuevo amanecer,
ya tengo a quien amar,
ya tengo a quien querer...

La verdad es que, aparte de que el vals era lindo, la letra fue como un dardo directo a Manolo, quien desde ese momento ya no despegó de mí la mirada, menos aun cuando yo me esmeraba en cantar más y mejor. Por fin, ya tarde, todos empezaron a irse y el mañosón del "tío" Manolo, en complicidad con Nini, su hermana, decidieron que yo me quedaría para irme con ella al día siguiente.

Allí empezó todo. En ese momento y en algún lugar se empezaron a hacer los moldes de todos mis hijos, quienes fueron la más auténtica prueba de esa magia que hubo entre Manolo y yo, y que fue la que creó una relación tan completa y una vida tan plena de satisfacciones y de tantos momentos felices.

4.   Manolo, Nitty y la familia.

Esa noche en Jecuán, la primera de tantas otras que pasaría en esa hacienda tan querida, la recuerdo claramente, al igual que todos los sentimientos que afloraban con cada mirada, risa o frase compartida con Manolo, quien por fin pudo dedicarse a lo nuestro, que iba formándose de manera tan natural y con tanta fuerza que ambos supimos, desde ese día, que ya no nos separaríamos.

Esa noche también se quedaron en Jecuán los padres y los hermanos de Manolo con sus respectivas familias, además de Nini y su novio, quienes regresarían al día siguiente. Todos estábamos sentados en la sala alrededor de la chimenea comentando los sucesos de la reunión y bromeando con indirectas sobre el "solterón" de Manolo. Recuerdo que por momentos él y yo nos aislábamos hablando de nosotros con el afán de conocernos, pues no solo sabíamos muy poco uno del otro, sino que además éramos de dos generaciones diferentes. Pero era una época de "chaperoneo" y, al final, Teo nos mandó a acostar a todos, por supuesto cada cual a su propia cama.

Al día siguiente, Manolo me despertó a las cinco de la mañana para "ver el ordeño" y nos fuimos a los corrales del ganado que quedaban cerca de la casa...la verdad es que ninguno de los dos distinguió las vacas de los toros, ¡y terminamos mirando el amanecer desde el corral sin siquiera darnos cuenta del ordeño! Ya sabiendo que empezaba algo especial entre nosotros, quedamos en vernos el siguiente sábado, pues Manolo no iría a Lima sino después.

¡Qué lejos nos parecía esa fecha! ...teníamos tanto que decirnos, que sentíamos que era absurdo tener que separarnos. De manera que nos despedimos con miradas y promesas de hablarnos todos los días y deseando ya que esa semana pasara volando. Con el afán de estar en casa lo antes posible, esa semana trabajé a mil por hora en la oficina para no tener que quedarme después de la hora de salida, como casi siempre hacía. Además, Manolo tenía que ir hasta la Central de Teléfonos, en Huaral, de donde me llamaba para conversar conmigo mientras que la telefonista se soplaba suspirando todas nuestras conversaciones.

Al fin llegó el sábado y, por primera vez, me preparé en toda regla para el encuentro. Me pasé la mañana en la peluquería, cosa que nunca hacía, me compré el vestido más lindo que encontré en la casa de doña Alicia, conocida contrabandista de ropa fina, ya que no existían las boutiques ni malls y toda la ropa buena la vendían señoras que viajaban al extranjero y hacían de sus casas unas tiendas llenas de tentaciones. Creo que fue la primera vez que ni siquiera me fijé en el precio. Después de probarme cuanto vestido había, encontré lo que buscaba: un vestido negro precioso, con la falda negra con blanco, y un súper sexi chal que le hacía juego y con el que le di el golpe de gracia al viejo, que recibió tal impresión que ya no tuvo chance de escaparse.

Fueron cuatro fines de semana lo que nos tomó decidir anunciarles a todos que nos íbamos a casar. El primer domingo que fuimos a misa juntos, lo hicimos a una iglesia alejada de Miraflores para no cruzarnos con la familia, pues como era la segunda vez que salíamos era mejor que nadie se enterara de lo nuestro todavía, así no habría presiones ni "corralitos". No habíamos avanzado ni tres cuadras cuando sentimos un escandaloso toque de bocina. Era media familia Bazo Santa María, que nos había visto y nos siguió como cinco cuadras haciendo bulla y festejando a la nueva pareja de la familia. Ahí mismo se acabó el secreto. El siguiente fin de semana, compartimos con todos la novedad de nuestro cariño, y a partir de entonces fuimos parte de todas las reuniones familiares.

Siempre había sido un misterio, y lo seguirá siendo para nosotros "los chicos" de la familia, el alejamiento de Teobaldo, el patriarca de la familia, de sus hermanas y sus familias: las tías Santa María: de Villa, mamá de todos los Bazo, de Milita..., la tía soltera y la más viejita, que había tomado el lugar de su hermana Delia, mi abuela y de la tía Clamen. Debió de haber sido algo muy serio, porque Teo, siendo el único hermano hombre, había sido el engreído de todas ellas. El caso es que, ya con nuestro compromiso en vísperas de oficializarse la tía Malela, hermana de mi madre, tomó la iniciativa e invitó a una comida en su casa a todos los viejos y a nosotros, y con miles de lágrimas, abrazos y besos se realizó la reconciliación de los hermanos; quienes a partir de ese momento no dejaron de verse todas las semanas hasta que se fueron yendo todos, uno por uno, a su querida Tarma del cielo, que según ellos tenía que estar allí por lo hermosa que era, y donde seguramente ya estarían todos los Santa María que habían formado parte de esa familia, tan unida como solo se da en lugares en los que la tradición y las costumbres se comparten entre pocos y los lazos familiares se refuerzan con los matrimonios entre la familia.

Un domingo, almorzando en casa de Teobaldo, este se acercó a Manolo y a mí y nos dijo que fijáramos la fecha para el petitorio de mano. Familia o no, los protocolos no podían obviarse y, de acuerdo a estos, nos dio las instrucciones: solo asistirían él, María Jesús su esposa, Manolo, y don Héctor y Nita, mis padres. Yo no debía estar presente hasta después del petitorio y supuesta aceptación por parte de mis padres. Luego vendría la entrega del anillo de compromiso y el brindis, con champagne, por supuesto. Recién después podrían incorporarse a la celebración los hermanos de los ya novios si así lo queríamos.

Y tal cual como lo había ordenado el patriarca, llegó y pasó la ceremonia del compromiso, con la salvedad de que yo me la pasé escondida en la escalera, tratando de escuchar los discursos de Teobaldo, de Manolo y también la respuesta de mi padre.

Y así, anillo al dedo, y sin pedir permiso por primera vez en mi vida, me fui con Manolo a una "discoteca", ¡un lugar prohibido para mí hasta entonces!

Fue una noche especial: estábamos por primera vez solos, haciendo los mil planes de vida, y sabiendo que ya no nos separaríamos de allí en adelante.

5.   Matrimonio y vida en Jecuán.

Habían pasado ya seis meses desde esa primera ida a Jecuán. Regresé varias otras en paseos inolvidables que hicimos con la familia, en los que salíamos a cabalgar, a visitar, en la noche por supuesto, el cementerio inca que había detrás de la casa, a bañarnos en el canal, o a organizar noches de fogata con guitarra y juegos de charadas y preguntas, en las que Manolo barría con todos nosotros con el gran conocimiento que tenía sobre innumerables temas.

Me sentía parte de esa tierra, y cuanto más nos íbamos conociendo tanto en Manolo como en mí se afianzaba el cariño y la seguridad en la decisión que habíamos tomado. Todos los miércoles recibía carta de Manolo y casi corría a la casa después del trabajo para luego, tras saludar apenas a los viejos y subir corriendo con la carta, mi café y mi cigarrito, encerrarme en el cuarto y leer las novedades y los planes e ideas para remodelar la casa cuando estuviéramos juntos en Jecuán. Me quedaba con tantas ganas de verlo que apenas podía esperar hasta el sábado en que Manolo regresaba de la hacienda.

Mientras tanto, yo seguí trabajando e invirtiendo cada sol que ganaba en mi "ajuar", que crecía sin mayor orden que el dictado por el entusiasmo de comprar todo lo que pensaba que me iba a ser útil. Por supuesto, lo más útil era lo que tenía que impresionar a Manolo, así que mi lista de babydolls y todo estilo de "utilería" que sirviera a ese propósito se llevaban el récord.

En mayo fue el compromiso oficial, con todas las de la ley, lo que significaba que yo no podía estar presente mientras Teo y María Jesús, con Manolo, pedían mi blanca mano a mis viejos. Creo que el tiempo pasó más rápido porque nos veíamos solo los fines de semana, y las constantes llegadas y despedidas hacían que los días de la semana no contaran. Recuerdo que trabajé hasta una semana antes de ese mediodía del sábado 28 de septiembre, en que llegó el momento del cambio trascendental de vida que tanto habíamos esperado y para el que nos habíamos preparado con una ilusión inmensa. Nos casamos en la capilla de la iglesia Santa María y luego compartimos las bromas, abrazos y cariño de toda la familia en casa de Teo y María Jesús, quien había insistido en encargarse de preparar todo. Nos fuimos a Jecuán, por supuesto, para salir al día siguiente a Huaraz, donde pasamos unos días maravillosos disfrutando cada pueblito, cada paisaje y del hecho de estar juntos ya para siempre. No alargamos el viaje más de lo planeado porque, tanto Manolo como yo, estábamos impacientes por regresar a Jecuán, arreglar la casa con los muebles, ajuar y regalos que nos esperaban, algunos en la hacienda y otros aún en Lima, y comenzar nuestra vida juntos.

Hay algo en lo que siempre estuvimos de acuerdo: lo más importante siempre fue nuestra casa, después nuestros hijos, nuestra chacra y todos los momentos que pudiéramos compartir, dondequiera que fuera. Y eso se refleja tan bien en las palabras que escribimos en la pared de la sala del Choloque muchos años después, porque no se refiere a un lugar específico, sino a un sentimiento. "Gracias Dios nuestro, por ser lo que somos, por tener lo que tenemos, por vivir donde vivimos."

La vida en Jecuán marcó el inicio de un nuevo estilo de vida. El trabajo que antes ocupaba mis días fue reemplazado por el trabajo con la gente que convivía con nosotros en esa hacienda tan maravillosa. Aquí en la oficina del Choloque, desde donde escribo, levanto los ojos y veo, colgados en la pared, los "diplomas" desteñidos por el tiempo que nos dio su gente tan querida, que compartió con nosotros tantos momentos felices. Allí les dejamos una ranchería nueva y una sala-cuna, para que las mujeres que iban a la apaña de algodón dejaran a sus hijos bien cuidados. Esta obra fue la que más satisfacción me ha dado, pues aprendí muy duramente el peligro al que estaban expuestas las criaturas que se quedaban solas en sus casas por largas horas.

Estaba terminando de arreglar mis floreros de la casa. Manolo había regresado la víspera de Santa Rosa y me había traído una increíble cantidad de flores del jardín de la señora Rosa Amelia, esposa del dueño de esa hacienda que también administraba y que era tan diferente a Jecuán.

Sentí unos gritos y entró corriendo Alfonso, el mayordomo de la casa. Hablaba entrecortadamente por la desesperación y la agitación de la carrera que había dado desde la ranchería, que quedaba a unos trescientos metros de la casa. "Se ha incendiado una de las casas y hay unos niños quemados", me dijo casi llorando. Fue el cuadro más impresionante que había visto. Mercedes, apañadora de algodón, había salido al campo dejando a un bebe de dos años y a su hermanito de ocho encerrados con llave. El niño, por calentar la comida, había prendido la cocina de kerosene, y el bebe, aparentemente, se había tropezado con ella y la había tumbado al suelo, que tras impregnarse de kerosene ardió inmediatamente. El niño mayor se había quemado tratando de apagar a su hermanito, hasta que sus gritos y el humo atrajeron a un trabajador que había estado regando la pampa de fútbol, quien rompiendo la puerta logró sacarlos de ese infierno.

Los dos niños fueron llevados inmediatamente al Hospital del Niño, y aunque el mayor salió una semana después, el bebe tuvo que quedarse varios meses. A los pocos días del regreso del mayor, me lo trajo Mercedes con un corte en la cabeza y la espalda llena de marcas de golpes. El papá, culpándolo de lo sucedido, le había dado una golpiza tremenda y, al caerse, se había roto la cabeza.

Esa fue la primera vez que apliqué la justicia de "ojo por ojo".

Lo hice llamar, le di un sermón como jamás había escuchado y, como trató de justificarse diciendo que tenía que castigar al niño, le mandé una cachetada. No sé si por el dolor o la impresión, el hombre rompió a llorar pidiendo perdón y jurando que jamás volvería a pegarles a sus hijos.

Por lo menos mientras yo estuve allí, cumplió su palabra.

Me sentía sumamente responsable por el sufrimiento de esos niños. ¿Cómo podía haberme mantenido tan al margen de lo que pasaba en un lugar en el que yo tenía la autoridad y posibilidad de hacer que mejoraran las condiciones de vida?

Así entendí que todo lo que era y tenía no me lo había ganado. Simplemente me había tocado nacer en condiciones privilegiadas, y esa factura había que pagarla.

Tenía una gran responsabilidad que abarcaba, cuando menos, a los que tenía más cerca, y no podía pasar por la vida sin devolver de alguna manera todo lo que había recibido.

6.   Hugo.

Ni bien nos establecimos en Jecuán, me tomé a pecho el cuidado de Hugo. Era un chiquillo de diez años, de piel clara y ojos verdes que Manolo había llevado a vivir en la casa hacienda a raíz de un trágico accidente. Mis cuñados me fastidiaban insinuando que era igualito a Manolo, y que allí había gato encerrado. Sus padres eran de Huacho y todos los años iban con la contrata de apaña de algodón a Jecuán. Cada año llevaban un hijo nuevo, y el año del accidente ya eran ocho chiquillos entre uno y quince años. Un fin de semana, regresando de hacer sus compras en Huacho, se estrelló el colectivo en el que viajaban y murieron los dos. La familia llegó a Jecuán a recoger y repartirse a los niños, pero a Hugo no hubo quién se lo llevara. Cuando fueron a hablar con Manolo, él aceptó hacerse cargo de Hugo hasta que terminara la secundaria.

Hugo pasó a vivir en lo que había sido el cuarto de las monturas, que quedaba en el patio que daba a la cocina. Por supuesto, lo primero que hice fue arreglar su cuarto y comprarle algo de ropa, ocuparme de sus modales y hábitos de limpieza, si es que acaso los tuvo alguna vez. Como era un chiquillo inteligente y estaba feliz de vivir en Jecuán, se esmeró bastante y al poco tiempo se notaron los cambios. Decidí ir al colegio para conversar con su profesor y enterarme de cómo iba en sus estudios, y una mañana hice ensillar uno de los caballos y partí hacia la irrigación La Esperanza, donde quedaba la escuela.

Allí empezó la decepción y la lucha que tendríamos con Hugo durante todo el tiempo que estuvo con nosotros. Simplemente no le gustaba estudiar y faltaba constantemente a la escuela. Le compramos una bicicleta para facilitarle las cosas, pero nunca entendió la importancia de estudiar ni correspondió a cuanto esfuerzo hicimos por ayudarlo y motivarlo.

Cuando nos fuimos a vivir a Las Norias empeoró su actitud, al punto que un día vendió su ropa, la bicicleta y cuanto pudo y terminó uniéndose a un equipo de fútbol de Chulucanas, para luego marcharse con ellos sin avisarnos. Tuvimos que acudir a la policía para ubicarlo y cuando una semana después lo encontramos, Manolo decidió que ya estaba lo suficientemente grande como para irse a vivir con sus hermanos mayores, de modo que lo envió de regreso a Huacho con lo necesario para que terminara sus estudios bajo la responsabilidad de su familia.

No volvimos a saber de él, excepto por una carta del hermano, en la que además de decirnos que Hugo había terminado la Secundaria le agradecía a Manolo por haberse ocupado de él hasta el final. Nos había dado tantos problemas en los últimos meses, que la verdad nos sentimos más tranquilos cuando se fue. La única que lo extrañó y siguió preguntando por él durante algún tiempo fue la Cali, a quien Hugo demostró siempre gran afecto, y con la que solía jugar mostrando un sentido de responsabilidad que nunca supo tener hacia sí mismo.

7.   Ama de casa.

En esos primeros meses de vida en Jecuán, fue todo un reto el tornar acogedora esa casona antigua, con sus dormitorios inmensos, de techos altos y con farolas para iluminarlos durante el día. Solo el comedor y las dos salas tenían ventanas que daban a la terraza. La casa tenía dos baños enormes y cuatro dormitorios que medían cerca de cincuenta metros cuadrados cada uno, y todos daban al corredor central que empezaba en el patio de los caballos y terminaba en la sala principal. Los pisos eran de tablas de madera que sabe Dios por cuánto tiempo se habían "encerado" con petróleo. La sala principal tenía piso de mosaicos de varios colores. La primera vez que vi esta habitación, con sus grandes ventanales y mampara a la terraza, con la estufa de piedra y su repisa grande de madera, encima de la cual estaba el "metro y medio de libros verdes" que, según sus hermanos, Manolo había comprado para llenar el espacio, me pareció de lo más acogedora. Pero eso había sido en verano. Ya viviendo allí, llegué a renegar del bendito piso que, unido al techo altísimo, hacían de la habitación un verdadero refrigerador en el invierno. Como toda casona antigua estaba llena de historias de fantasmas y penas, que se volvían creíbles con el crujir de los techos y maderas viejas que se escuchaba en el silencio de la noche.

Con todo el entusiasmo y energía de mis veinte años, me metí de lleno a mi nuevo papel de ama de casa y decidí reemplazar el petróleo por cera de verdad. Por supuesto que sin ninguna idea de cómo hacerlo correctamente, armé tal engrudo entre el petróleo, la tierra pegada que ya era parte de la madera, y la cera misma, que malogré mi flamante lustradora, cuyas escobillas tuvieron que pasarse una semana remojándose en gasolina, detergente y sabe Dios qué más para que quedaran limpias, y que de allí en adelante solo la usé para lustrar los mosaicos del piso de la sala, mientras que en las demás habitaciones continuamos con la tradición: petróleo y solo petróleo.

Sin amilanarme, seguí adelante con mis funciones domésticas, y un día que Rosa y Alfonso (la pareja a cargo de la casa desde que Manolo llegó a Jecuán) estaban de permiso, decidí sorprender a Manolo con unos riquísimos tallarines. Ya imbuida en mi papel, y por lo tanto decidida a hacer economías, me puse uno de los mandiles llenos de blondas y lacitos de mi ajuar y saqué mi flamante olla de presión nueva. La llené de agua, sal y un kilo de fideos y la puse al fuego. Mientras que la olla "cocinaba sola", según decía en la etiqueta, me puse a arreglar la mesa, feliz de estrenar absolutamente todo lo necesario y otro tanto de esas cosas "prácticas" que me habían regalado en el té de tías, pero que habían terminado guardadas o como regalo para algún otro shower. Salí a buscar algunas flores y hojas para el infaltable centro de mesa y me distraje caminando más tiempo que el prudente. Al regresar a la casa, el pito de la olla de presión sonaba a más y mejor. Dejé todo en la mesa de la cocina y, sin acordarme que había que levantar el famoso pito para que saliera el vapor, destapé la olla. Lo que recuerdo después de eso es que yo estaba sentada en el suelo, que tenía los brazos empapados en agua hirviendo y que los tallarines estaban pegados en el techo, paredes, muebles y en mi cabeza y ropa, y que la tapa había salido disparada por la puerta que daba al patio. Justo en ese momento llegó Manolo, que regresaba de Santa Rosa, y con toda su paciencia y cariño me llevó a cambiarme y luego me puso algo en las quemaduras de los brazos. Al final terminamos almorzando en "Don Pablo", uno de los restaurantes en Chancay.

Lamentablemente, no fue la única vez que terminamos comiendo en Don Pablo. Tuve que pasar por otro chasco similar antes de aceptar humildemente que como cocinera era muy buena secretaria, y que tenía que usar el libro de cocina forrado en tela de cuadritos, también parte de mi ajuar, que creí poder ignorar, por lo menos en comidas sencillas.

La segunda vez fue aún más vergonzosa, pues se trató simplemente de una crema de verduras, que además llegó a cocinarse y estaba riquísima. El tema fue que, al momento de colar el caldo para separar y licuar las verduras, ¡puse el colador en el lavadero y todo el caldo se me fue por el desagüe!

Y como a la tercera va la vencida, decidí que con tanta leche que nos traían del establo, ¡iba a hacer el mejor queso fresco del mundo! Me informé por Rosa que simplemente debía entibiar la leche, echarle el cuajo, que eran unas pastillas que vendían en cualquier botica en Huaraz, y luego esperar a que la crema se separara del suero. Después, agregarle sal, colarla para que la crema se quedara en el colador y, finalmente, ¡albricias, el queso estaba listo con la forma que le daba el colador! Me fui al pueblo y compré las pastillas de cuajo que, para mi sorpresa, eran minúsculas, y, ya de regreso en casa, seguí al pie de la letra las instrucciones. Como le había explicado al vendedor que iba a hacer mi queso ese mismo día con los cinco litros de leche que me estaban esperando, supuse que me había vendido la dosis adecuada, así que le eché las diez pastillas, la sal, lo colé y dejé reposar.

No demoró mucho formarse en el colador y, orgullosísima de mi trabajo, me quedé observando mi hermoso y blanquísimo queso sin animarme ni a probarlo para no malograr su perfecta forma.

Al fin llegó Manolo y apenas entró me lo llevé al comedor donde reposaba mi queso en un hermoso plato, decorado con algunas hojas del jardín, y al lado un cuchillo especial para quesos, parte del ajuar que aún no estrenaba. Manolo tomó el cuchillo asegurándome que se iba a comer el queso entero si no lo detenía, y cortó la primera tajada; mejor dicho, trató de cortarla. ¡Era simplemente imposible! El cuchillo no podía cortarlo, ningún cuchillo podía. Es más, ya muerto de risa cuando le conté paso a paso el proceso, agarró el queso y lo tiró al suelo donde se fue de bote en bote cual pelota hasta que lo cogió el perro, convencido que le habíamos comprado una pelota para jugar. Ni él lo pudo comer.

A mi favor, diré que la verdad nos divertimos mucho con el resultado y aprendí, luego de mayor investigación, a hacer unos quesos frescos verdaderamente riquísimos de los que disfrutamos hasta que dejamos Jecuán.

8.   La hacienda Santa Rosa.

Santa Rosa era una pequeña irrigación, hecha por un grupo de empresarios en una quebrada entre Huaral y Huacho. Era una irrigación nueva, moderna, de lotes medianos y grandes, dedicados principalmente a frutales. Su clima era diferente, más caluroso y soleado que Huaral y más frío en las noches. En Jecuán sembrábamos principalmente algodón y, como era obligatorio sembrar parte de los fundos con "pan llevar" o cultivos alimenticios, también se sembraba algo de maíz. La casa inmensa y antigua y los ficus enormes daban fe de los muchos años que la hacienda venía entregando los frutos de su tierra a varias generaciones.

Huaral era un valle con costumbres y tradiciones antiguas, y teníamos varias familias de "yanaconas", que eran pequeños agricultores que trabajaban sus parcelas dentro del fundo y vendían el producto a los dueños. Con una de estas familias, los Salinas, mantengo hasta ahora la amistad, y hace poco estuve visitándolos y alegrándome porque ahora son dueños de sus tierras y lo bien que les ha ido en la vida.

La Hacienda Santa Rosa, de propiedad de la misma familia que arrendaba Jecuán, era verdaderamente hermosa gracias a la dedicación y recursos que en ella habían invertido. Manolo administraba ambas, que juntas sumaban mil hectáreas. Estaba cultivada íntegramente con frutales, naranjos, mandarinos y paltos, y, bajo la dirección de la dueña, habían sido sembradas nueve hectáreas de jardines preciosos, llenos de flores raras traídas de los distintos lugares a los que viajaban los propietarios. Manolo se había encargado de diseñar y construir una ranchería moderna, con su capilla y campanario. Aprovechando una depresión natural del terreno, hizo una laguna artificial rodeada de árboles, plantas ornamentales y con cientos de gansos y patos. Estuvimos cuatro meses, desde el nacimiento de Cali, viviendo allí en una de las casas de la familia mientras que Manolo construía la nuestra, que nunca llegamos a ocupar porque la pidió el hijo del dueño para él, por lo que salimos de Santa Rosa una semana antes de ocuparla muy felices de volver al queridísimo Jecuán.

***

Hacía un mes que habíamos regresado de nuestra luna de miel y estábamos viviendo ya en Jecuán. Manolo se había ido a Santa Rosa, como todos los martes, y a mí me faltaban tiempo y manos para terminar de arreglar la casa, los jardines, la chacra y hasta el cementerio inca, si me dejaban.

Regresaba caminando del Tambo cuando Alfonso, el mayordomo de la casa, me dio el alcance. Medio fastidiado, me dijo que había llegado el hijo del dueño de visita y que me estaba esperando en la casa. Encantada de tener la oportunidad de atenderlo, apuré el paso esperando encontrarlo en la terraza, que ya estaba arreglada con unos muebles de mimbre, que habíamos comprado en un remate de gringos, macetas y flores, y había quedado preciosa. Al no verlo allí pasé a la sala, luego al comedor y después a la nueva sala, que todavía estaba en proyecto, y nada. Pensando que estaría dando una vuelta por los corrales, decidí aprovechar el tiempo y darme "una arregladita", así que me dirigí a nuestro dormitorio. Allí me di con la sorpresa de que estaba echado en nuestra cama. La verdad es que me quedé tan sorprendida que no supe ni qué decir, y él, sin levantarse, empezó a hablarme de que había venido a comprobar si estaba bien instalada, etc. Yo atiné a decirle que Manolo no estaba, mientras que él, con cara de cordero degollado, no dejaba de dirigirme miradas lánguidas haciendo gestos de lo más estúpidos –por lo menos así me lo parecieron. Me dijo que sabía que Manolo no estaba porque él venía de Santa Rosa.

El caso es que le pedí que saliera de mi dormitorio y de mi casa, y añadí que no iba a decirle a Manolo nada sobre su desagradable visita, para no crear problemas entre ellos (ya que él "supervisaba" los trabajos de Santa Rosa en su calidad de hijo del dueño). Este tipo fue la sombra en esa etapa de nuestra vida, y no me sorprendió que nos dejara sin casa nueva y que, sin saber que nos estaba dando en la yema del gusto, nos enviara de regreso a Jecuán, actitud que tendría mucho que ver en nuestra salida de la empresa unos meses después.

Por aquel entonces no imaginábamos que, apenas cinco años más tarde, ambas haciendas serían afectadas por la Reforma Agraria y que pasarían a ser Cooperativas. Sé que Jecuán sé parceló, y espero que la casa hacienda, tan hermosa, siga en pie brindando ese calor y abrigo que nos dio durante el tiempo que vivimos en ella, lo que hizo que aprendiéramos a quererla tanto. Santa Rosa pasó a manos de algunos generales, que la ocuparon como "sitio de recreo" para la plana mayor. No sé en qué terminó ni quién la ocupa hoy día.

9.   La familia Santa María.

Los Santa María eran una leyenda en Tarma. El Rey Fernando VII, allá por los años 1808 a 1833, le otorgó las tierras a un antepasado remoto. Desde entonces, sus descendientes habían reinado en la zona junto con otras pocas familias criollas que habían ido a instalarse en Tarma, unos por encargos de la Corona, otros atraídos por su clima y paisajes, pero todos por el amor a la tierra que heredamos a lo largo de los años. Los españoles, fervorosos creyentes de su religión, habían cumplido con el precepto de "creced y multiplicaos" y, a falta de candidatos, las pocas familias de abolengo se habían casado entre ellas y procreado diez y más vástagos, quienes quedaban reducidos en la mayoría de los casos a la tercera parte debido a la lejanía de la medicina de la época y a lo precaria que esta era.

Por eso mi abuela materna y el ahora mi suegro llevaban cuatro veces el apellido Santa María. Ambos tuvieron más de diez hijos, de los que solo quedaron cuatro y cinco respectivamente. Los Santa María fueron agricultores. Por supuesto, ocuparon cargos públicos, y también fueron los mecenas de Tarma y en especial de la Iglesia. Eran famosas las alfombras de flores que preparaban delante de la casona todos los años en Semana Santa. Algunos de los Santa María también eran muy conocidos, aunque no precisamente por su fe. Un Santa María, que acostumbraba a beber de más en todos los bares de Tarma, le había enseñado a su caballo a entrar con él de jinete y hacía que le sirvieran también al caballo, que bebía a la par que su dueño.

Dentro de esa vida tan aislada y alejada de la capital, las familias se las arreglaron para llevar una vida social que cumpliera con todos los dictados y exigencias de la clase alta. Habían logrado llevar a Tarma, gran parte del camino a lomo de mula, un piano, vajilla francesa, alfombras finísimas y hasta un papel especial con las imágenes de una cacería de zorros en Inglaterra que aún puede verse en el comedor de Saccsamarca, la casa de campo y huerto situados en las afueras de Tarma. Las tías habían formado entre ellas una orquesta de cámara con violines, piano, mandolina, guitarras de concierto de once cuerdas y quién sabe qué más, y tocaban las melodías clásicas más hermosas en tardes de música y tertulia.

Cada vez que llegaba un personaje importante de la Iglesia o del Gobierno, era fijo que los Santa María dieran un banquete y fueran los anfitriones. En cada asiento se ponía el menú del día escrito en francés, y Balbina, una negra esclava a quien le dieron la libertad ni bien la compraron, pero que nunca quiso hacer uso de ella y se quedó con la familia hasta su muerte, al igual que sus tres hijas, Chepita, Mechita y Teófila, a quienes conocí ya ancianas, era la encargada de preparar los más finos postres de yema, frutillas, crema y todas las maravillas que pudieran conseguir trayéndolas de donde fuera necesario. También enviaban a los muchachos del servicio de la casa a traer hielo desde las cumbres a lomo de llamas, con el que hacían famosos sorbetes y helados y con el que enfriaban el champagne y el vino.

Esa época de bonanza llegó a su fin y casi todas las tierras se fueron perdiendo poco a poco debido a la mala administración y buena vida de los hombres de la familia, lo que probablemente forzó a la bisabuela, "Mamacamen", y a las hijas solteras a encargarse del manejo de las tierras que quedaban, en una época en que eso era inconcebible y en una realidad tremendamente difícil y dura. No tengo claro qué pasó con los hombres Santa María. Sé que uno de ellos murió al desbarrancarse el carro en que viajaba de La Oroya a Tarma, y que otros se dedicaron a la política. El caso es que la familia decidió irse a vivir a Lima, que vendieron la casa y que donaron y regalaron gran parte del mobiliario, adornos, cuadros y objetos de valor, ya que no hubo dónde acomodarlos en la casa que habían alquilado y en la que vivirían todos, inclusive las tres hijas de Balbina y algunas otras personas del servicio, indispensables para ellas. Y así se mudaron a Miraflores, a una antigua casa estilo inglés ubicada en Miraflores, en la Avenida Benavides 195. Yo pasé algunas navidades inolvidables en aquella casa. Fue allí donde el distraído de mi abuelo acabó con mi fe en la existencia de Papá Noel, cuando me dijo que el juego de té de loza que me había dejado al pie de la cama esa Navidad, lo habían traído de Inglaterra para mi mamá en otras Navidades. De mi abuela Delia solo tengo una imagen: ella sentada en su sillón, en el descanso de la escalera y mirando al jardín por la ventana. Mi abuelo, en cambio, vivió varios años más y llegó a visitarnos cuando vivíamos en Pisco. Pero esa es otra historia.

10. Don Héctor y Doña Nita.

Ese sábado, en su inmenso dormitorio de la casona de Tarma, Nita despertó sabiendo que Héctor había llegado de Lima la noche anterior después de un largo viaje en tren a La Oroya y luego en góndola a Tarma. Marina, hermana de Héctor y querida amiga, le había avisado el jueves, ni bien recibió el telegrama con que Héctor confirmaba su llegada. Sabía también que ella era el motivo de ese viaje, el cual se hacía aún más pesado por el corto tiempo libre con que ambos contarían, ya que Héctor tendría que regresar a Lima en el tren que salía de La Oroya el domingo a las diez de la mañana. Apenas tendrían un día para verse. Y aunque la fiesta que daban las Cárdenas –parientes de los Santa María– esa noche les aseguraba alargar al máximo el tiempo que estarían juntos, su dilema era cómo burlar la vigilancia del pesado de Teo, que justo había llegado de uno de sus viajes "políticos," tal como los llamaba.

Teo era un verdadero energúmeno que no entendía ni permitía los enamoramientos de nadie en la casa, y no comprendía que ella tenía quince años y ya no era una niña. Encima, era el único hombre de la familia, por lo tanto, cuando estaba en Tarma, su palabra era ley para las tías. Lo único que a Nita le quedaba era mandar un propio con un mensaje para Marina, la hermana de Héctor, para que pasara por ella con algún pretexto y encontrarse con Héctor en el parque. Sí, eso era lo mejor.

Poniéndose en acción se levantó de un salto y llamó a Melcha para que le trajera cuanto antes la jarra con agua caliente y hacer sus abluciones. "Qué me pongo, qué me pongo", murmuraba Nita mientras revisaba la ropa en el inmenso ropero. Se decidió por un vestido marinero, recién confeccionado para las fiestas. A Dios gracias las tías tenían la costumbre de preparar el ajuar del medio año, para las vacaciones de 28 de julio, y otro para la Navidad, que acababa de pasar hacía apenas dos semanas, así que aún tenía algunas cosas que Héctor no había visto. Por fin llegó Melcha, la negrita hija de Balbina, la esclava libertada por la familia y que, junto con sus tres hijas del pecado, rehusó irse de la casa, donde todas se quedaron con la familia hasta su muerte. "No te vayas, Melchita, ayúdame a peinarme", le pidió Nita. Se vistió en un santiamén y, arriesgándose a que Teo la mandara a lavarse la cara, se puso un poco de chapas (las tías siempre tenían polvo de cochinilla) para iluminarse mientras que Melchita la peinaba. Le tomó todo el rato de la peluqueada convencer a Melcha de que llevara el mensaje a Marina. No era un secreto que Héctor estaba detrás de la niña Nita, y todos conocían muy bien el carácter de don Teobaldo y a lo que se arriesgaban. Finalmente, y rezando a todos los santos, Melcha salió a cumplir el recado mientras que Nita bajaba a tomar el desayuno en el comedor de diario, esperanzada en que Teo aún estuviera en su lado de la casa y no bajara temprano ya que, cuando él estaba, todos tenían que desayunar en el gran comedor. "Estoy con suerte", pensaba Nita al no ver a nadie en los bajos. "Si Marina se apura, le pediré permiso a las tías alegando que Teo está todavía durmiendo." Pasó por el corredor y se detuvo ante el inmenso espejo de marco dorado para darse los últimos toques. Tratando de no mirar los retratos de los Santa María, que la miraban con ceño fruncido desde ambos lados del corredor, quedó satisfecha con su pinta y lo bien que le sentaba el vestido marinero.

Marina llegó al fin y todo salió como lo había planeado. Héctor estaba ya en la plaza esperándola y había sido un encuentro emocionante. A ambos les latía el corazón a mil por hora al encontrarse y mirarse con ese amor que sabían ya que era para siempre. Acompañaron a Marina al Mercado y mientras que ella hacía las compras se fueron caminando hacia los huertos de las afueras, después de quedar con Marina en que la recogerían en una hora. Todo iba de maravilla. Caminaban de la mano sintiendo una emoción tan fuerte que estaban seguros que todo el mundo se daba cuenta. Se alejaron de la ciudad por un sendero de eucaliptos y retamas en medio de un cielo celeste intenso, sintiendo ese calor del sol de la sierra que se alternaba con el frío bajo las sombras de los eucaliptos que se alineaban a lo largo del camino. Olvidados de todo, caminaron hasta llegar al riachuelo que cruzaba la carretera y, allí, debajo de unos sauces, se sentaron en el muro de piedra que había al pie de un tronco, que hacía las veces de puente para cruzar al potrero de algún campesino bendecido por vivir en medio de tan maravilloso paisaje.

Estaban conversando quedamente de sus cosas, entre miradas y suspiros, totalmente ajenos al lugar y al tiempo, cuando, para su mala suerte, pasó el carro de la familia llevando a don Teobaldo a la hacienda El Molino, donde iba a ver unas vaquillonas que estaban a la venta. Don Teobaldo alcanzó a ver a Héctor y Nita de lo más acaramelados, e indignado le ordenó al chofer que parara el carro. Se bajó del viejo Ford-T de la familia y a grandes trancos, en medio de la indignación que daba a su rostro una expresión terrible, se dirigió a los enamorados que, ignorantes de lo que se les venía encima, gozaban de estar juntos aprovechando cada minuto para mostrarse su cariño. Felizmente para Nita, Teo era incapaz de ofrecer un espectáculo en público, y menos delante del chofer. Simplemente gritó su nombre al acercarse, lo que hubiera bastado para congelar a cualquiera, y consiguió lo que buscaba: darles el susto de su vida. "Ya hablaremos después, jovencito", le dijo a Héctor, que con los nervios apretaba aún más fuerte la mano de Nita. Tomándola del brazo, Teo le dijo: "Y usted, señorita, se me viene al carro inmediatamente sin chistar."

Ni qué decir que allí terminaron las esperanzas de salir nuevamente y de verse en la fiesta de las Cárdenas. Héctor partió el domingo con destino a Lima sin poder cruzar más palabras que las escritas en una ardiente carta que le dejó con Marina, y que debía servir para mantener vivo ese amor hasta la Semana Santa, cuando podría darse otra escapada del trabajo. La Semana Santa era LA fiesta en Tarma, y la familia Santa María era famosa por la alfombra de flores que confeccionaba y que ocupaba toda la cuadra donde estaba la casa. Todos participaban en su elaboración, con las flores que la gente de la hacienda traía desde la madrugada para que se vieran frescas y hermosas, cargadas en fardos que acarreaban las llamas y en carretas y mulas. Las flores eran recogidas en la misma mañana y los pétalos, una vez extraídos, formaban cerros de colores en la vereda mientras que los jóvenes de la familia y sus amigos seguían las indicaciones de las tías, que se paseaban a lo largo de la calle rellenando los dibujos hechos con tiza y yeso que estaban listos desde el día anterior. Todo se amenizaba con ponches, chicha, panecitos de yema rellenos con toda clase de delicias, y con los dulces de manjarblanco, milhojas y frutillas que habían venido preparando para la ocasión desde semanas atrás. Y así, entre sobresaltos al principio y luego con la anuencia y chaperoneo de las tías, quienes finalmente aceptaron el enamoramiento, fueron pasando los años, madurando ambos a la par que su cariño. Teo, para felicidad de la pareja, se despidió de Tarma después de participar en unas elecciones, en las que todos se divirtieron repartiendo pan con pavo a diestra y siniestra a los potenciales electores en cada manifestación del candidato.

Pero la juventud es impulsiva y ardiente. Unos años después, Héctor cayó en la tentación de probar lo nuevo en la forma de una prima de las Cárdenas, que había ido a Tarma y quien, con gran beneplácito del galán, se coqueteó con él toda la noche en una de las tradicionales fiestas que ofrecía esta familia, y a la que Nita no pudo asistir por no haber vuelto aún de Lima, donde estaba ya estudiando su secundaria en el colegio Sophianum, en Chorrillos. No habría llegado a mayores la pequeña aventura de Héctor sino fuera porque el resto de los días, antes de que Nita llegara, se les vio juntos todos los días por todo Tarma. Si algo le sobraba a Nita era el orgullo. No pudo perdonar la "traición" de Héctor y, ni bien regresó, terminó definitivamente con él, sin darle oportunidad de explicar lo inexplicable y ni tan siquiera de acercarse a ella.

Y así pasaron siete años sabáticos para Héctor y de sufrimiento para Nita, quien se quedó en su querida Tarma con su grupo de primas y amigas que estaban encantadas con la novedad de la llegada de los ingenieros "gringos" de la Cerro de Pasco Corp., empresa americana que explotaba varias minas y tenía grandes haciendas ganaderas. Ellas iban a La Oroya, a todas las fiestas del club de la empresa, y los ingenieros no se perdían oportunidad de ir a Tarma, a los paseos al campo con las chicas, y a los tés con juegos y tertulias que se organizaban en la casa de las tías. El Gerente de la mina, un gringo ya madurito, se enamoró de Nita cuando esta ya era considerada una solterona de 25 años, y mantuvieron un romance durante más de un año. Este terminó cuando el gringo habló de matrimonio y Nita comprendió que no podía casarse con otro y seguir pensando en Héctor. Los primeros años después del rompimiento, Héctor había intentado por todos los medios el acercamiento a Nita sin que ella le diera ninguna oportunidad. Iba a las fiestas o reuniones a las que sabía que ella iría, pero Nita nunca aparecía, quien eludía así el encuentro y a la vez evitaba que él creyera que lo estaba buscando. Héctor ya había desistido y siguió con su vida de soltero codiciado en Lima, hasta que llegó a los treinta años sin compromiso fijo con nadie.

Sin embargo, los años no permiten el olvido cuando el amor es verdadero.

Bastó un solo encuentro para que todo el amor reprimido que sentía el uno por el otro saliera nuevamente a la luz, y para que decidieran al momento recuperar el tiempo perdido. Se casaron a los pocos meses, pese a la queja de las tías de que no habría el tiempo suficiente para hacer un ajuar adecuado. Aun así, Melchita, Teófila y Chepita, las tres negritas de la casa, más las monjas del convento de Tarma, pusieron manos a la obra e hicieron maravillas con las sábanas con iniciales bordadas, individuales, mantelitos de té y el gran mantel para cena, de hilo, todo blanco y precioso con sus calados y ondas en los bordes; pero, sobre todo, con cada puntada hecha a mano con toda la emoción de ver culminar un romance tan lindo, y a la pareja tan feliz de haberse encontrado nuevamente y esta vez para siempre.

Y así se casaron el 30 de junio de 1940, un domingo en la mañana, en la Iglesia del Parque de Miraflores, que estaba llena de cartuchos blancos traídos del huerto de Saccsamarca. Fueron los padrinos don Héctor y doña Georgina, y don Moisés y doña Delia. Marina los bendijo desde el cielo, pues había fallecido hacía unos meses y no pudo estar presente en el final de la historia; o, más bien, en el principio de una nueva historia, que duró cincuenta y seis años en los que, quienes tuvimos el privilegio de estar cerca de ellos, aprendimos lo que es un verdadero amor en comprensión, respeto, cariño, sacrificio, y también la felicidad de compartir la vida con quien nació para amarnos y cuidarnos en el tiempo que dure nuestro paso por este mundo tan bello.

11.   Berlín y Pisco.

Hoy me desperté en la madrugada y me vino a la memoria la vez en que partimos para Pisco y dejamos para siempre la casita de Berlín, donde vivíamos desde que se casaron los viejos y en la que nacimos Óscar y yo. Entonces teníamos ocho y seis años, respectivamente, y recuerdo la emoción que sentimos al escuchar a don Héctor decir que saldríamos en la "madrugada".

Esa palabra tuvo desde entonces para nosotros un tinte de misterio, y aunque no entendimos bien qué quería decir nos sonó a algo mágico. Fue la primera vez que salimos de casa en medio de un impresionante silencio, interrumpido por alguno que otro canto de gallos, en ese claroscuro misterioso y cambiante minuto a minuto propio de las horas previas al amanecer. Efectivamente, tuvo mucho de magia ese despertar y vestirnos en medio de la noche con la ropa que habíamos dejado lista antes de acostarnos, muy seguros, en medio de tanta excitación, de que no íbamos a poder dormir. Esa madrugada tomamos el desayuno servido del termo que había quedado en la mesa desde la noche anterior, junto con un sandwich de la caja llena de ellos que llevaríamos en el viaje, los mismos que habíamos ayudado a preparar con la condición de no probar ni uno, y, por supuesto, al final de todo, la pastilla "para viajar" que siempre nos endilgaban en todos los viajes que hicimos, supuestamente para que no tuviésemos náuseas, pero que en realidad era para mantenernos adormilados y no alborotáramos a los grandes.

Don Héctor, muy allegado al Presidente don José Luis Bustamante y Rivero, recientemente derrocado por un golpe militar encabezado por el General Manuel Apolinario Odría en 1948, apenas después de tres años de gobierno había renunciado a su increíblemente importante puesto de "Superintendente de Contribuciones", y también rechazado el cargo de agregado comercial en Estados Unidos que le había hecho el nuevo gobierno. El General Odría, natural de Tarma, era amigo de la familia y sabía perfectamente quiénes eran don Héctor y doña Nita, y contar con ellos en su forzado gobierno era por muchas razones importante para él. No hubo forma de convencer a don Héctor, cuya lealtad estaba al lado del ahora expatriado Bustamante y Rivero, de que fuera a trabajar para el Dictador; y su posición, unida a la irrevocable decisión de doña Nita de no alejarse del clan familiar, menos aún para vivir en el extranjero, terminaron con su corta carrera política.

Tengo el recuerdo del General Odría en un almuerzo de la familia años después, cuando ya estaba estudiando en Lima –yo tendría trece o catorce años. El General tenía fama de tener "el ojo vivo", como decían las tías. En esa oportunidad, yo estaba subiendo la escalera de la casa de la tía Rosita Arrieta cuando escuché su voz diciendo: "General, cuidadito con avivar el ojo con mi sobrina". Volteé a mirar y el General estaba parado al pie de la escalera, de lo más confundido, tratando de explicarle a la tía que no me miraba a mí sino a un cuadro que estaba en la pared al empezar la escalera; un retrato de un supuesto antepasado feísimo, con tal expresión de loco que de chicos siempre subíamos ese tramo con los ojos cerrados y muertos de miedo.

El señor José Panizo le había ofrecido a don Héctor la Gerencia de su empresa, con residencia en Pisco, y él había dejado "el poder" cansado de las presiones de un puesto nada fácil de manejar para una persona con principios y valores trasladados a su forma de ser y de vivir. En una época en que para poder importar había que solicitarle los dólares al Estado, siendo don Héctor el que decidía a quién sí y a quién no se le entregaban las ansiadas divisas, sumado a las presiones e intentos de influir en sus decisiones con algo más que las buenas razones, algo con lo que además tenía que lidiar a diario, habían sido demasiado para él y estaba al borde del colapso.

Mi mamá nos contaba que, en una oportunidad, llegó un empresario chino a la casa y le entregó unas llaves, diciéndole que estaba muy agradecido a don Héctor y que le dejaba un pequeño obsequio como señal de aprecio. Le aclaró que no le pedía nada a cambio, e insistió tanto que mi mamá le agradeció y le dijo que cumpliría con entregarle las llaves a mi papá cuando este regresara a casa en la noche. Cuando don Héctor regresó y recibió las famosas llaves, se dio con que eran del auto último modelo que había visto cuadrado delante de la casa, al que creyó de algún familiar que estaba de visita. Resulta que entre los expedientes que había aprobado estaba el de este empresario, cuya solicitud simplemente aprobaba los requisitos, así que la pobre doña Nita tuvo que aguantar las iras del viejo, quien indignado llamó inmediatamente al chino y le dijo que recogiera su auto, su tarjeta, sus llaves y sus buenas intenciones y se las llevara con él de regreso a la China.

Sé por las historias que contaban todos los tíos que jamás aceptó ni un lápiz de nadie, y que devolvió objetos de gran valor que le dejaban en agradecimiento, aun sabiendo que cualquier beneficio que hubieran obtenido había sido porque era lo justo. Aunque tal vez fuera precisamente por eso, porque era tan raro encontrar una persona de principios en cargos como ese, que deseaban demostrarle su aprecio.

No recuerdo el viaje ni la llegada a Pisco, lo cual prueba que una vez pasada la novedad de la famosa "madrugada" debimos de habernos quedado secos, ayudados por la pastilla para "las náuseas". En todo caso, era para nosotros toda una aventura y probó ser una buena decisión, ya que todos fuimos muy felices los nueve años que vivimos al pie del mar, en la casa que el Gobierno le regalara a don Fermín Tangüis y que tenía una placa en la pared que decía: "En agradecimiento por su destacada labor en beneficio de la colectividad agrícola", en la calle Manuel Pardo 223, frente a la capilla de Pisco

Playa, y también frente a la casa del Negro Sarria, nuestro primer amigo y compañero de juegos, con quien me tuve que trompear para que me aceptara en su banda, en la que no se permitía el ingreso a las mujeres.

12.   Sigue Pisco.

Esos años en Pisco dieron un vuelco a la vida de don Héctor y doña Nita. Se encontraron en un pueblo pequeño, en un barrio lleno de matrimonios jóvenes como ellos, con los que hicieron verdadera amistad y compartieron un estilo de vida lleno de eventos sociales, divertidos, novedosos, muy diferente a su vida en Lima, que se limitaba a las reuniones del clan familiar.

Eran socios del Casino de la Playa, y todos los días se reunían a jugar el consabido "cachito" acompañado por sus choros a la chalaca y la infaltable cerveza. Hacían fiestas de Carnavales a las que iban en comparsas y se jaraneaban hasta el amanecer. El mejor amigo de ellos, Santiago Távara, era el gran animador del grupo, y él y Enrique Cedrón, otro amigo de la cuadra, organizaban paseos de varios días a las playas vecinas de Lagunilla y Laguna Grande, más allá de Paracas, durante los cuales salían a pescar e inventaban toda clase de juegos alrededor de la infaltable fogata de todas las noches. Todos los años íbamos a las fiestas de las diferentes haciendas de la zona, que festejaban su día con pachamancas, tientas, bailongos y juegos e invitaban a cantidad de amigos de Lima y de la zona. Aunque en haciendas como Caucato y Murga, de los Bellido, Pachinga, de los Galleno, El Molino, de los Busalleu, etc., la pasábamos bien, nada se comparaba con las fiestas de la hacienda Montesierpe, de la familia Montoya, con su casa estilo colonial llena de habitaciones preciosas, y la única con una piscina de piedra rodeada de jardines con buganvillas de varios colores.

Don Héctor viajaba por toda la zona, incluyendo la sierra con sus nombres extraños como Castrovirreyna, Yauyos y Huancavelica; también iba a Nazca y Palpa, Chincha, Ica, y todos los valles vecinos en su labor de vender toda clase de maquinaria y productos agrícolas. Tanto le fascinaba su contacto con el campo, que llegó a alquilar un terreno y sembró algodón, y, aunque "ni gané ni perdí", como decía, disfrutó inmensamente cada visita a su chacra y cada reunión con los demás agricultores, con quienes conversaba de las plagas y de los problemas sintiéndose uno más de ellos. Felizmente no repitió la consabida frase de los agricultores, "el próximo año será el bueno", y allí quedó su aventura de agricultor. Fue en uno de esos paseos a Laguna Larga cuando, subiendo un cerro para ver unas ruinas, le dio un infarto tremendo que terminó con su estilo de vida antes de cumplir los 50 años, y que lo obligó a guardar casi un año de cama, del que la mayor parte la pasó en la Clínica Good Hope. Ya nunca más regresaron a Pisco y esa maravillosa etapa en sus vidas quedó grabada para siempre, no en forma de recuerdos, sino más bien de añoranzas.

Para mi hermano y para mí, simplemente era el lugar perfecto. Nuestra casa estaba construida sobre la playa y no teníamos más que bajar la escalera de la terraza para encontrarnos sobre la arena. El mar no era de lo mejor, siempre muy bajito, excepto a partir de las cuatro o cinco de la tarde en que subía la marea y se llenaba de piedras y de pastelillos y rayas, lo que nos obligaba a bañarnos con zapatillas. Aun así, los dos sufrimos alguna vez la dolorosa experiencia de ser picados por ellas. Pero toda la calle y toda la playa nos pertenecían. En ese barrio de tan solo dos cuadras vivía todo un ejército de chicos de nuestra edad, con quienes organizábamos los juegos y aventuras más increíbles los primeros años, y con quienes años más tarde fuimos a nuestro primer baile y tuvimos los primeros atisbos de romance. Esos veranos eran increíbles. Llegaban los primos y amigos de todos los lugareños, y nos convertíamos en los líderes del barrio compitiendo por inventar el juego más arriesgado, la mejor comparsa en carnavales, el mejor paseo. Eso nos ganaba la admiración de los fuereños, que morían por regresar todos los años, aunque no siempre lo lograban.

Recuerdo en particular a dos chicos y una chica, que destacaban porque eran los "cueros" del barrio. Ni bien llegaban, todos los demás pasábamos a segundo plano, y se desataba una competencia fiera por lograr su preferencia, atención, etc. Todas las chicas estábamos enamoradas de Carlos, y me avergüenza confesar que se lo hacíamos notar en todas las formas posibles, según nosotras dentro de lo "normal" pero que, a la luz de los recuerdos, era simplemente descarado. Le convidábamos helados, todas le guardábamos sitio en el cine para ver si lográbamos que se sentara con nosotras y aunque sea nos rozara el brazo con la camisa.

Mi colmo fue una tarde en que nos íbamos a reunir en el Casino. Decidí ir más allá en mi arreglo y me pinté los labios con el colorete de mi mamá. Como ninguna del grupo jamás se maquillaba —teníamos entre once y trece años—, no hice más que entrar al Casino, sintiéndome la vampiresa del barrio, cuando todos nuestros amigos del barrio rompieron a reír cochineándome a más y mejor. Lo peor de todo fue que, quien más se rio, consciente del porqué de la pintada, fue Carlos. No tuve más remedio que salir corriendo, humilladísima, y quedarme en mi casa sin salir todo el día siguiente, hasta que el amor pudo más y volví a las andadas para no darle ventaja a las demás en la misión imposible de conquistar al engreído de Carlos, quien, para colmo, se había comprado una motoneta Vespa, lo que lo hacía aún más irresistible y nos creaba otro nuevo desafío: pasear con él por el barrio y que no nos vieran los viejos, porque a ninguna de las chicas nos habían dado permiso para ir en "moto" pese a los ruegos, lágrimas y pataletas. En cuanto a los otros dos "cueros", resulta que se encontraron en Lima, después de esas primeras vacaciones en Pisco, y que se enamoraron de verdad, lo que más tarde los llevó al altar.

En la cuadra había una escuelita fiscal dirigida por la señorita Raquel. Era una mujer joven, de personalidad muy fuerte y la mejor maestra que he conocido. Aun ahora después de tantos años, no dejo de llamarla para hablar con ella, bien sea el día 6 de julio, día del Maestro, o en alguna otra fecha especial. El colegio más grande era el de las monjas del Marillac, que quedaba en Pisco Pueblo, y después de un año de jardín mis padres decidieron matricularme allí en parte por "prejuicios", ya que todas las chicas, hijas de los "beautiful people", estudiaban allí, y pienso también que por influencia de las tías, para quienes la religión era como el aire.

Recuerdo las interminables horas y meses de preparación para la primera comunión, y el terror que teníamos todas de llegar a morder la hostia, o sea a Jesucristo en persona, lo que haría que un chorro de sangre nos brotara de la boca manchándonos el vestido blanco de la pureza ante los ojos de todo el mundo, algo por lo que, con toda seguridad, quedaríamos condenadas al infierno para toda la eternidad.

Como siempre, heredé el vestido, velo, corona, rosario, etc. de alguna prima mayor, y tuve que consolarme con estrenar solo los zapatos, las medias y la vela. Lo cierto es que llegué a detestar toda esa disciplina monjeril y también la adulación que se rendía a las chicas hijas de familias adineradas que estudiaban allí.

Esto se hizo notorio el día de la clausura, cuando supuestamente entregarían el primer premio en aplicación. Previamente, la maestra de mi salón les había comunicado a mis viejos que debían asistir a la ceremonia, ya que el primer premio lo iba a recibir la suscrita. Resulta que, cuando me paré feliz para recibir mi diploma, nombraron a la hija de un agricultorazo que acababa de donar al colegio diez bancas para la capilla.

Felizmente, el año siguiente la señorita Raquel decidió renunciar a su trabajo para el Estado y fundó su colegio particular, María del Rosario, que funcionó inicialmente en una casa que le prestó un pariente. En el colmo de la felicidad, me mudé con ella a la escuela en la que estudiaría toda la primaria, y que bajo la dirección de Raquel llegó a ser la mejor escuela primaria de Pisco.

13.   El internado "Raquel".

"Tu hermano está enfermo", me dijeron muy serios los viejos al regreso de un viaje a Lima. Óscar había pasado casi todo el invierno con problemas de salud, y lo habían llevado donde el querido Doctor Aservi, con quien años después tendría una relación muy especial, además de llegar a ser también el médico de mis hijos.

Doña Nita se había pasado los dos últimos días revisando ropa y haciendo maletas, lo que nos tenía de lo más intrigados. Por fin se develaba la incógnita. "Tenemos que llevarlo por un tiempo a la sierra, así que él y tu mamá se van a tener que quedar allá en la hacienda del tío Napo", me dijo mi papá.

Óscar tenía una pleuresía bastante avanzada, que le comprometía los dos pulmones, y el cambio a un clima seco era imprescindible. Aparte de la preocupación por mi hermano, me angustié pensando que faltaban apenas dos meses para terminar mi cuarto grado de primaria y me aterraba pensar que podía perderlo. Felizmente, ya habían hecho los arreglos para que pudiera quedarme en Pisco, y así fue como un domingo en la tarde me mudé a casa de la señorita Raquel, feliz de pasar ese tiempo a su lado y con la novedad de ser la única alumna interna del colegio. Al día siguiente partieron los tres a Lima y luego a Huancayo, donde los esperaba el tío Napo para llevarlos a San Juan de Pillo, en Pampas. Don Héctor regresó dos semanas después, con la noticia de que mi hermano estaba mejor y que iríamos en diciembre a recogerlos y a pasar otros quince días, ya todos juntos, en San Juan. Don Héctor volvió a sus días de soltero y yo me quedé en el "internado," feliz de tener la expectativa de otra nueva aventura, hasta que llegara el momento de emprender el viaje a Huancayo.

En el internado de la señorita Raquel aprendí a hacer todas las tareas que en casa se encargaban a las empleadas. Tuve que tender la cama, barrer mi cuarto, lavar y planchar mi ropa, limpiar zapatos y, sobre todo, se acabó para siempre el "no me gusta." La primera vez que mencioné que no tomaría la sopa de verduras porque no me gustaba, simplemente me quitaron el plato y no lo volví a ver hasta el día siguiente en el desayuno, calentado y en el mismo sitio donde lo había dejado. Nuevamente encontré el famoso plato de sopa colocado en mi sitio a la hora del almuerzo, y cuando me senté a comer en la noche me lo volvieron a servir. Decidí que hasta allí llegaba mi rebeldía y me tomé la bendita sopa de una vez antes de que le salieran hongos, ya convencida que no había escape.

Esa fue la última vez que mencioné el "no me gusta." De allí en adelante comí cuanta cosa me pusieron por delante, y eso incluyó riñones, mondongo, berenjena y toda la lista de engreimientos que había llevado conmigo al internado. Pero tengo que agradecer a Raquel por mucho más que ese doméstico aprendizaje. La formación y educación que nos impartieron en esa escuelita fue tan buena y completa, que fue la base de todo lo que logré y sigo logrando en la vida hasta ahora, y la amistad y relación con ella es una de las cosas que más valoro en la vida.

Aunque han pasado tantos años de esa época tan maravillosa, he vuelto a Pisco algunas veces, y he descubierto que la amistad y el cariño que me unió a la señorita Raquel y a mi más querida amiga, Martha, están tan vivos como en ese entonces; y también que compartir nuestras vivencias e historias, con el verdadero interés basado en esa amistad real tan difícil de encontrar, es tan reconfortante que una siente cómo esos momentos nos llenan de energía y sentimientos positivos y de una inmensa satisfacción por haber podido crear esos lazos, que permanecen a través del tiempo y la distancia.

14.   San Juan de Pillo.

No recuerdo mucho de aquel viaje a San Juan con papá para encontrarnos con Óscar y mamá. Además de nosotros, estaban de prácticas de La Molina Jorge, hermano del tío Napo, y un amigo de él, a quien le decíamos Ololole, que llegaría a ser muy querido para Manolo y para mí y con quien mantenemos esa amistad hasta ahora.

Jorge fue mi primer "verdadero" amor platónico. Ajeno a los sentimientos que había despertado en mí, Jorge me engreía, paseaba a caballo y siempre nos incluía a Óscar y a mí en los juegos de los grandes durante las tertulias de las noches alrededor de la estufa de leña. Me decía "su novia" y juraba que me iba a esperar para casarse conmigo, como un juego más con la chiquilla con quien se entretenía matando las horas de esos días de aislamiento obligatorio bajo la disciplina de Napo. Años después, cuando se casó con Charo, una joven preciosa, no pude evitar el recordar con nostalgia ese sentimiento nacido de sus atenciones y promesas que yo había, en ese entonces, tomado tan en serio.

San Juan era una hermosa hacienda ganadera, con su casona calentita gracias a la estufa de leña, que se mantenía viva todo el día con los troncos de eucaliptos que había por todas partes. Nos levantábamos temprano para tomar el desayuno con los grandes. Era un placer ver llegar la fuente humeante llena de papas sancochadas que hacían las veces de pan, y que comíamos con abundante y deliciosa mantequilla hecha en la hacienda.

Mi mamá nos había hecho un "horario" de obligaciones, que incluían el arreglo de las camas, repaso de libros del colegio y prácticas de matemáticas, y cuando al fin terminábamos salíamos de excursión por ese maravilloso lugar a los establos, a los potreros, a la sala donde hacían el manjar blanco, los quesos y la mantequilla, al arroyo que corría cerca de la casa donde comíamos capulíes, y a cuanto lugar descubríamos cada día. Ya en la tarde, nos lavábamos y vestíamos para cenar con la expectativa de pasar unas horas leyendo los cuentos que había traído doña Nita, quien, inflexiblemente, tan solo nos dejaba leer un número de capítulos por día para que "duraran" toda la temporada. Óscar y yo éramos realmente viciosos de la lectura y sufríamos por las forzadas interrupciones, pero no había ruego que conmoviera a doña Nita, y al terminar de leer hasta "la marca" devolvíamos los libros y no los volvíamos a ver hasta el día siguiente. Supongo que era algo así como el ver las telenovelas de hoy en la TV.

El regreso a Lima y luego a Pisco fue de lo más emocionante.

Llegamos a Huancayo y por primera vez nos alojamos en un hotel: el Huaychulo, que quedaba a unos veinte minutos de Huancayo y que administraba un matrimonio suizo, amigos de Napo. El sitio era de ensueño, con jardines y lagunas y esa vegetación de retamas y eucaliptos propia de la zona, además de unas llamas adornadas con aretes de colores, tan mansas que por primera vez pudimos acariciar y estar entre ellas sin miedo a que nos escupieran, que es su forma de expresar su disgusto cuando las molestan. Al día siguiente nos embarcamos en el tren a Lima por esa increíble vía que construyó don Enrique Meiggs, y que hasta ahora causa admiración como obra de ingeniería por los retos que tuvo que vencer en su diseño y ejecución.

Ese fue el primero de muchos viajes que haríamos a Huancayo en años posteriores. Yo nunca volví a San Juan, pero sí fui muchas veces a Río de la Virgen y Tucle, las haciendas que administraba el tío Ernesto. En ese viaje se inició mi romance con la vida en el campo, que fue afianzándose con cada día que pasé en las haciendas, lo que tuvo gran influencia en mi vida y en ese futuro que hoy es mi presente –un presente que da fe de la verdad de ese amor por la tierra, y que fue correspondido con creces.

15.   Benavides 195.

Habíamos llegado de Pisco muy temprano a la nueva casa que esta vez habían comprado las tías, también en Miraflores, en la calle La Paz 610, donde ahora es el Hotel María Angola. No estuve para decirle adiós a la casona de Benavides, con sus pinos y su enredadera gigante, que era el escondite del primo Manuel, Óscar y mío, y cuyo encanto principal consistía en que había pasado de la pared de nuestro jardín a la casa de "la bruja" que vivía al lado.

Nuestra máxima aventura era pasarnos al techo de la vecina y arriesgarnos a que la bruja nos descubriera, principalmente por las hojas que hacíamos caer a su patio, y rompiera en gritos desaforados amenazándonos con toda clase de castigos. Nuestro juego llegó a su fin después de varios años de disfrutar de la excitación que da el miedo, cuando el pobre Manuel, en una de nuestras incursiones al techo, se cayó al patio de la bruja. Aterrorizados y aplicando el dicho de "más vale que digan de aquí corrió, que aquí murió," Óscar y yo salimos disparados hacia nuestra parte del árbol, dejando al pobre Gringo tirado en el piso llorando por el golpe y espantado al escuchar los gritos de la bruja que salía al patio a ver qué había pasado. Nunca habíamos bajado del árbol ni llegado a la casa tan rápido. Con la desesperación de avisar a las tías que la bruja iba a torturar, cocinar, o hechizar con Dios sabe qué maleficios al pobre Manuel, llegamos en un santiamén sin pensar en la que nos iba a caer después. Aunque nunca volvimos a ver a la vecina, supimos por Manuel que en realidad de bruja no tenía nada. Lo había recogido, consolado y curado, y para cuando llegaron las tías donde la vecina, el Gringo estaba comiendo galletas con mermelada feliz de la vida.

Otro de los juegos favoritos en esa inmensa y misteriosa casa, era escondernos en el cuarto del tío "Petty". Este era el esposo de la tía Clementina y era un temible y verdadero cascarrabias. Ya estaba jubilado y se pasaba el día entre el baño, su cuarto y el comedor, eso cuando no le quedaba más remedio que bajar al sonar la campana llamando al almuerzo o la merienda. No le gustaban para nada los niños, en particular los que estábamos en la casa, lo que hacía doblemente emocionante el juego. Su cuarto era muy grande y habían hecho una especie de vestidor detrás de un inmenso ropero. Tenía una cama de bronce altísima, que nos parecía gigante, y debajo de la cama había unos baúles que estábamos seguros guardaban el oro de Petty, porque habíamos oído contar que alguna vez había trabajado en las minas en la sierra. Estábamos decididos, cada vez que nos armábamos de valor, a incursionar en el cuarto de Petty para buscar la forma de abrir alguno de los baúles y llevarnos al menos parte del oro, pero el gran problema era que había tres bacinicas de fierro enlozado de color verde, rosado y celeste (una era inmensa, así que suponíamos que era la de él). Las benditas bacinicas sonaban en cuanto las rozábamos, y apenas teníamos tiempo de salir disparados antes de que nos agarrara o alcanzara con su fuete de cuero con cabeza de venado. Además, según nosotros, siempre estaban con pila (en realidad era agua), y nos aterraba pensar que se iban a volcar con el consiguiente estropicio. Nunca logramos apoderarnos del oro y, en la última incursión que realizamos, terminamos volteando las bacinicas y causando tal revuelo que nos castigaron con la temible toma de aceite ricino y ¡a la cama sin comer!, lo que nos quitó las ganas de volver a desafiar a la autoridad.

Hay cosas que quedan grabadas en la memoria, y entre ellas están los almuerzos en el inmenso comedor de la casona. En la mesa "de banquete", como le decían las tías por lo grande que era, se sentaban todos los mayores. Cada uno tenía su lugar señalado mediante un aro de plata con sus iniciales, dentro del cual iba la servilleta. En una glorieta en media luna que había a un lado y que daba al jardín, estaba la mesa redonda de los chicos.

Esta tenía seis sillas antiguas, tres con un grabado de ángeles y tres con diablos. Cuando venían los primos, Johnny y Nini, se armaba toda una trifulca por las sillas, ya que nadie quería sentarse con los diablos por compañía. Finalmente, las tías terminaban con el pleito haciendo una rifa, en la que al pobre Manuel siempre le tocaba una silla con diablo, y no había forma de que se sentara si no tapaban al diablo con un trapo.

Mi abuelo Moisés se sentaba en la cabecera de la mesa grande y todos los domingos le llevaban una sopera para él solo, en la que, en medio del caldo y las papas, aparecía una cabeza de carnero entera que nos miraba fijamente con sus ojos blanqueados por el largo pase por el fogón. Nos fascinaba observar al abuelo colocándose su servilleta en el cuello y agarrando el cuchillo y tenedor para extraerle al carnero, con una delicadeza no esperada, los ojos y comérselos uno a uno, saboreándolos en medio de suspiros de placer como si fuera lo máximo en el mundo.

Después de cada comida, llegaba Matilde, una serrana ya vieja que atendía solo a la tía Lani, y quien tenía a su cargo la preparación de las hierbas de las tías. Traía una inmensa bandeja llena de diferentes tazas, cada una con la hierba especial para los achaques del día de cada una, los que ya Matilde se había encargado de averiguar en la mañana. Había matico, muña, hierbaluisa, manzanilla, canchalagua, orégano, menta, cola de caballo y quién sabe qué más. Nos fascinaba esta ceremonia y el misterioso poder de estas tizanas que curaban el susto, los cólicos, las agruras y los malestares femeninos; y que, según Óscar, como a mí no me las dejaban tomar por más que juraba que los tenía, probaba que yo no era "una femenina". Y se iniciaba la sobremesa y la tertulia, ya sin el abuelo que se retiraba a la sala, a su sillón favorito, para echar una siesta, de lo más escandalosa por los ronquidos, que obligaban a Sabio, el mayordomo, a cerrar las puertas de la sala ni bien se dormía para que las tías pudieran sostener en paz su tertulia.

El abuelo era todo un personaje. Lo considerábamos importantísimo, ya que en ocasiones lo veíamos salir vestido de frac, con sombrero de copa, guantes y polainas en dirección al Congreso o a Palacio. Era increíblemente distraído, y recuerdo el cuento de que una vez lo hicieron regresar de la puerta, pues se había puesto los guantes de la mamama Delia con sus botones de perla. Era el primero en ocupar el baño de los bajos, donde quedaba su cuarto, en el que siempre lo esperaban un balde con kerosene y su "frisa" de felpa, con los que se refregaba el cuerpo íntegramente para, luego de haberse afeitado mientras conversaba solo, darse la ducha final. Gracias a sus importantes relaciones en el Gobierno, pudo lograr, después largas gestiones, que liberaran a Nanny y Manuel, la esposa e hijo del tío Eduardo que estaban en un campo de prisioneros.

Nanny había sido capturada por los británicos cuando, escapando de la Alemania Nazi, habían llegado a la Guyana. Ella había sido secretaria en la Gestapo en Berlín, y dentro de alguna de las pocas cosas que había logrado sacar en su fuga se había quedado su carnet de la Gestapo, que encontraron en uno de los bolsillos, lo que determinó que no la dejaran seguir a Perú para desesperación del tío Eduardo. Nanny estaba entonces encinta de Manuel, quien nació en el campo de prisioneros en Guyana, donde sus únicos amigos eran los animales de una granja que había allí. Cuando llegaron a Lima, Manuel era un gringuito de dos a tres años que apenas empezaba a decir sus primeras palabras, y todas en alemán, pero también había aprendido a emitir los sonidos de sus amigos de la granja, especialmente de los gansos, así que nos divertíamos con Óscar haciéndolo enojar, pues desahogando su cólera graznaba por toda la casa.

En los años durante los cuales estuvo prisionera, Nanny conoció a un yugoslavo, también prisionero, quien la ayudó y acompañó en todo ese tiempo, hasta que los dos terminaron enamorándose. Al poco tiempo de llegar a Lima con Manuel, ella se separó del tío Eduardo y se fue a vivir a Bolivia con el yugoslavo y Manuel, donde estuvieron algunos años antes de regresar al Perú, donde finalmente se establecieron.

Eduardo, quien había estudiado ingeniería aeronáutica, terminó yéndose a sembrar café a Puntayacu, la hacienda de la familia en San Ramón, Chanchamayo, donde se enterró varios años hasta que un día su hermano Ernesto lo convenció de ir a una pachamanca en Amable María, la hacienda vecina de Carlos Buraschi, papá de María, a quien Ernesto enamoraba y con quien se casó años después. Allí Eduardo conoció a Amparo, una compañera de colegio de María que había ido a pasar unos días de vacaciones. Felizmente funcionó lo de "un clavo saca otro clavo", porque finalmente abandonó el exilio y retomó su vida casándose con Amparo unos meses después.

Pero, no era de esto sobre lo que iba a escribir cuando empecé. Son trampas que nos juega la memoria, que abre puertas que se pensaban cerradas para siempre. Esa mañana en que llegamos temprano de Pisco, era porque Óscar y yo íbamos a viajar a Huancayo, invitados por Ernesto y María, a pasar las vacaciones de verano en Río de la Virgen y Tucle. Estas eran unas inmensas haciendas ganaderas que administraba Ernesto y que quedaban en la puna. Esa fue la primera de las tres vacaciones que pasé con ellos, pero de eso hablaré otro día confiando en que mi memoria, una vez más, me abra estas nuevas puertas del recuerdo.

16.   Río de la Virgen y Tucle.

¡Brrrrr...qué friísimo que está haciendo! Es increíble que estemos a fines de noviembre y en el trópico y que se sienta este frío de sierra. En cuarenta años en el Choloque jamás hemos tenido un clima así. No puedo dejar de pensar en mis mangos ni en el daño que esto significa a la cosecha que hemos venido preparando, o sea gastando, desde abril...

Ayer en la madrugada registramos la temperatura más baja del año: 11° C. Hoy es primer día, en casi dos semanas, que amanece con sol, de manera que el frío se irá en un par de horas y todo volverá a la normalidad, aunque ya se ven los efectos en las mil trescientas jabas de mango caído que hemos recogido hasta hoy.

A eso de las seis de la mañana me vine a la oficina, con mi café en una mano y mi cigarro marca "Euro" en la otra. El día me recibió con su mejor juego de luces en forma de destellos blanquísimos que se asomaban, en medio de un cielo semioscuro, detrás de los cerros anunciando la salida del sol. Después de sentarme en uno de los troncos que hay alrededor de la pampa de fútbol, me quedé maravillada ante esos fenómenos de luz y color, tan frecuentes en la zona, y como tantas otras veces gocé del espectáculo.

Se sabe que algunas cosas como olores, sonidos, sabores, traen los recuerdos de situaciones o personas; pero esta vez el frío seco entreabrió una ventana en mi no muy buena memoria, y me vino el recuerdo de una mañana en Río de la Virgen, una de las dos haciendas que administraba el tío Ernesto, hermano de doña Nita, y que, extendiéndose sobre dos departamentos, Junín y Huancavelica, sumaban juntas más de 250,000 hectáreas. Ambas eran haciendas ganaderas, principalmente de ganado lanar, de los cuales había cerca de 400,000 cabezas. Ernesto había comprado algo de ganado vacuno de la raza Brown Swiss, fácilmente adaptable a la puna, y una pequeña industria casi artesanal de mantequilla y manjarblanco que utilizaba la leche de las vacas. Este ganado se mantenía en Río, e ir al ordeño era uno de los entretenimientos de cada mañana. Los tíos vivían en Río, que estaba a menor altura que Tucle, y donde el frío no era tan intenso pues la casa estaba ubicada en una quebrada, al lado de una pequeña laguna que reflejaba los colores del cielo y donde crecía algo de vegetación. Muy cerca pasaba el río que le daba nombre a la hacienda, y que era uno de los lugares favoritos para hacer los paseos de día y las guitarreadas de noche.

La casa era muy bonita, con su techo a dos aguas, una gran chimenea en la sala y una terraza cerrada con mamparas de vidrio que daba al jardín, en el que María, luchando contra las inclemencias del clima, había logrado que crecieran algunas plantas, entre ellas margaritas. En los primeros años que fuimos no había electricidad, así que todas las noches nos ponían una "chola" o botella de agua caliente en la cama, pues sin ella era todo un reto el acostarse por lo frío de las sábanas. Tucle era la hacienda vecina, también del mismo dueño, pero quedaba en la "altura", a más de 4,000 m.s.n.m. La casa era oscura y triste, sin ventanas por el frío, ubicada en una pampa inhóspita, donde corría tanto aire que aumentaba la sensación de frío. Aprovechando lo plano del terreno, habían construido grandes corrales de piedra que rodeaban la casa y para todos los trabajos el ganado era llevado allí. Estaba el galpón de esquila, la cancha de parición, los corrales donde encerraban a los corderitos para seleccionar los que iban a ser castrados, los que luego serían vendidos como carne, y a los que se quedarían como padrillos. Allí también los marcaban con aretes especiales y clasificaban a las mejores hembras, a las que les ponían la fecha de nacimiento para los futuros empadres. Aunque vivíamos en Río, íbamos varios días por semana a Tucle, pues febrero era el mes de la marcación de los corderos y también el de más trabajo, y salíamos de madrugada para regresar al anochecer, bien abrigados por dentro con toda la chacta que habíamos tomado con los trabajadores al finalizar la faena.

Yo le había insistido tanto al tío en que me dejara ir a la contada del ganado lanar en las alturas con Óscar y Artica, el caporal, que Ernesto había accedido, aunque advirtiéndome que, aunque quisiera regresar, tenía que seguir hasta el final y mantener el ritmo de los hombres durante los dos días que íbamos a estar en el campo.

¡De haber sabido cómo era ese paseo no se me hubiera ocurrido ir!

Realmente aguanté por puro amor propio, y jamás volví a insistir en hacer algo que en primera instancia me dijeran que no. En realidad, fue la segunda vez que insistí en hacer algo en contra de la opinión del tío Ernesto. Por cansancio o más bien para darme una lección terminó accediendo, lo que luego me pesó hasta el alma. Sin embargo, y a la luz de los recuerdos (y sin el dolor ni las llagas en cierta parte por las largas horas a caballo, en un caso, y sin el terror de estar en un caballo desbocado, en el otro), me alegro de haber pasado por esas experiencias tan especiales e interesantes.

Artica era un serrano imponente. Era alto, fornido y se diferenciaba de los demás por un tupido bigote, cosa rara en la gente de la sierra, que le daba un aspecto de bandido de película mejicana. Todos le tenían gran respeto y circulaban varias historias sobre él que no podíamos creer, porque le teníamos verdadero afecto y admiración, y porque era muy paciente con nosotros, especialmente con Óscar, a quien quería mucho. Pese al temor que le tenían a Artica, se comentaba a hurtadillas que cuando le vinieron los trabajos de parto a su mujer, y ya con la comadrona a cargo, Artica se sentó afuera de su casa, con la botella de chacta para matar el frío, a esperar el nacimiento de su hijo. Para cuando salió la comadrona para informarle que todo estaba bien y que era padre de una niña, Artica había bebido suficiente chacta como para calentarse de la cabeza a los pies. Cuentan que lanzó un grito de cólera aderezado con mil improperios contra la pobre parturienta, y que, empujando a la portadora de tan ingrata noticia, entró a la casa diciendo que iba a ahogar a la criatura. Los familiares corrieron a avisarle a Ernesto, quien conociendo a Artica y a los efectos de la chacta corrió hacia la laguna que había cerca de la casa, donde lo encontró con los brazos en alto sujetando a la bebe, ya casi al borde del agua y listo para arrojarla. Más que la borrachera pudo el respeto y temor que le tenían todos a Ernesto, inclusive Artica, quien además le tenía verdadera adoración. Llorando, asustado y arrepentido ante los gritos del Ingeniero, Artica se dejó quitar la criatura y llevar al calabozo que había en toda hacienda para los abigeos, y también para algún moro o cristiano, empleado o no de la hacienda, que se atreviera a quebrantar las normas y disciplina estricta que había logrado imponer Ernesto, o que fuera acusado por algún abuso hacia su familia o vecinos.

En los años que pasamos las vacaciones en Río de la Virgen, fuimos testigos del respeto y aprecio que se había ganado Ernesto entre la gente por su forma de imponer justicia. Viviendo tan alejados de Huancayo, problemas de toda índole le eran presentados para que él arbitrara e impusiera los castigos correspondientes, los que eran aceptados y cumplidos por todos, sin que mediara protesta ni de los demandantes ni de los culpables, fuera quien fuera. En una oportunidad llegó una mujer a la que el marido había golpeado con el palo de su taclla, y Ernesto hizo traer del almacén una de estas herramientas. Allí en su oficina, le dijo a la mujer que le pegara al hombre de igual forma que él lo había hecho con ella. El hombre aguantó sumiso los golpes que le propinó su mujer hasta que esta juzgó que era suficiente. Luego se retiraron los dos, felices de que la justicia hubiera terminado con sus diferencias, satisfechos de reanudar su vida en común sin resentimiento alguno y con la seguridad de que esa situación no se iba a repetir.

La aceptación natural de que el dueño de la hacienda es quien debe resolver los problemas que se suscitan entre los miembros de una comunidad, así como también la confianza y aceptación de las decisiones que él tome, igualmente la vivimos nosotros tanto en Jecuán como en Las Norias y El Choloque. Es cierto que esto no sucede en todas las haciendas, pero en nuestro caso, que siempre hemos compartido la vida en comunidad con los trabajadores y que hemos tratado entodo momento de actuar con imparcialidad y justicia, sí nos hemos visto obligados a aceptar esa responsabilidad y función en repetidas ocasiones, y hasta ahora sigue siendo así.

Esa mañana, muy de madrugada, salimos a caballo los tres más una mula que llevaba la carga que había dispuesto Artica, que consistía en algo de comida y agua, frazadas y varios potes de manjarblanco para dejarles a los pastores de las alturas que íbamos a visitar. Llegamos a la primera posta después de tres horas a caballo subiendo y bajando quebradas en medio de un frío que helaba los huesos. La costumbre en la hacienda era hacerle entrega a una familia de un hato de ganado lanar, y también una extensión de pastos suficiente como para alimentar a todos los carneros bajo el sistema de rotación, para luego visitarlos periódicamente y contar el ganado. Además, cerca de la casa hacienda había una posta para animales enfermos, donde cada pastor tenía que llevar a los que estuvieran en problemas por accidentes o enfermedad. También se iba allí para registrar el ingreso y la salida o muerte de los animales y cuadrar "la cuenta". En época de parición y marcación de los nuevos animales, todas las hembras preñadas eran llevadas a la "cancha de parición" que quedaba en la otra hacienda, Tucle, que estaba a casi mil metros más de altura que Río de la Virgen y colindaba con esta. El caso es que hasta el conteo se hacía a caballo, y Artica, a quien Ernesto le había ordenado que me incluyera en los trabajos, me puso a contar y a arrear a la par de los demás. Para cuando llegamos a la tercera posta, ya en las últimas horas de la tarde, tuvieron que bajarme del caballo y sostenerme para llegar a la casa del pastor, con sus muros de piedra y techo de ichu, donde, apiadado por mis sufrimientos, Artica me permitió dormir sobre unos pellejos de carnero que el pastor sacó de no sé dónde y pernoctar dentro de la choza. Entre las cosas que había llevado Artica había un ungüento para la "matadura", tal como le decían a ese tipo de heridas, y la esposa del pastor se encargó de hacerme un emplasto apestoso que me calmó el dolor y me animó a comer las papas con queso, el té de ichu y una cucharada de manjarblanco, que era en lo que consistía la cena. Y allí, en la choza y rodeada de la familia del pastor, y de alguno que otro carnerito "huacho" que criaban como hijo hasta que crecía y podía soportar el frío del exterior, pasé mi primera noche en la verdadera puna tras quedarme dormida ni bien terminé de comer, sin sentir ni el dolor ni el olor del bendito ungüento, y al abrigo de los restos del fuego de la cocina que estaba en la única pieza de la choza, en la que se quemaba la "bosta" o guano seco como combustible.

Al día siguiente tuvimos más de lo mismo para mi desesperación.

Con el roce de la montura, apenas una hora después de iniciado el viaje a la siguiente posta, mis llagas ya estaban en carne viva. Al fin llegamos, casi de noche, a Río de la Virgen, donde después de darme un baño María procedió a curarme, esta vez con "medecina" y un vendaje apropiado. Por primera vez perdí totalmente la vanidad y pasé varios días caminando como cowboy. En esas vacaciones no volví a pretender subirme a un caballo, ni siquiera al Pampero, que era un caballo bayo que le habían regalado a Óscar y que él no dejaba que lo montara nadie, motivo por el cual había estado celosa y resentida con Ernesto. En realidad, juré que nunca más en mi vida iba a montar a caballo, lo que, por supuesto, no cumplí. Lo que sí, jamás volví siquiera a pretender subir a un caballo por más de una o dos horas, y siempre escogía el caballo menos trotón, el peyón más lanudo o grueso, y me hacía ajustar los estribos un poco más alto de lo normal para poder pararme en ellos de rato en rato.

Y esto es apenas un atisbo a esos días maravillosos en Río de la Virgen, tan alejada de todo lo que formaba parte de mi estilo de vida, con su cielo serrano de un color intenso en el día y con un verdadero manto de estrellas en las noches con sus cerros pelados con formas caprichosas, especialmente el peñón de Chuyhuala, que llegamos a escalar para desesperación de doña Nita, que nos esperó al pie rezando a todos los santos para que no nos desbarrancáramos; y con su laguna de aguas heladas, en la que nos bañamos el último año que pasamos allí sabiendo que no volveríamos porque Ernesto dejaba ya su trabajo.

No olvidaremos a la gente buena y sencilla que conocimos y con quienes compartimos tantas cosas. Hablaré sobre ellas en otro capítulo conforme los recuerdos me vayan llegando con otro amanecer, olor o sabor, o tal vez con un sueño.

17. Río de la Virgen.

Todas las vivencias nos dejan recuerdos y lecciones, y quien no se nutre de ellas desperdicia la vida, al igual que desperdiciaría las horas pasadas estudiando si lo estudiado no mejorara su calidad de vida y su entorno.

"Ya, chicos, vamos a dormir que es tarde", ni modo de desobedecer a María, y con gran pena por abandonar la tertulia delante de la estufa de leña, calientitos y felices en esa primera noche de vacaciones en Río, nos fuimos cada uno a su cuarto después de darnos las buenas noches. El cuarto de los hombres quedaba en la parte de atrás de la casa, y hacia allá se dirigieron los "primos": Óscar, a quien llamábamos el colorado, Pepe, Alfredo, y Óscar mi hermano. Todos ellos eran relacionados con los Velarde por las esposas, y siempre que eran invitados recalaban en Río con tanto entusiasmo como nosotros. Yo era la única mujer en esa generación, así que me iba feliz al cuarto para mí sola. Los muchachos no la pasaban tan bien como yo, porque ellos estaban de "prácticas" y Ernesto se tomaba al pie de la letra la responsabilidad de enseñarles el trabajo, así que los hacía trabajar desde la mañana hasta la noche, la mayor parte de los días en Tucle.

Era impensable levantarse tarde. Todos tomábamos el desayuno juntos, con los pancitos que preparaba María cada mañana, la mantequilla hecha en la hacienda y las mermeladas y "calentados" que nunca faltaban. Ernesto y los muchachos partían ni bien terminaban el desayuno y yo repartía mi tiempo en la casa, ocupándome de los hijos, Delita, Marita y Campi, con quienes jugaba, y también ayudaba dándoles de comer y bañándolos, y repasando con ellos los libros de lectura y aritmética. Me encantaba pasar un tiempo en el Cuarto del Manjarblanco, con su calor y su olor tan rico como el dulce. Con María nos dedicábamos a la lucha por lograr algunas flores en el jardín después de salir a caminar con los chicos, para luego terminar el paseo en el establo, trepados en el cerco del corral de Fritz, un toro inmenso que era el padrillo y rey indiscutible del ganado. Todos le teníamos terror, pero nos atraía su fiereza y estampa imponente y terminábamos gritándole y tirándole cosas para hacerlo enfurecer. Recuerdo el terror que sentimos una vez que Óscar, parado en la cerca, perdió el equilibrio y cayó en el corral. Fritz se le abalanzó y hasta ahora no nos explicamos cómo pudo librarse de la embestida del toro. El caso es que le salieron alas en los pies y logró saltar la cerca con las justas.

***

La primera vez que fui a Río quedé fascinada con el estilo de vida en la hacienda, con las tertulias, los juegos de mesa como el ajedrez y damas, y los desafíos de quién llenaba más rápido los crucigramas, que María siempre tenía en cantidad y que nos entretenían a todos. Cuando llegaba visita, todo esto era reemplazado por juegos como Mímica, la tía Mirimí, Las partes de la Vaca, Charadas y varios otros que desafiaban nuestra imaginación y nos hacían desternillar de risa por las ocurrencias de cada participante. Pero lo que más me fascinaba eran las noches de guitarra.

A veces, cuando María estaba de humor, nos hacía ir a "cantarle al Chacho", el espíritu de la puna. Para esto, cargábamos con varias botellas de Capitán, frazadas y la consabida bosta y nos íbamos en la camioneta a la orilla del río, donde encendíamos la fogata y, en medio de historias de penas y risas, alternando con el trago para calentarnos por dentro, cantábamos todas esas canciones tan sentidas de amores y engaños y de historias de campo, como El Caporal, Quiero Ver, El Torero y Cariñito, la canción de Ernesto y Chita, que cantaban solo los dos mirándose a los ojos con ese amor de recién casados que nos hacía suspirar a todos. Allí decidí aprender a tocar guitarra y desde ese verano, sola en mi cuarto en las noches, practicaba las posiciones que dibujaba mirando las manos de María. Para el siguiente año ya había aprendido a tocar, y María se encargó de enseñarme aquellas canciones que yo aún no sabía. Nos pasábamos horas practicando para cantar a dos voces las canciones favoritas de todos y para aprender algunas de Chabuca Granda, quien se había hecho conocida de la noche a la mañana con su famosa "Flor de la Canela", y cuyas canciones preciosas y costumbristas nos llegaban al alma.

Jamás tuve el dinerito extra para pagarme algunas clases, pero la voluntad lo puede todo y, estando en el colegio, ya fuera del internado, logré convencer a Ingrid, una compañera sueca a quien le encantaba la música criolla, que tomara algunas clases con nada menos que el autor de "Nube Gris", el Dr. Márquez Talledo. Yo la acompañaba a todas las clases y las seguía con más atención que ella, apuntando posiciones y rasgueos que luego practicaba en casa con la guitarra que me había prestado Berta, la hermana de don Héctor. Lamentablemente, a Ingrid no le tomó mucho tiempo darse cuenta de que mejor y más barato le salía comprarse discos de música criolla, y las clases terminaron a los dos meses. También aproveché a un templado galán, Carlos, que desesperado por conquistarme decidió estudiar guitarra y nada menos que con Luis Amaranto, la segunda guitarra del Perú. Feliz de que aceptara acompañarlo a sus clases, nos íbamos dos veces por semana a La Victoria, a casa de Amaranto, quien se había casado con una guapa muchacha bastante menor que él, y a quien dejaba encerrada con candado cada vez que salía, de manera que si llegábamos antes que él no nos quedaba más remedio que esperar afuera pues la pobre mujer no nos podía abrir la puerta.

***

A menos de una hora de Río, en las alturas, quedaba la mina Cercapuquio, que administraba Guillermo Flores. Como ese lugar era de lo más inhóspito y frío, Ernesto les había cedido un terreno a orillas del río, a quince minutos de la casa, y allí la empresa minera había construido el campamento para los ingenieros. Este tenía cinco casas, un almacén y un Club con un salón de juegos y un bar, donde pasaban películas dos veces por semana.

Cuando los mineros se mudaron al campamento las cosas cambiaron en la hacienda. Como los postes para llevar la energía eléctrica de la mina al campamento pasaban por la casa hacienda tuvimos la bendición de la electricidad, y Ernesto compró un equipo de música y todos los discos que pudo encontrar en Huancayo. Desde la mañana hasta la noche pudimos gozar de la música de Nat King Cole, Betty Smith, Cole Porter, Frank Sinatra, Los Panchos, Liberace, Lester Lanin y tantos otros intérpretes que nos fascinaban. También pusieron estufas eléctricas en todas las habitaciones, y nos cambió la vida con toda clase de comodidades como el agua caliente, que antes había que calentarla en grandes pailas al fuego de la bosta.

Guillermo y su esposa, Pirula, tenían en ese entonces tres hijos hombres, casi de la edad de los de Ernesto y María, y además de ser muy amigos eran compadres, de manera que todas las semanas se turnaban en reunirse a comer en ambas casas. Ni qué decir que esperábamos con ansias el día de ir al "cine" a ver las películas que enviaban desde Lima.

Todos tenemos alguien a quien envidiamos o por lo menos nos gustaría estar en su lugar. En mi caso, se trataba de Marisa, sobrina de María. Marisa era una chica de mi edad, preciosa, estudiaba en el Villa María, el colegio de las "beautiful people" y que tenía el uniforme más bonito de Lima, lo que se hacía evidente todos los años en los desfiles de fiestas patrias, en los que siempre ganaban el primer premio. Pertenecía a la "high life", como decía, y siempre estaba invitada a las mejores fiestas y actividades sociales. Para colmo, se vestía a la última moda y sabía llevar la ropa y maquillarse de maravilla en comparación conmigo, que no me dejaban hacerlo y que con las justas tenía un lápiz de labios "rosadito" y para las uñas "solo brillo", como decía don Héctor. Además, la mayoría de mi ropero lo llenaba ropa de las primas o tías que, milagrosamente, doña Nita lograba achicar a mi talla, pero, eso sí, con bastas kilométricas en faldas, pantalones y hasta en las mangas por si crecía.

Un verano en Río, vinieron a quedarse un mes Marisa y la tía Malela, hermana de doña Nita, con sus dos hijos. Ese año Cercapuquio iba a celebrar los Carnavales con un fiestón y nos habían invitado a todos los de Río, incluyendo a las mujeres, que éramos cinco con Pirula. El comité que organizaba la fiesta nos envió cinco vestidos completos de serranas para que fuéramos adecuadamente vestidas para bailar el "Tumbamonte". Marisa y yo estábamos entusiasmadas porque Guillermo nos había contado que tenían a dos estudiantes de ingeniería de minas practicando en la mina, quienes estarían en la fiesta. Ni qué decir que Marisa quedó espectacular con su vestido, lo que quedó demostrado cuando llegamos a Cercapuquio y empezó el baile del Tumbamonte o Yunza, como le dicen en el norte, porque el estudiante más churro se le pegó como lapa por el resto de la fiesta. La verdad es que, al rato de iniciar el baile alrededor del árbol lleno de adornos y regalos, ya no tuvo importancia. Mi parejo era algo feíto, pero en entusiasmo nadie lo ganaba y me divertí como nunca, aunque descansando de rato en rato pues la altura es enemiga del huayno y no se bailaba otra cosa. Por fin, ya de noche, emprendimos el regreso y, a mitad del trayecto, las luces de la camioneta alcanzaron a alumbrar a un hombre con la cara ensangrentada que en medio del camino nos hacía señas para parar. Ernesto sacó su arma y lo vimos verdaderamente asustado. Habían tenido problemas con la comunidad de Chongos, vecina a la hacienda, y pensó que era tal vez un asalto. El caso es que el hombre nos contó desesperado que eran de la comunidad, que habían sido invitados al carnaval de Cercapuquio y que habían salido temprano en dirección a la mina, no sin antes prepararse para la diversión con varias botellas de chacta que todos, incluso el chofer, habían venido tomando. El camión que los traía se había desbarrancado en la curva del Diablo y solo él había conseguido subir para tratar de conseguir ayuda. Como era imposible hacer algo por ellos sin el equipo necesario, volvimos a la mina a dar el aviso. Mientras que la ayuda necesaria salía de la mina, nos dimos con que el médico de guardia se había ido a Huancayo aprovechando la fiesta y que no había nadie en el policlínico de la mina. Pirula, María y Malela comprendieron que tenían que hacer lo imposible por los heridos que no tardarían en llegar, y todas las mujeres nos pusimos a ver qué medicinas y facilidades había.

Cuando al fin llegaron los heridos nos dimos cuenta de la real tragedia del accidente. En el camión iban más de veinte personas, entre ellas varios niños, y todos estaban heridos y sangrando y llorando de dolor y desesperación. Malela y Marisa trataron de hacer su parte, pero se desmayaron al ver tanta sangre, y no pudieron ayudar en la atención directa de los heridos, de manera que se ocuparon de alcanzarnos lo que les pedíamos y de consolar a los menos graves, que ni bien eran curados pasaban a su cuidado. Pirula, María y yo trabajamos hasta el amanecer, que fue cuando llegó por fin el médico a quien habían ido a buscar a Huancayo. Como ya sabía poner suero e inyecciones me ocupé de los más graves, y fue la primera vez en que me sentí impotente cuando comprendí que la voluntad no es suficiente en casos como este, sobre todo cuando me tocó atender a una mamacha que tenía una tremenda herida en la cabeza. No se quejó ni un momento mientras le cortaba el pelo alrededor de la herida, ni cuando después traté de curarla sabiendo que lo que hacía no servía de nada.

Al terminar la miré diciéndole que se iba a mejorar y rogando que entendiera cuánto sentía su sufrimiento. Me cogió las manos y, siempre mirándome con sus ojos húmedos, falleció callada y suavemente mientras mis ojos se llenaban de lágrimas y mis manos cerraban sus ojos. Nunca olvidé esta experiencia y creo que fue fundamental en mi vida de hacendada, y también en la decisión de aceptar la responsabilidad de atender a enfermos y heridos que buscaban mi ayuda, lo que se reflejó en las horas que pasé estudiando y leyendo sobre medicina.

* * *

Otro de esos veranos llegó Rubén, el hermano de Guillermo, a "prepararse" para ingresar a La Molina. Lo conocí una noche que nos invitaron a comer. Después de la cena, como era costumbre, María y yo sacamos las guitarras para hacer algo de música. Resultó que Rubén también tocaba y cantaba, y armamos una jarana con canciones nuevas. Entre capitán y capitán, que era el trago que siempre tomábamos, nos quedamos hasta más tarde que de costumbre. Todo ese ambiente había conspirado para que ambos nos sintiéramos de lo más románticos. Ya en la despedida, salió a relucir el flechazo con un abrazo más largo de lo normal y correcto, y el susurro de "yo veré cómo, pero te voy a buscar a Río", que me dejó emocionadísima hasta que Ernesto, que se había dado cuenta de todo, me llamó al orden diciéndome que quedaba prohibido recibir a Rubén cuando estaba sola en la casa y salir con él bajo ningún pretexto.

Aunque no puedo decir que fue mi primer amor, sí fue mi más romántico amor de vacaciones. Lo que avivó el fuego fue el celo de Ernesto, para quien yo era demasiado chica como para pensar en enamorados, y la disciplina de Guillermo, que estaba decidido a que nada distrajera a su hermanito menor de su preparación para ingresar. La verdad es que no nos vimos muy seguido y jamás a solas. Rubén tenía una linda voz. Cada vez que nos reuníamos —con todo el mundo presente—, cantaba solo para mí poniendo una cara de carnero degollado y mirándome con sus ojotes en cada pasaje de la canción, cuya letra era un mensaje directo al corazón, mientras jurábamos que nadie más se daba cuenta.

Estuvo poco más de un mes en Río y se fue para dar su examen. No llegó a ingresar a la universidad y esto fue definitivo para el romance, ya que para ese entonces yo había decidido que a mi futuro esposo lo tenía que pescar en, precisamente, La Molina. El caso es que, fuera del ambiente de la hacienda, sus encantos no me parecieron gran cosa, menos sin su guitarra y sus canciones. Rubén tuvo sus días de gloria como cantante, y muy bueno, de música criolla, y algunas veces lo escuché en programas de televisión. Lo vi nuevamente muchos años después, cuando ya estaba casado, orgullosísimo de su hijo Diego, que estaba en Europa e iniciaba con éxito su carrera como cantante lírico.

18.   Nos vamos al norte.

Una de esas tardes frías de nuestros inviernos húmedos y grises en Jecuán, estábamos sentados en la terraza, disfrutando del alboroto que hacían las Santa Rositas al buscar sus nidos en los inmensos ficus delante de la casa, y Manolo me contó que su gran amigo y compañero de La Molina, Pepe García, lo había invitado al norte en un corto viaje para ver una chacra que tenía en Motupe. Ya habíamos estado viendo la posibilidad de independizarnos buscando algún terrenito tanto al sur como al norte de Lima, pero los precios de las tierras eran elevados y los fundos que estaban en venta no habían convencido a Manolo, así que este viaje le abría la posibilidad de ver algo por el norte, adonde varios de sus amigos ya habían ido en busca de oportunidades.

"Nos vamos al norte, gorda", me dijo a su regreso, lleno de entusiasmo. "Hay una chacrita de veinte hectáreas que nos la alquilan con opción de compra. Además, nos alcanza para pagar el alquiler e invertir el resto en perforar y equipar el pozo, y también para preparar el terreno para la primera siembra, que sería maíz. El terreno está cubierto de monte porque nunca ha sido trabajado, pero la tierra es buena y en esa zona hay agua. Además, me encontré con C.G., primo de Pepe, que está por venirse a Lima y necesita un administrador para su fundo que está bastante cerca, en Olmos. El sueldo no sería mucho, pero nos daría la casa que te va a encantar y tendríamos, al menos, cómo parar la olla sin depender de lo nuestro. El clima es estupendo, todo el año hay sol, y sé que te va a encantar el paisaje de los bosques secos que hay desde Chiclayo hasta Olmos. Prácticamente no ves nada del desierto al que estamos acostumbrados; toda la zona tiene vegetación, hasta los cerros." Nos tomó un mes preparar el viaje, embalar todas nuestras cosas, despedirnos de la buena gente de Jecuán y Santa Rosa y dejar esas tierras tan queridas por Manolo, que habían sido su gran desafío al graduarse de La Molina. Habíamos decidido que él iría primero y que yo me quedaría en Lima trabajando para ayudar con los gastos de la siembra, ya que todos los ahorros se nos irían en la instalación del fundo. Quedamos en que le pondríamos nombre cuando pudiéramos caminar juntos en nuestra tierra y sintiéramos qué nombre quería ella que le pusiéramos.

Así fue como Manolo partió para el norte y Calita y yo nos quedamos en Lima, para felicidad de los viejos que la tendrían en casa, especialmente la mamama, puesto que yo había conseguido un excelente trabajo hasta mediados de diciembre en la Embajada de Australia, como Administradora del Pabellón que ese país inauguraría en octubre, en la Feria del Pacífico. Manolo viviría con los García, quienes se quedarían en Las Norias, su fundo de Olmos, hasta poco antes de Navidad, y vendría a pasar las fiestas a Lima. El 26 de diciembre emprenderíamos viaje al norte con la Cali, que acababa de cumplir su primer año, nuestro perro, Rockefeller, y las dos chicas de Jecuán que trabajaban en casa desde que nos casamos y que habían accedido a acompañarnos por un año.

19.   Nuestro Choloque.

Una vez tomada la decisión de empezar a trabajar en nuestra propia tierra, se nos pasaron los días rapidísimo, embalando y despachando todo a Las Norias, donde Manolo recibiría la carga de muebles, ajuar y los recuerdos de esa etapa de nuestra vida. Él acomodaría lo mínimo que iba a necesitar para vivir solo, hasta que fuéramos Cali y yo y empezáramos juntos nuestra vida en el norte.

Y así, hablándonos por teléfono y escribiéndonos todas las semanas, se pasaron los seis meses de separación. Manolo me contaba casi día a día cómo El Choloque iba tomando forma. Era difícil imaginar cómo era nuestra tierra. Acostumbrada a ver el agua correr en abundancia por las acequias de Jecuán y Santa Rosa, y, sin tener los conocimientos de Manolo, pero que luego de vivir toda clase de experiencias al fin aprendería, no lograba entusiasmarme con algunos de los logros que él tanto festejaba, como por ejemplo el del rendimiento del nuevo pozo, la excelente calidad de agua, la tierra que parecía "bizcocho", y sobre todo eso de que todos los días se disfrutaba del cielo azul y sol y noches estrelladas. ¿Semanas sin que se nublara el cielo? Imposible. Seguro que Manolo trataba de entusiasmarme para que no me arrepintiera de mudarnos tan lejos de todo lo conocido y de los seres queridos.

Mientras que Manolo trabajaba en lo suyo, feliz de empezar su casi propia chacra literalmente de la nada, y con la seguridad de que ese "casi" quedaría en poco tiempo como una anécdota más, yo me iniciaba en mi nuevo trabajo, que al igual que el de Manolo era totalmente diferente a todo lo que había hecho anteriormente.

Australia había decidido construir todo un pabellón para inaugurarlo en la Feria Internacional del Pacífico de ese año (1965), que abriría sus puertas en noviembre, y había promovido la participación de grandes empresas australianas. Mi trabajo era el de organizar toda la logística, eventos, publicidad, etcétera, del nuevo pabellón, contratar al personal que se haría cargo de todos los servicios, y velar por la correcta presentación y atención en los stands de las diferentes empresas, además de atender personalmente a los empresarios visitantes. Fue un trabajo agotador y con largas horas de gran actividad, ya que, literalmente, apagaba luces y cerraba el pabellón todos los días a la media noche. A Calita la veía en las mañanas, pues felizmente el ingreso al pabellón era a las nueve, y los viejos la pasaban con ella tratando de disfrutar esos días que aún estaríamos en Lima, sabiendo lo lejos que nos iríamos pronto.

Por el mes de octubre, cuando aún trabajaba en la Embajada, que por entonces quedaba cerca de la Avenida Wilson, en Lima, Manolo me envió un SOS. Se había malogrado el motor del pozo y necesitaba urgente quinientos dólares para repararlo. Esa mañana salí hacia la oficina pensando en cómo haría para conseguir el dinero. No encontré lugar para cuadrarme en el sitio de costumbre y, mientras daba vueltas, al fin pude ubicar un lugar vacío cerca del convento de las Esclavitas, a unas cinco cuadras de la Embajada. Caminaba en dirección a la oficina cuando vi un letrero en la vitrina de una peluquería en la Av. Tacna: "Se compra pelo largo". No lo dudé un instante. Entré a preguntar cómo era el negocio y a ver cuánto me pagarían por mi pelo, que en esa época lo tenía casi hasta la cintura.

¡Me llevé la sorpresa de mi vida!

Me hicieron sentar y desarmar el moño que tanto trabajo me costaba armar todos los días. El peluquero tomó el pelo, lo templó, lo sopesó, lo puso para arriba, después para abajo, y, entusiasmado con el resultado de su examen, empezó a llamar a todo el mundo en la peluquería, fascinado con el grosor, color y tamaño del pelo. Por fin, después de calcular que les saldrían tres pelucas completas y un "colette" (postizo para moños) ...¡me informó que me pagaría quinientos dólares! Ni qué decir que acepté, feliz de haber resuelto el problema. ¡Que me cortaran lo que quisieran! Al final quedé como recién levada por el ejército, pese a que trataron de disimular la trasquilada "batiendo" lo poco que había quedado de pelo y haciéndome un cerquillo que me tapaba hasta la nariz. Manolo no supo nada de esto hasta que llegó en vísperas de la Navidad y se dio con mi nuevo "look", que ya para entonces había mejorado bastante.

Nuestra "casi" tierra llegaría a ser oficialmente nuestra muchos años después de lo que habíamos calculado. Mediante la "palabra de caballeros" entre Manolo y don E.B., se había acordado que pagaríamos un alquiler de S/. 19,000 al año por las diecinueve hectáreas, y que al cabo de cinco años tendríamos la opción de compra a un precio de S/. 5,000 por hectárea.

Cuatro años después de que empezáramos en El Choloque, el General Velasco dio el golpe militar que envió al Presidente Belaúnde al exilio, y promulgó la Ley de Reforma Agraria que afectó todo el agro peruano, entre ellos al dueño del Choloque y a nosotros como inquilinos. Hubo una persecución increíble y cientos de momentos desagradables en esta lucha que con Manolo emprendimos por lograr que, de acuerdo al principio de esa ley, que sostenía que "la tierra es para quien la trabaja", se nos adjudicaran nuestras tierras. Los trabajadores del Choloque escribieron un memorial a la Dirección de Reforma Agraria diciendo que no querían formar parte de ninguna cooperativa, sino continuar trabajando con nosotros en el fundo. Hubo una verdadera cacería por parte de la gente del SINAMOS y del personal del proceso de la reforma, que buscaban alguna falta que les permitiera quitarnos el derecho a nuestra tierra. Después de un tiempo nos enteramos de que, a raíz de la visita del Jefe Militar de Reforma Agraria de la zona, a quien un amigo nuestro llevó para que nos conociera y ayudara en el proceso, este había decidido que El Choloque debería ser expropiado para convertirlo en una especie de Club Campestre para los militares. Muchos años después, ya en el segundo gobierno de Belaúnde, nuestros queridos amigos Nils Ericsson, Ministro de Agricultura, y Germán Fernández, Director de la Zona Agraria de Lambayeque, firmaron el título de propiedad del Choloque a nombre de Manolo entre risas y lágrimas, en una hermosa ceremonia en la terraza del Choloque, un día sábado del mes de agosto de 1981.

El lunes siguiente, llenos de la más grande satisfacción que alguien pueda imaginar, fuimos a Chiclayo a buscar al ex propietario del Choloque, a quien le cancelamos el íntegro del valor pactado por la venta del Choloque, cumpliendo así, después de dieciséis años, el "pacto de caballeros" acordado en agosto de 1965.

Recién entonces sentimos que El Choloque era realmente nuestro.

20. Las Norias.

Ese 26 de diciembre, apenas pasada la Navidad, nos levantamos de madrugada para despedir a Manolo, que partía a Las Norias en nuestra recién adquirida camionetita VW Variant. Ya habíamos despachado todo lo que teníamos en el Choloque: muebles, enseres, y toda la ropa de chacra, y solo faltábamos la familia, Hugo, las dos chicas que nos acompañarían al norte y Rockefeller.

Manolo pasaría recogiéndolos por Jecuán y nos encontraríamos en Chiclayo, en casa de una amiga de Pisco cuya familia se había mudado al norte, Laura Giraldo, quien me recogería del aeropuerto, porque la señora Nitty y la Cali, ¡se iban en avión! Era la primera vez que iba a viajar por los aires, y fue todo un acontecimiento la ida al aeropuerto de Limatambo. Los papapas estaban tristísimos, más de perder a la Cali que a mí, y más sabiendo que no teníamos pensado regresar hasta la siguiente Navidad. Yo no veía las horas de llegar, y el vuelo se pasó rapidísimo. Recuerdo que conversé con una señora norteamericana, esposa de un funcionario de la IPC de Talara, que conocía Olmos, y no entendía cómo podía irme a vivir al fin del mundo, según ella lo describía.

Laura me esperaba puntual en el aeropuerto, y después de dejar las cosas fuimos a hacer las compras básicas de alimentos ya que íbamos a pasar por Olmos muy tarde, y Manolo no confiaba mucho en que encontráramos alguna tienda abierta. Entre las compras y conocer algo de Chiclayo y Pimentel, se pasó el día volando, y a eso de las cinco de la tarde llegó Manolo para recogernos y seguir el viaje hacia Las Norias. No sé cómo entramos todos más el equipaje que yo había traído. Por fin, y pareciendo uno de esos ómnibus en que la gente se sale por las ventanas, entre los ladridos del perro y el llanto de Cali que estaba de lo más desubicada con todas las novedades del vuelo, el lugar y gentes extrañas, emprendimos la última etapa de ese viaje a nuestro nuevo destino.

Recuerdo que me llamó la atención el hecho de que viajamos casi dos horas hasta Olmos sin ver los desiertos de arena típicos del sur -todo era vegetación. Cuando llegamos al puente de Olmos, en medio de un atardecer precioso, Manolo paró la camioneta y, señalando hacia la izquierda, me pidió que mirara un cerro que se veía lejísimos. Entusiasmado dijo: "¿Notas ese cerro al fondo? Es igualito a una persona echada." Trató de hacerme ver la nariz, el pecho y toda la anatomía del finado, porque resultó que ese era el cerro El Muerto, y, después de asegurarle que sí veía al tal muerto, aunque poniendo algo de voluntad e imaginación y llegando a la conclusión de que el gran bulto que se veía al centro del supuesto cristiano era un tumor, me dijo que al pie del cerro quedaba Las Norias. Casi me muero de pensar que íbamos a vivir tan lejos, pero luego pensé: "¿A qué miércoles me refiero con lejos? ¿Lejos de qué?" A esas alturas del viaje, todo lo que quería era simplemente llegar cuanto antes. Cruzamos el pueblito de Olmos casi sin verlo, porque era uno de los días en que no había funcionado el motor de luz y estaba a oscuras, y tomamos el desvío a Las Norias ya casi anocheciendo.

Todo el camino era entre cercos de troncos, y pasamos entre varios cerros cubiertos de la misma vegetación de árboles tan ralos que sus hojas parecían encajes contra el cielo claroscuro. Tal vez por el ansia de llegar, esa primera entrada a Las Norias me pareció interminable. Recuerdo que pensé que menos mal que me había casado con Manolo, que era de la familia, ¡porque allí cualquier otro me mataba y no me encontraba nadie! Mucho después ese camino me fue tan familiar como el de Jecuán, y aprendí a apreciar todo lo hermoso y bueno que tiene para ofrecer el bosque seco, y más aún esa ruta tan silvestre, con las casitas de troncos y quincha de la gente tan buena que llegué a conocer en los años que estuvimos allí. Además, Las Norias nos recibió con ese mismo cariño que después tuvimos en el Choloque. La casita era linda y estaba toda iluminada. Josefina, la empleada que habían dejado los dueños, había puesto flores en la sala y un gran frutero con mangos y otras frutas en el comedor, y tenía la comida lista para todos. Los dos caporales nos esperaban en la puerta para darnos la bienvenida y ayudarnos a descargar todas las cosas. También nos esperaba el Negro, un perro pastor alemán que heredamos con la casa y que nos acompañó luego al Choloque reemplazando al pobre Rockefeller, que murió mordido por una serpiente al poco tiempo de llegar.

Los días fueron pasando muy rápido entre acomodar las cosas que habíamos traído, pasear por la chacra disfrutando del huerto de limas y naranjas, y también de los mangos tan diferentes a lo que estábamos acostumbrados, pues había más de diez variedades nuevas que tan solo se cultivaban en Las Norias y en el Arrozal, en Motupe, en el fundo del Sr. Schindler, un alemán que las había traído de Hawaii y que le había regalado unas yemas a C. García, el dueño de Las Norias. El fundo del alemán lo administraría Manolo tres años después y luego lo compraría un querido amigo piurano, E. Espinosa, con quien años más tarde fundaríamos la Asociación de Agricultores.

Nuestra primera visita fueron unos cazadores de palomas que acostumbraban ir por esa zona en que siempre había cacería, porque el fundo era la única fuente de agua en kilómetros a la redonda y eso atraía a todo tipo de aves. Nos hicimos muy amigos y regresaron muchas veces con sus esposas e hijos a pasar el día en el fundo, para alegría de Calita pues podía jugar con sus nuevas amigas, Polín, Lola y Mónica. De la familia, los primeros en llegar fueron mis viejos, que disfrutaron tanto como nosotros las maravillas del paisaje y del colorido del cielo y el clima maravilloso. Johnny, hermano de Manolo, quien ya estaba pensando venirse al norte para establecer una distribuidora de Purina, también llegó con la misión de ser carta viva del Choloque y Las Norias ante don Teobaldo, quien nunca aprobó nuestra mudanza, disgustado por el lugar inhóspito al que se había ido su pobre hijo animado por la loca de su mujer.

Yo no había salido de Las Norias desde mi llegada, que había coincidido con la primera visita de Johnny. El día que se fue de regreso a Lima, él y Manolo salieron muy temprano en la pick up de la hacienda para alcanzar el avión, pero dejó olvidado su maletín de trabajo en el comedor. Tratando de alcanzarlos y rogando que no me fuera a perder en el camino a Olmos, salí corriendo tal como estaba, con mi babydoll de florcitas, y en la carrera hacia el garaje para salir en la VW dejé las sayonaras tiradas en el jardín. Estaba convencida de que podría alcanzarlos antes de llegar al pueblo, y en la recta de Tunape llegué a ver la estela de polvo de la pick up. Seguí avanzando ya más tranquila cuando, en eso, sentí un fuerte olor a humo que venía de atrás, y mirando por el espejo vi unas llamas que se elevaban del asiento trasero. Paré inmediatamente el carro y tan solo atiné a levantar el asiento y echar tierra sobre el fuego hasta apagarlo. Sentí un alivio tremendo al pensar que podía haberse incendiado el tanque de gasolina y explotar nuestra camionetita, y me senté en el suelo a recobrar el aliento.

Me estaba tranquilizando y ya respiraba con más normalidad cuando me di cuenta de la situación en que me encontraba. En babydoll, sin zapatos, a unos seis kilómetros del fundo, y el sol ya empezaba a calentar. Yo sabía que sin zapatos no iba a poder caminar dentro de poco por lo caliente que se ponía ese suelo semienripiado. En verdad no sabía qué hacer y empecé a desesperarme, porque esperar a que pasara otro carro era lo mismo que esperar a que pasara un elefante. Ya casi a punto de llorar, sentí una voz de hombre que me saludaba y, al levantar la vista, me encontré con un campesino que pasaba en su bicicleta. Se presentó como Teófilo Sánchez e iba de su casa hacia Las Norias, donde trabajaba, y había parado al verme sentada debajo de un árbol de zapote, con la cajuela de la camioneta llena de tierra y las puertas abiertas. ¡Gracias a Dios!

Después de explicarle que no había abandonado al ingeniero y que casi me había muerto, de susto o por la explosión del tanque de gasolina, comprendiendo mi situación se ofreció a llevarme de regreso a Las Norias. Cerré la camioneta y me fui con Teófilo, sentada en la parrilla de la bicicleta con las piernotas estiradas porque no tenía dónde apoyar los pies. Llegamos a Las Norias justo cuando estaba toda la gente reunida con los dos caporales en "la lista" donde se distribuían las tareas. Nunca me olvidaré de la expresión de la gente al verme, ni su esfuerzo por aparentar que todo era de lo más normal, saludándome muy seriamente al pasar. Ni se diga del esfuerzo que yo también tuve que hacer para parecer de lo más digna, tratando de ignorar la pinta de loca que debía tener y contestando los saludos con la cabeza, mientras que con las manos intentaba sujetarme a Teófilo y a la vez estirarme el babydoll para cubrirme lo más posible.

Mi otra salida no convencional fue un jueves, un día en el que, tal como lo hacía todas las semanas, Manolo se fue a Chiclayo por cosas de la hacienda y encargos de la casa, de donde no regresaría sino hasta las seis o siete de la noche. En ese entonces no había forma de comunicarse desde Las Norias, y el teléfono público de Olmos solo funcionaba hasta las diez de la noche. Yo me había quedado con Cali y Santiago recién nacido, y también con Janet, una amiga australiana que estaba pasando unas semanas con nosotros. Eran casi las diez de la noche y Manolo no llegaba. En el colmo de la preocupación, y pensando que tal vez se le habría malogrado la camioneta en el trayecto de Olmos a Las Norias, decidí ir a darle el encuentro aprovechando que Janet se podía quedar con los dos bebes, así que subí al Negro, mi perro, a la camioneta y salí hacia Olmos, esta vez sin temor a perderme porque ya conocía el camino perfectamente. El caso es que estaba entrando al pueblo cuando se apagaron las luces. Ya eran más de las once y no había un alma en las calles. Para remate, había salido del fundo sabiendo que la camioneta tenía poquísima gasolina y, por supuesto, se me había olvidado traer dinero. No había encontrado a Manolo, y mi preocupación se incrementaba con el temor a la oscuridad y el susto de quedarme sin gasolina antes de llegar al grifo, donde esperaba que me fiaran lo necesario para poder regresar. Felizmente llegué al grifo. Nadie había visto a Manolo, y me imagino que los griferos pensaron que era una tontería mía el haber salido a buscar al ingeniero. Me regresé a Las Norias tan asustada como antes, y recién al día siguiente en la tarde cuando llegó Manolo se me pasó la angustia, que fue reemplazada por tal cólera que el pobre Manolo, a quien se le había malogrado la camioneta, tuvo que hacer méritos todo el resto de la semana para que lo perdonara, incluido jurar que si volvía a presentarse tal situación regresaría a Las Norias aunque fuera en piajeno.

21. Los mayores.

Entre las tradiciones, usos y costumbres de esta nueva tierra del norte que llamaron mi atención, estaba el extraordinario respeto y aprecio por los mayores o ancianos. La autoridad de los ancianos supera a la de los padres, aun en temas relacionados a sus nietos. Siempre me sorprendió, por ejemplo, el que los padres hablaran por sus hijos jóvenes y se ocuparan de realizar los trámites de documentos, búsqueda de trabajo y, por supuesto, solicitar el perdón de los futuros consuegros en los tan comunes casos de raptos, o más bien fugas, de las novias de sus hijos.

En una oportunidad, unos amigos le ofrecieron a uno de sus trabajadores, casado y sin hijos, que se fuera con su esposa a vivir a la casa hacienda para trabajar ambos en labores de jardinería y domésticos. La respuesta de este hombre, de cuarentaidós años, fue que tenía que consultar a su papá, y además me pidió que lo acompañara a solicitar el permiso como prueba de la seriedad y bondad de la propuesta, que por supuesto él moría por aceptar. Al final convencimos al mayor y Basilio se mudó con todo y mujer, feliz de vivir en casa de pared y con el televisor que el ingeniero había ofrecido comprarle.

Los primeros mayores que conocí en Las Norias y que dejaron huella en nosotros, fueron la señora Roberta, don Lucas, doña Angelita y don Rafaelito.

La señora Roberta era la comadrona o curiosa de Las Norias. Había atendido, además de sus propios partos, prácticamente todos los partos de las mujeres de Las Norias desde hacía más de cincuenta años. Era una anciana pequeña, muy delgada, con su pelo negro y manos y rostros apergaminados y ajados por el sol y los trabajos tan fuertes del monte. Caminaba erguida y consciente de la autoridad que ejercía en su caserío. La conocí no mucho después de llegar a Las Norias. Una noche me llamaron para atender un parto que venía difícil. Se trataba de la mamá de Josefina, la muchacha que habíamos heredado de los dueños de Las Norias. La mujer tenía más de cincuenta años, y la señora Roberta no sabía qué hacer para ayudar a su sobrina, que se debatía en medio de tanto sufrimiento. Yo fui porque sentí que era imposible negarme, pero estaba aterrada de pensar en la responsabilidad que querían que asumiera. Si bien había estudiado muy superficialmente lo concerniente a la atención de partos, nunca había puesto en práctica mis escasos conocimientos, ni siquiera había estado cerca de uno. En la casa, a luz de lamparines, había un silencio ominoso. El marido, que generalmente participa en el parto sentándose al borde de la cama para que la mujer, arrodillada en el suelo sobre un pellejo de cabra, se abrace a él mientras dura el trabajo del parto, estaba afuera, sentado en un tronco tratando de esconder sus temores en la oscuridad de la noche. Cuando entré, había seis mujeres alrededor de la parturienta que estaba arrodillada, con la cabeza en las faldas de una de las señoras, totalmente agotada y ya casi sin fuerzas para nada. Me explicaron que llevaba más de doce horas en trabajo de parto y que la criatura no salía. No sé de dónde saqué el tono de seguridad y autoridad con que hice salir a todo el mundo, menos a la señora Roberta y a otra curiosa que había llegado del Médano, un caserío vecino. Al acercarme a la mujer, en medio de la poca luz que daban los candiles, noté que tenía un trapo dentro de la boca. Me explicaron que era para que la fuerza de los pujos no se perdiera —esta costumbre la combatí siempre en los muchos partos que atendí en los siguientes años. Hice recostar a la mujer, ordené que le dieran agua y procedí a lavarla con agua caliente que me trajeron en una gran calabaza. El bebé ya había coronado, y logré sentir con los dedos que la bolsa de aguas no se había reventado. No sé ni cómo la corté y, tratando de convencer a la mujer de que pujara y ayudándola presionando su abdomen, el bebé llegó a asomar por fin la cabeza. La señora Roberta, en cuanto notó que ya iba a nacer, me arrimó a un lado y se hizo cargo del resto. Pusieron al recién nacido a un lado de la cama y se dedicaron a la mujer, a quien le hicieron tomar un concentrado de enjundia de gallina, otra de las costumbres de la región que acepté de buena gana y que se repite en todos los partos, y que viene a ser el "suero" del pobre.

Mientras las mujeres salían y entraban y sobaban y alimentaban a la parturienta, fui a cumplir con la orden que me había dado la señora Roberta con gran autoridad y urgencia: ver al bebé y ponerle el agua del socorro, que estaba en la botellita sobre el tabanco al lado de la cama. No olvidaré la impresión que sufrí. Tenía la cabeza abierta y se veía lo que parecía la masa encefálica. Comprendiendo el porqué de la urgencia de las órdenes recibidas, cumplí con el encargo y bauticé al bebé tratando de hacerlo con todo el ritual necesario, bajo la mirada atenta de las cuñadas, todavía resentidas conmigo por sacarlas de la habitación y a quienes la señora Roberta había llamado para acompañar la ceremonia. Fue una experiencia fuerte y dolorosa, porque el bebé nació vivo y recién murió cuatro horas más tarde. No importa lo que yo dijera respecto al parto. La señora Roberta informó a la comunidad que el bebé no había querido nacer por el frío que hacía, y que yo, sabiamente, había calentado a la parturienta con agua caliente, lo que había ayudado a que el bebé naciera. Se sabía que los hijos de mayoras no siempre se logran, y este angelito había regresado al cielo tal como el cielo lo había enviado, sin sufrir corte de pelo, uñas ni nada de lo que había traído consigo, y que además la ingeniera le había puesto el agua del socorro. Lo bueno es que la madre se había salvado para bien de sus otros hijos y del marido.

Nos aprendimos a respetar mutuamente, pero la rivalidad continuó los primeros años que vivimos en ese caserío. Los partos que atendía ella los visitaba yo al día siguiente, para lavar a los recién nacidos y a la mamá porque la costumbre es que no se les podía mojar en un mes, ni a la mama ni al hijo. También iba a desatar a los bebes que prolijamente envolvía con trapos limpios inmovilizando brazos y piernas. Estas visitas duraban algunos días, porque cuando Roberta iba a visitar a sus pacientas volvía a amarrar lo que yo había soltado. Nunca me dijo nada directamente, y creo que le gustaba mi desafío y que le quitara algunos de los partos de encima, aunque, la verdad, no fueron muchos porque nadie quería contrariarla cambiándola por la ingeniera.

Un día nos cruzamos en una de estas operaciones. Ella salía de amarrar a un bebé y yo entraba a desamarrarlo. Me dijo, "ven ingeniera; tengo un regalo para ti", y me llevó a su casa rústica y fresca donde se veía la única noria que aún se usaba en el caserío, que se había visto beneficiado con el agua de los pozos de Las Norias. "Te voy a regalar un perro que ni caga, ni come, porque me han contado que tu perro, ese de nombre austriaco, se ha muerto", y sonriendo se fue a traer al animal mientras yo pensaba en cómo decirle que no quería otro perro sin ofenderla, y menos con esas cualidades tan extrañas. Se apareció riendo con su boca desmuelada y cargando un tronco de algarrobo natural que tenía la forma de un perrito perfecto. Hasta ahora lo tengo; cuida la casa desde hace años, parado en las raíces del caucho que está al lado de la terraza del Choloque. Al día siguiente fui a verla llevándole una torta, una tetera de porcelana y un petate y nos abrazamos sabiendo que ya éramos amigas y no rivales, y supe en ese momento que ya no iba a amarrar más a los bebes, lo que efectivamente fue así mientras yo estuve en Las Norias. Me contaron que cuando se puso muy enferma, años después, llegaron todas las nueras con el pretexto de cuidarla, pero en realidad querían estar presentes cuando se fuera al otro mundo y asegurarse de que les tocara algo en el reparto de la herencia. Dicen que la creyeron muerta en más de cuatro oportunidades, y que corrieron a agarrarse los tesoros, como la máquina de coser, el molino, la tetera de porcelana, el radio, un espejo de marco dorado y el infaltable cuadro de la Última Cena. Pero la señora Roberta salía de su coma exigiendo que le dieran su caldo de enjundia y diciendo que todavía no pensaba morirse, y las tuvo sirviendo todos sus caprichos por varias semanas sin darles el gusto de morirse hasta algunos meses después.

Escribiendo estos recuerdos la veo recorriendo las huellas que marcan los caminantes en el monte, con su bastón de palo de limón, el sombrero que había sido de su esposo, flaca y erguida, dirigiéndose a arreglar un pleito, a castigar a alguna mujer casquivana u ociosa, a atender algún parto, o a amarrar a los nuevos niños para ayudarlos a crecer sin que se arañen la cara con los movimientos de sus manitas. Siempre estuvo dispuesta a compartir alegrías, a acompañar en las penas y a ayudar a todos sus muchachos, como los llamaba ella, y así es recordada y mentada en las conversaciones de todos los que la conocieron, aún ahora a más de treinta años de su muerte.

22.   Don Lucas.

Las Norias era un verdadero oasis en el desierto. Desde Olmos se introducía uno en un paisaje salvaje, de ese bosque seco depredado por el hombre en el que quedaban vestigios de lo que fue en la época de los españoles, cuando desembarcaron por primera vez en Tumbes y caminaron por la costa hasta que tomaron el sendero a Cajamarca. En Mórrope quedan algunas crónicas de esa época, en las que un sacerdote narra que desde que salieron de Piura hasta Lambayeque "no vieron el sol" por la densidad de los árboles de ese bosque extraño.

Al lado del portón de entrada a la hacienda se encontraba uno de los pozos, y de allí partían los canales que distribuían el agua. Conocimos a don Lucas en una de sus frecuentes visitas a Las Norias, a donde iba diariamente para disfrutar de un buen baño en cualquiera de los numerosos canales de riego por los que discurría esa agua transparente y fresca que brota del subsuelo. Era un anciano menudo y sonriente, siempre con su bastón en la mano y su gran sombrero de paja. Era de oficio pastor de cabras y hacedor de carbón, y pasaba sus días en la soledad del monte, donde llevaba sus cabras y las que le entregaban algunos comuneros bajo el sistema común en la zona de "al partir", por el cual el pastor se quedaba con un porcentaje de las crías a cambio de su solitario trabajo.

Una tarde en que regresaba de Olmos me provocó tomar otro de los caminos menos directos a la casa, el que pasaba por el limonar. En una de las tomas de agua del canal estaba don Lucas totalmente desnudo, pero con el inmenso y viejo sombrero de paja bien puesto en su blanca cabeza. Al verme pasar, atento y con todo el respeto hacia la ingeniera, se paró, hizo una venia quitándose el sombrero y me dio las buenas horas. Fue todo un espectáculo ver a don Lucas, con el agua en los tobillos, calato como vino al mundo, pero cumpliendo con su deber de caballero de saludar a la patrona como se debe: ¡de pie y quitándose el sombrero!

En una oportunidad en que nos visitaron los tíos Velarde, hicimos traer a Martín, el burro blanco en que Cali iba al "colegio", para que se pasearan las primas. Se subieron las más grandes al burro, y Martín, con toda su paciencia de pollino, partió con las tres chicas repartidas desde el cuello hasta las ancas. Los grandes nos quedamos conversando, y sin darnos cuenta cayó la noche. Recién entonces notamos que las chicas no habían regresado del paseo. Salimos en la camioneta a buscarlas y recorrimos toda la hacienda sin que encontráramos ni el rastro. Estábamos armando una cuadrilla de rescate para buscarlas por el monte, fuera de la hacienda, cuando llegó don Lucas a avisarnos que las tres chicas estaban en casa de Guillermo, un trabajador que vivía en el caserío. Don Lucas las había visto pasar en el burro ya tarde, y le extrañó que estuvieran tan lejos de la hacienda. Para no asustarlas, porque ya estaba casi oscuro y porque, según sus propias palabras, él era un viejo muy feo, se fue a la casa más cercana, que era la de Guillermo, a buscar a la comadre para que lo acompañara a traerlas a su casa. Las chicas estaban asustadísimas y totalmente perdidas, así que el gesto de don Lucas resultó siendo de lo más acertado, porque todo no pasó de un mal rato y un gran susto, tanto de los padres y las chicas, como nuestro por la responsabilidad de ser los dueños de casa.

23. Don Consorcio.

En un paraje solitario de Olmos, alejado de pueblos, carreteras y caseríos, vivía un campesino realmente pequeño llamado Consorcio. Con la ayuda de un "técnico pocero" y mucho esfuerzo había hecho una noria y, como él decía, había sido bendecido por Dios ya que, contra todos los pronósticos, había encontrado la bendita agua que le permitía vivir y mantener un pequeño rebaño de cabras. Sin embargo, don Consorcio también trabajaba gran parte del año como operario en la hacienda más cercana para poder cubrir su magro presupuesto, mientras que su esposa, doña Ovidia, y su hijo se hacían cargo de las tareas que normalmente realizaban los hombres: pastar el ganado, rajar la leña que traía el marido a su regreso del trabajo, y sacar agua de la noria tanto para los animales como para los quehaceres y necesidades de la familia y la casa.

Los compañeros de trabajo se aprovechaban de la buena ley y paciencia de don Consorcio para hacerle toda clase de bromas relacionadas con su tamaño. En una oportunidad, el patrón de la hacienda donó a los padres de familia del caserío una camita de baranda para bebes a fin de que la rifaran para obtener fondos para el mobiliario de la escuela. Los trabajadores pidieron al patrón la camioneta para pasear la camita por el caserío y aledaños con el fin de animar la venta de los boletos de la rifa. Ya con la venia del patrón, subieron la cama a la tolva de la camioneta y, antes de que pudiera reaccionar, cargaron a don Consorcio y lo metieron en la cuna para beneplácito y diversión de todo el caserío y éxito de la rifa, cuyos boletos se vendieron casi todos ese mismo día.

En el monte se acostumbraba nombrar a los recién nacidos de acuerdo al Santo del día previa consulta al almanaque Bristol, del que no faltaba un ejemplar en cada casa por la utilísima información que traía, sobre todo las fechas de los cambios de la luna, importantísimas en el campo; por ejemplo, para el corte de las cañas de Guayaquil para sus construcciones y corrales, ya que si se cortaban en luna llena era seguro que se picaban, o para capar chanchos, actividad que debía realizarse el día exacto de la luna "verde" o luna nueva, de otra manera se infectaban las heridas.

Extrañada por el curioso nombre de don Consorcio, en una oportunidad le pregunté cómo era que no llevaba el nombre de un Santo... ¿Sería porque no había ningún Santo en la fecha de su nacimiento? Sonriendo con cierta conmiseración por mi "falta de ignorancia", me aclaró que en todos los días del año había al menos un Santo, y en la mayoría más de uno. Agradeciendo su explicación le pregunté por qué entonces no llevaba el nombre del Santo de su día. Me contestó que sí lo llevaba... que él había nacido el día de San Consorcio

Naviero Peruano. Una vez aclarado el asunto y, seguramente pensando que la señora del ingeniero no sabía nada de Santos, se despidió cortésmente y emprendió el regreso a su parcela.

Don Consorcio falleció unos años después, y doña Ovidia dejó su choza y se fue a vivir a otra campiña con su único hijo y su rebaño de cabras. Al poco tiempo tuvo un nuevo compromiso con un campesino a quien llamaban "el Zarco", por el par de ojos azules que nadie sabía de dónde le habían tocado.

24.   Pocho.

Regresaba a la hacienda después de haber ido a Olmos en busca de una peluquería, y todavía sonreía al acordarme de esa singular experiencia. Las señoritas Pizarro tenían una tienda de abarrotes bien surtida, a la que iba a comprar y conversar mientras la Calita era engreída y consentida por todos. Ese día, además de la tertulia, quería que me indicaran si en Olmos había una peluquería. ¡Por supuesto que la había!

Me dirigieron donde Pocho, el que las peinaba a ellas, y se ofrecieron a quedarse con Calita mientras que yo me daba un toque de civilización. Siguiendo sus instrucciones, me fui "caminando a pie" varias cuadras, subiendo y bajando de calles de tierra a veredas altísimas y techadas por un alar que sobresalía de las casas. Después entendí que cuando llovía, llovía de verdad, y que era una manera de proteger las casonas de adobe que no tenían cimientos. Al fin llegué a la casa de Pocho, una de las antiguas casonas de Olmos, de techos altos de tejas, con la vereda hecha con pedazos de troncos de algarrobo cortados en redondo y que, colocados cual losetas, formaban el piso. Tenía una gran ventana de reja y una puerta con cerradura antigua, la que se abría con una inmensa llave, que después de unos años la compramos y pusimos en la puerta de la casa del Choloque.

"¿Usted es la esposa del nuevo ingeniero de ojos azules?", me preguntó Pocho emocionado. Con grandes aspavientos me hizo pasar a una sala fresca, de techos altísimos donde tenía su tocador con un espejo de marco dorado y todo su equipo de trabajo. Era uno de los hombres más feos que he visto, con su nariz ganchuda y los ojos muy juntos, pero su fealdad llegó a pasar desapercibida ante el trato tan amable y atento que recibí todas las veces que regresé durante esos cinco años que pasamos en Olmos. Me conversó todo el tiempo que le tomó ponerme los ruleros, informándome sobre "todo Dios" que había en Olmos. Estaba indignado con el suceso del momento: la llegada del enviado del Obispo para botar al cura de la parroquia, porque había tenido la decencia de casarse por civil en vez de convivir con su mujer, tal como siempre habían hecho los otros curas. Felizmente la gente había reaccionado, y a su vez había también botado del pueblo a los santos emisarios de la Iglesia. Lamentablemente, la autoridad máxima en el Obispado de Chiclayo había ganado la pelea y había enviado a un nuevo sacerdote a sacar al pecador de la Iglesia y a quedarse, quien había tratado en vano de ganarse a la feligresía, excepto por las beatas mayoras. Y así por varios meses los vecinos se declararon en huelga y no asistieron a ninguna ceremonia. Por fin la cercanía de la fiesta de la Cruz de Chalpón y la devoción a esta, más los negocios que florecían con el peregrinaje, los hizo ceder.

Terminada la puesta de ruleros, Pocho me preguntó si iba a pasar al secador. Algo sorprendida por la pregunta, ya que en Olmos solo había luz de seis a diez de la noche, le dije que sí, pensando que probablemente tenía su propio grupo electrógeno. Tomó unas revistas de la mesa y me pidió que lo siguiera. Atravesamos todas las habitaciones de la casa mientras que Pocho se deshacía en disculpas por la pobreza y el desorden, hasta que finalmente llegamos a un gran patio de tierra lleno de gallinas, cuyes, conejos, pavos y sabe Dios qué más. Cargó una silla que estaba al lado de la puerta, la puso al centro del patio bajo el sol y me hizo sentar, ¡explicándome que en unos treinta a cuarenta minutos se me secaría el pelo!

Estaba tan sorprendida que me senté en la silla, y después de darme unas revistas Pocho se puso a espantar a las gallinas que se acercaban y nos rodeaban, convencidas de que les íbamos a arrojar maíz u otro manjar. No tuve tiempo de decir nada, ya que Pocho, después de verme sentada y sin gallinas, se fue apurado disculpándose y diciendo que regresaba inmediatamente. Ya pasada la sorpresa, decidí seguir sus instrucciones y esperarlo, no sin dejar de patear a los benditos pollos, gallinas, etc., etc., que seguían acercándose. Al rato Pocho regresó trayendo una mesita y una bandeja con una jarra de agua y un vaso, una empanada de aire y un cenicero, asegurándome que "iba a estar al tanto" para traerme toda el agua que necesitara. Se fue a atender a una nueva clienta, no sin antes dejarme una vara para espantar a los animales que "sabían ser atrevidos."

Después de diez minutos, dos vasos de agua, una revista y el brazo cansado de alejar al zoológico de Pocho que insistía en revolotear a mi alrededor esperando el maíz, se me habían secado hasta las ideas, así que me levanté y fui a buscar a Pocho, a quien encontré contándole a la nueva clienta chistes bastante más jugosos sobre la vecindad que la historia del Cura. Le agradecí y rogué que me quitara los ruleros diciéndole que no podía dejar más tiempo a mi hija, y después de pagar la cuenta regresé donde las Pizarro a comprar mis ruleros para llevarlos a la peluquería la próxima vez que visitara a Pocho e irme con ellos puestos de regreso a la hacienda.

Fue la única vez que usé el "secador a energía solar", pero sí que seguí yendo donde este joven tan amable, quien lamentablemente terminó sus días muy pronto. Se fue a Chiclayo buscando fortuna después de haber gastado todos sus ahorros en arreglarse el "look" con una cirugía estética que, aunque nunca lo volví a ver, supongo que fue para arreglarse la espantosa nariz que le había tocado. Años después me enteré por los diarios que lo habían matado en Chiclayo, en la fiesta de elección de la reina de la comunidad de gays.

25.   La leona.

Iba a ser otro de esos increíbles días de verano. Había llovido un poco en la noche y la atmósfera estaba límpida bajo ese cielo azul. Nunca antes me había percatado de ese efecto de la lluvia. Los colores eran más intensos y parecía que la vista se agrandaba porque se podía ver más lejos en medio de una luminosidad increíble. Hasta los sonidos eran más claros, porque se escuchaba mejor los trinos de los pájaros y hasta la conversación de la gente que trabajaba en los campos cercanos a la casa. Todavía no me acostumbraba a despertar en medio de un verdadero concierto de grillos, chicharras y aves de todo tipo, que vivían allí compartiendo la bendita agua de los pozos, tan abundante, y que hacía de Las Norias un oasis en medio de ese desierto.

Estaba fascinada con la cosecha de mango que había empezado hacía unos días. Era un verdadero placer contemplar cajas y cajas de esa fruta tan hermosa, con sus colores rojo, amarillo y verde, y ni qué decir de probarla tras escoger uno mismo del árbol el fruto que más lo tentaba. En ese entonces no exportábamos, y recogíamos toda la fruta que estuviera madura y lista para ser enviada a un mercado que recién empezaba a conocerla.

Estábamos tomando desayuno cuando llegó el caporal de lo más agitado, a decirnos que habían encontrado brujería dentro de la poza en que almacenábamos el agua para la casa. Lo peor de todo era que, quien fuera que quisiera hacernos daño, aparentemente lo había conseguido, porque la casa estaba rodeada de huellas de una leona y su cría, que habían estado rondando en la noche. Efectivamente habíamos escuchado en la noche los ladridos de los perros, pero no les habíamos prestado mayor atención. Nos quedamos aterrados pensando en los bebes y en la libertad con que andaban por los alrededores, y en la amenaza que representaba la noticia. Aunque no era factible que se atreviera a regresar de día ni tampoco hallarla en el monte, avisamos a todo el caserío que los niños no debían alejarse de sus casas, y los pastores de cabras extremaron su vigilancia regresando más temprano de las pasturas para encerrar a los animales y prepararse para una noche de serenazgo.

Había que organizar la cacería. Según el caporal, sería necesario poner un "cebo" para la leona porque seguramente regresaría en la noche. Esa tarde, después del trabajo, Manolo salió con la gente llevando una cabra y su cría al sacrificio. El rastreador de la chacra, siguiendo las huellas de la leona desde muy temprano para que no se perdieran con las pisadas del personal, había determinado el lugar exacto por donde la leona había entrado aprovechando un portillo, tal como llamaban a las entradas que abría la gente en el cerco por la flojera de ir hasta la puerta, o para ingresar sin ser visto a visitar a la enamorada, o a "comprar de noche", o sea, a robar. Quedaron dos guardianes escondidos con escopetas, y poco antes del amanecer oímos los balidos de la cabra seguida de tiros y gritos. Manolo, que se había quedado dormido vestido y listo, salió revólver en mano, y regresó media hora después ya más tranquilo contándome que habían logrado matar a la leona y herir al cachorro, al que estaban siguiendo para dar cuenta de él.

Efectivamente, así lo hicieron unas horas después, y de ese modo pasó la amenaza que nunca más se repitió. La llegada del hombre a esas zonas remotas ya había hecho huir a terrenos más agrestes a casi toda la fauna silvestre del monte, y esta había sido, probablemente, la última de la manada. Lamentablemente tuvo que ser así. No es posible la convivencia del hombre con los animales silvestres en general, y donde este entra, ellos tienen que salir o van siendo eliminados.

26. Doña Angelita.

Una tarde, al regreso de una de las pocas veces que acompañaba a Manolo en sus idas a Chiclayo, nos enteramos de que Segundo, un mayorcito que vivía algo retirado de Las Norias, había ido a buscarme muy de madrugada para que viera a su esposa, doña Angelita, que estaba "achacosa". Fue Segundo quien había descubierto las huellas de la leona, pero solo le avisó al caporal y no a mí, y después regresó a su casa sin decirme nada sobre su mujer debido al laberinto que armó la noticia.

Al día siguiente, acompañada por una nieta de doña Angelita, que se la habían prestado para que cuidara a los dos mayorcitos que vivían solos, partí hacia su casa con mi maletín de primeros auxilios para ver de qué achaques sufría la mayora. La pobre señora había estado con malaria, y sus hijos la habían llevado a Motupe para que le pusieran una "ampolla" recetada por la boticaria. Esta le había puesto la inyección probablemente sin desinfectar ni la jeringa ni la aguja (no existían las descartables), y el lugar del hincón se había infectado convirtiéndose en un agujero tremendo por el que se veía hasta el hueso de la cadera.

Yo nunca había visto algo así. Tenía la viejita tales dolores y una fiebre tan alta, que ya ni se levantaba del tabanco que era su cama. Hacía días que no se lavaba ni cambiaba, y en ese medio había progresado aún más la infección. Regresé a la casa y cargué con un colchón, toallas, tina, sábanas, jabón, desinfectantes, antibióticos y todo lo que encontré que podría ayudarme a aliviar a la pobre señora. Manolo me hizo llevar una máscara de protección para nariz y boca, que más que para defenderme de los gérmenes me ayudó a soportar las náuseas casi incontenibles que me acompañaron durante toda la operación de limpieza y curación. Ayudada por la nieta, y ya acostumbrada a que las pacientes a las que se "irrumpía" en su intimidad simplemente se echaran a muerto y cerraran los ojos, calateamos, bañamos y talqueamos a doña Angelita, y después la vestimos con ropa limpia y la acostamos en una cama limpia y fresca, en la que procedí a curarla con todo el cuidado que pude poner, siempre tratando de que sufriera lo menos posible, pero, la verdad, sin muchas esperanzas de que semejante herida pudiera sanar.

Por más de dos semanas fui todos los días a atenderla y administrarle las medicinas, y a cambiarle los vendajes y curarle la herida. Pocas veces he sentido una satisfacción tan grande como en esa oportunidad, en que cada día veía cómo mejoraba y cerraba la herida hasta que desparecieron la fiebre y los dolores que doña Angelita había soportado por tanto tiempo.

Hablamos muy poco en todo ese tiempo, pero ya cuando estuvo mejor me esperaba cada día con una cuajada hecha por el viejo Segundo con la primera leche de la mañana de una de sus cabras. La relación se estrechó aún más cuando, ya en los últimos días que fui a verla, llevaba a Cali y Santiago, mis hijos de cuatro y dos años respectivamente, para que jugaran con las cabritas recién nacidas que se quedaban en el corral mientras que el mayor llevaba a las grandes a pastear al cerro Punpurre.

27.   La cruz de Chalpón.

Manolo me había hablado de la existencia de la Cruz de Chalpón y de la fe y devoción por ella en los pueblos de Motupe y Olmos, y también de las fiestas y visitas de los peregrinos de todas las regiones del país e incluso de los de países vecinos.

Aislada en Las Norias y ocupada con la familia que seguía creciendo, no había tenido tiempo de ir a visitar el santuario. Tampoco había tomado conciencia de la importancia que la Cruz de Chalpón tenía en la vida de los habitantes, ni de los preparativos para las majestuosas celebraciones del 5 de agosto y del 5 de febrero, las únicas fechas en que la Cruz deja su santuario en el cerro Chalpón y baja a los pueblos para que le rindan tributo.

Recién tres años después de estar en Las Norias, decidimos visitar la Cruz un domingo en la mañana. Salimos con Cali, Santiago y el Negro, el perro de los dueños de Las Norias que nos acompañaba a todas partes. Yo estaba esperando al Álvaro, y la verdad es que fui sin imaginarme el esfuerzo que este peregrinaje implicaba, más aún en el ya iniciado verano norteño.

Ingresamos por el desvío a un camino carrozable que iba subiendo por las faldas del cerro Chalpón, y conforme avanzábamos empezamos a apreciar la parte del valle de Motupe irrigada con aguas del río, el pueblo y ese bosque seco con su atractivo tan especial. Pasamos por el caserío Salitral, que constaba de dos hileras de casas separadas por un gran espacio, parte del cual lo ocupaba el camino. Al final del camino, en el centro, había una sencilla capilla donde descansaba la Cruz por la noche, cuando la bajaban del cerro para las fiestas.

Seguimos adelante, ya con el camino serpenteando y la pendiente más pronunciada, hasta que llegamos al Zapote; un caserío muy pobre donde cada casa es una posada, restaurante o tienda de recuerdos y artesanías o dulces típicos, como tantos otros negocios que se forman alrededor de lugares que atraen a este tipo de turismo. Inmediatamente nos rodearon vendedores y chiquillos que nos ofrecían desde gaseosas y dulces hasta cruces de todo tipo y color. Después empezamos la subida por una trocha de tierra y piedras. Al inicio del camino había una gran canasta con bastones cortados de los árboles de los alrededores, que estaban a disposición de los peregrinos para ayudarse en la difícil subida. Demoramos más de una hora hasta que llegamos a un punto en el cual, para alcanzar la piedra que sobresalía y donde estaba la cueva de la cruz, habían tenido que construir una escalera de fierro muy empinada, ya que no había forma de llegar de otra manera. Los pasos de la escalera estaban pegajosos por la cera derretida de las velas que algunos peregrinos acostumbraban dejar encendidas en la noche. Fue toda una experiencia, aunque no repetimos la excursión nunca más.

Pero hay una historia no escrita sobre la cruz, que ante mi insistencia contó uno de los ancianos del pueblo que fue mi amigo y paciente. Allá por los años ochocientos, un padrecito apareció un día en

Motupe y dirigiéndose a los habitantes les habló de Dios. Se acostumbraron a verlo llegar de vez en cuando con su hábito raído y sandalias gastadas, y también a verlo aceptar con humildad las ofrendas que le hacían algunos vecinos, especialmente de alimentos producidos en la zona como quesos, yucas o plátanos.

Lo que tenía a todos sorprendidos era que el padrecito se perdía en los cerros durante semanas, en zonas donde no había agua. En uno de sus últimos mensajes cristianos, el padrecito les dijo que tenía que irse lejos y que ya no volvería, que estaba dejando tres cruces y que, el día que las encontraran, empezaría el bienestar y desarrollo de los valles de la zona.

Varios pobladores iniciaron la búsqueda en los cerros que rodean Motupe sin tener éxito, y poco a poco se fueron olvidando del padrecito y de las cruces. Años después, los militares organizaron una leva de "voluntarios" para el ejército, y llegaron en camiones a los pueblos recogiendo a todo joven que lograban atrapar Unos cuantos muchachos salieron del pueblo con algunas provisiones, decididos a esconderse en el monte y a quedarse allí hasta que terminara la leva. Fueron ellos los que hallaron, en el cerro Chalpón, a mitad de su altura total, un manantial de agua cristalina que salía de una grieta en la roca y que aún sigue fluyendo. Animados por el hallazgo siguieron escalando, más que subiendo, hasta casi llegar a la cumbre. Había una roca plana que sobresalía, y al subir a ella vieron una cueva en el cerro, donde encontraron una tarima de troncos con algunos trapos y un hábito raído, y allí, contra una pared, ¡estaba recostada la cruz tallada en madera de Guayacán!

28.   Recuerdos y don Rafael.

Hoy Domingo fui algo tarde al pueblo de Motupe, principalmente para poder hablar por teléfono con mis hijas, pero antes tenía que ubicar el taller de un nuevo soldador, "muy experticio" y económico. Seguí las indicaciones precisas que me había dado un tractorista amigo: bajar por la calle El Carmen hasta ver en una esquina una pollería y allí doblar a la derecha, y a media cuadra encontraría el taller. Estaba atenta buscando la tal pollería cuando vi un letrero justo en una casita en la esquina que me indicó que allí debía voltear. El letrero decía: SE VENDE POLLO – VIVO O MUERTO

***

En uno de los paseos a la playa, en Pisco, me tiré al mar desde lo alto de una roca y sufrí una mala caída, de la que me quedó un dolor en la columna que me acompañó por muchos años. Un día, a pocos meses de haber regresado de Lima trayendo al nuevo hijo, Santiago, nos invitó Lolo, un amigo agricultor, a un almuerzo en su chacra, que quedaba al otro lado de la carretera, hacia el este, en un caserío llamado El Pueblito.

Partimos todos felices con la expectativa de conocer gente nueva y pasar un rato agradable, como en efecto lo fue. Lamentablemente, a la hora de regresar, se nos quedó la mamadera "rosada" que usaba Santiago, porque se habían roto ya las de vidrio y nos habíamos surtido con lo que había en Olmos y en el bolsillo. Paramos a comprar otra igualita y, ya en casa, a la hora de dormir, no hubo forma de que Santiago aceptara la nueva mamadera. Hicimos de todo: se la dimos a oscuras, con luz para que viera que era rosada, sin luz para que no la viera, envuelta en un trapo, en papel, etcétera, hasta que nos cansamos de recogerla del suelo las mil veces que la arrojaba cada vez que intentamos dársela. Nunca más aceptó otra, y ya desde los seis o siete meses tuvimos que darle su leche en vaso o taza, con el trabajo de tener que lavarlo y cambiarlo después de cada toma, porque la mitad de la leche se le caía encima. Ese paseo a la chacra de Lolo también tuvo otro efecto.

Probablemente por los saltos de la camioneta por esos caminos bastante malos, tanto el de salida de Las Norias, como el que iba hasta el Pueblito, me regresaron los dolores a la columna, tan fuertes que no podía ya disimularlos y me impedían hacer el mínimo esfuerzo. Había un huesero famoso en un pueblito, San José, al sur de Chiclayo, y hasta allí me llevó Manolo a ver si mejoraba, lamentablemente sin éxito alguno. De esto se enteraron en Las Norias y me hablaron de don Rafael, huesero oficial del caserío de El Muerto que había curado a cuanto paciente lo había ido a ver.

Don Rafael no vivía en El Muerto. Su casa estaba algo retirada al norte del caserío, y hacia allí me dirigí una mañana acompañada de Josefina, mi ayudanta norteña, los dos bebes y el perro. Entramos por una hermosa puerta de aguja admirando el cerco de palos verticales de algarrobo que rodeaba la casa y los corrales donde se veían cabras, ovejos y una burra con su pollino amarrada a la sombra de un algarrobo, y nos dirigimos a la casa, bajo el acoso y los ladridos de los "leales", como llamaban los antiguos a los perros. Me encantaban esas casas de quincha, con el techo de la terraza abierta, que hacía las veces de comedor y cocina, tejido con gran prolijidad con el chante obtenido de los platanales de la hacienda, y también los infaltables pollos, gallinas y pavos andando libres por toda la casa. A un lado se veía una noria, con su techo de tallos de maíz para dar sombra al agua, y su torno grande y tosco del cual colgaba una pipa para sacar el agua.

En eso, me di cuenta de que había unos focos colgando del techo de la noria. Pero luego salió don Rafael a recibirnos, tan amable y respetuoso como la mayoría de la gente del monte. Le expliqué la razón de mi visita y que requería de la magia de sus manos, aunque le pedí que antes me enseñara la noria, a lo cual accedió encantado y orgulloso porque era una de las pocas norias que no se había secado en muchos años y su agua era dulce y abundante.

Mientras caminábamos hacia ella lo felicité por tener luz, el único en el caserío.

-"No, Ingeniera, a mí me engañaron," me contestó, "los focos no se encienden."

Y mientras que recorríamos la huella hacia la noria, marcada por el caminar de tantos años en ese desierto de suelo y paisajes tan diferentes a los arenales de la costa, me fue contando su desdichada experiencia: "Hacía muchos años no iba al pueblo más que en las mañanas para hacer mis compras o vender algún animalito. Un día me tuve que quedar hasta que se hizo de noche, y de repente se prendieron esas luces en todas las calles. Le pregunté a un joven que cómo es que había esa luz, y me dijo que todos los días, a las seis de la tarde, se encendían. Me dijo que se llamaban focos y que los vendían en la tienda de Nunura. Me fui a la tienda, y como tenía algún dinerito me compré cuatro focos. Al día siguiente puse dos en la noria, porque a veces regreso tarde con las cabras y hay que darles agua antes de encerrarlas; puse dos más en la casa para que la vieja, que ya sus ojos están gastaditos, pudiera cocinar con más luz. Esa tarde y otras tantas, nos sentamos a esperar el anochecer y ver el milagro de que se encendieran los focos como en el pueblo, pero nunca lo hicieron y ya los dejé allí para acordarme de no comprar esas cosas modernas que en el campo no funcionan."

Don Rafael me hizo recostar en un petate y pasó sus manos mágicas por toda mi columna. Me dijo que sí me podía curar, pero que iba a demorar. Debía ir todas las semanas a verlo para que me sobara. Allí mismo me dio el primer masaje, el más increíble que he recibido. Lo hizo con cebo de macancho, una culebra del monte, preparado por él con los jugos de unas hierbas. Me he olvidado de los nombres, pero sí sé que una era semilla de hierba mora, que otra era sábila, y que otra era menta o hierba buena. El caso es que cumplí con ir muchas veces, porque ese primer día me mejoró tanto que ya casi pude hacer de todo nuevamente.

Nunca más volví a tener los dolores tan fuertes de antes, y en una oportunidad pude devolverle en algo el bien que me había hecho. El mayorcito era apañador de limón, y un día lo trajeron a la casa con una herida de espina de limón en el ojo. Lo llevé inmediatamente a Olmos, pero el enfermero de la posta no podía hacer nada. Ya en Chiclayo lo revisaron y atendieron, pero no pudieron salvarle el ojo, y regresó a Las Norias con su parche y unos dolores muy fuertes que le duraron varias semanas. Me sentí muy reconfortada de poder, al menos, aliviar sus dolores yendo todos los días a curarlo y ponerle los calmantes que le habían recetado, y, cuando ya estuvo mejor, le compramos un par de anteojos para que pudiera, en algo, ocultar su ojo vacío de la curiosidad de la gente, que sin mala intención lo mortificaba con sus preguntas y miradas. Al hijo de don Rafael lo llevamos con nosotros al Choloque, y nos acompañó varios años trabajando como motorista del pozo, casándose al poco tiempo con la nana de los bebes y abriendo el primer "Tambo" de la zona para beneficio de todos.

29.   Socorro.

¡Por fin! Ya se veía el restaurante de carretera, muy bien nombrado, "La Choza", y a lo lejos destacaba la gran caja amarilla del letrero de D'Onofrio.

Nunca había necesitado tanto buscar refugio cerca de mi antigua y más frívola vida como en esa oportunidad. Sentarme en una de las mesas de "La Choza", que se había convertido en mi restaurante favorito (simplemente porque era el único que vendía los helados D'Onofrio), me transportaba a Miraflores. Bajé a Cali y a Santi en andador y poniéndoles un babero casi tan grande como ellos, los dejé tranquilos embarrándose con los helados mientras me calmaba y saboreaba el mío, cuyo sabor me llevaba a otros lugares en que había estado protegida de las tragedias de la vida; sobre todo de las tragedias causadas por las costumbres que pasan de generación en generación, y que no cambian debido el aislamiento en que vive tanta gente en nuestro país.

En esos años aprendí que, en el monte, la mujer vale mucho menos que los hombres, y que éstos procuran hacerlo notar en mil detalles. Las mujeres, grandes o chicas, no comen en la mesa con los hombres. Aun en las fiestas o reuniones comían en la cocina, generalmente lo que dejaban los hombres ya que, a ellas, a menos que fueran una autoridad, la madrina o la dueña del cumpleaños, ni siquiera se les servía. Esto me lo explicó Josefina, mi cocinera, con la que había ido a un cumpleaños de doña Roberta, cuando le pregunté por qué les servían tan llenos los platos a los hombres, que siempre dejaban casi la mitad de la comida.

-Es que las mujeres y las hijas comen en la cocina lo que ellos dejan -me contestó.

La única vez en que las mujeres son más importantes que los hombres, y que incluso se les sirve en la mesa primero, es en los velorios. En esas ocasiones, ellas tienen una función que cumplir, que es el de "las lloronas", y generalmente la cumplen a cabalidad asistiendo a la "compaña" durante los nueve días que demora el finado en irse de este mundo. La otra ocasión en que la mujer pasa a primer lugar, es desde que empieza la labor del parto hasta que se va la partera una vez culminado su trabajo. Esto me hizo comprender por qué la mujer en los partos se queja y llora y pide que la soben y que le traigan caldo, o agua o lo que se le antoje, y que todos corran a cumplir sus deseos (eso siempre y cuando lo apruebe la partera). Hasta que comprendí que esto era así, ¡me llevé tremendos sustos cada vez que esperaba el nacimiento del bebe! Los gritos y gemidos me ponían la carne de gallina pensando que se me moría la paciente, y así me convertía en una más de las acompañantes: trayendo el agua, sobando la espalda o la panza o lo que fuera con tal de que dejara de quejarse. Años después pondría dos letreros en mi consultorio en El Choloque porque, aunque comprendía el porqué, siempre gritaban y gemían, y jamás pude acostumbrarme al teatro en que se llevaba a cabo el parto:

PARTO SIN DOLOR 5 SOLES	PARTO CON DOLOR 10 SOLES

Todo el mundo que leía los letreros me preguntaba cómo así podía costar más el parto con dolor, y me decían que era una tontería que pusiera los letreros. Lógicamente, la gente iba a preferir el más barato, más aún si era "sin dolor". En realidad, fue la forma más justa de resolver el problema de los gritos, y además sin ofender las costumbres que, en este caso, sin duda eran una especie de venganza ante la indiferencia diaria a que las mujeres se veían expuestas. A fin de cuentas, los gritos me ponían más nerviosa de lo normal, y yo necesitaba estar tranquila durante las largas horas de espera. "SIN DOLOR" quería decir que no iban a gritar, y que por lo tanto les iba a costar menos. Si gritaban, pues entonces era CON DOLOR, ¡y me tenían que pagar más por mi paciencia!

Socorro había sido la nana de los bebes hasta hacía apenas un par de semanas. Me la trajo su padre, Teófilo Sánchez, el mismo que me llevó en su bicicleta a Las Norias cuando tuve el percance con la camioneta. Era una chica de dieciséis años, muy tímida cuando recién llegó a la casa, pero al poco tiempo, ya más en confianza con nosotros y con ella misma, demostró su carácter alegre, siempre sonriendo y haciendo su trabajo; era feliz de ganar algo y, probablemente, de haber podido salir de su casa, donde su padre y la recatafila de hermanos que tenía no la dejaban ni un momento en paz.

Un lunes en la mañana, Socorro no llegó a trabajar. Josefina me puso al tanto de los eventos del fin de semana:

-A la Socorro se la robó Gilberto López, y se la ha llevado donde unos tíos que viven en Mano de León –me dijo.

Mano de León es un caserío del que se dice que es el "balneario" de Olmos, porque hay un camino hasta el mar. (¡De casi 100 km!) Resulta que Socorro estaba en cinta gracias a otra de las costumbres que regían las relaciones humanas en ese entonces y que aún subsisten: no estaba bien visto el que un muchacho enamorara abiertamente a una joven, y bajo ningún caso o circunstancia podía estar a solas con ella o demostrarle su interés.

Los enamorados se encontraban en el monte en la noche, bien sea durante una fiesta o escapándose de la casa cuando la familia dormía. Estos encuentros seguían así hasta que la chica quedaba en cinta y el novio, cumpliendo como hombre de bien, la "sacaba" de su casa para luego realizar todo el ceremonial del perdón y casarse con ella. Josefina estaba preocupada porque Teófilo Sánchez era un hombre de malas pulgas, y también porque su primo Gilberto ya había estado en la cárcel dos años por rapto de otra menor, por la que no había sido perdonado. Es necesario comprender que el hecho de que la enamorada saliera encinta, era el desenlace en casi todos los casos; pues, aparte de las circunstancias, por aquel entonces no había ningún programa de control de natalidad, ni tan siquiera el conocimiento de que eso existía.

La pareja se tenía que esconder unos días en casa de algún pariente o padrino, hasta que los padres del novio los perdonaran y llevaran a vivir a su casa. Ellos eran los encargados, después de iniciar los arreglos, de pedir el perdón a los padres de la novia. En el caso de Socorro se cumplió con todo el protocolo, y las negociaciones, a cargo de un emisario de importancia que enviaron los padres de Gilberto, llegaron a feliz término después de casi tres semanas. Se acordó una fecha y hora para que los padres de Gilberto llevaran a la pareja a pedir el perdón a los futuros consuegros, y para que así pudieran iniciar ya tranquilos los trámites para el matrimonio civil, que era lo que había exigido Teófilo en las conversaciones con el emisario. El emisario, sin embargo, tenía una preocupación: Teófilo no había querido poner por escrito el arreglo con los detalles acordados. Esto no era tan inusual, pero, tratándose de Teófilo, todos habrían estado más tranquilos si hubieran tenido el papel firmado en su poder.

El día del perdón, a eso de las seis de la tarde, se pusieron en camino los padres de Gilberto, el emisario, una comadre como testigo y finalmente los novios. Llevaban una caja de cerveza y dos gallinas mechadas con sus yucas calentitas para festejar la unión de la pareja. Llegando a la casa los recibió la Rosa, esposa de Teófilo, quien haciéndolos pasar a la sala se retiró a llamar al marido. Llevaban hora y media allí sentados, mirándose unos a otros sin atreverse a hablar, cuando al fin llegó Teófilo. Rompiendo el protocolo, porque era de costumbre conversar sobre todo tipo de temas antes de tocar el del perdón, Teófilo exigió que entrara la pareja para proceder cuanto antes al perdón y terminar con todos los arreglos. Después celebrarían ya el buen término de la ceremonia.

Los novios se habían quedado afuera esperando a ser llamados y cuidando la cerveza y las viandas. Se suponía que los consuegros aún tenían que rogar por el perdón, ya que ingresar con las viandas era ofender a los padres de la novia dando por sentado el triunfo. Algo sorprendidos de que los

90

hicieran pasar tan pronto, se apresuraron a entrar, cargando la caja de cerveza y la canasta con las ollas. No hicieron más que cruzar la puerta de la sala cuando, detrás de ellos, apareció el teniente de la policía con un guardia, quienes tomaron preso al pobre Gilberto, que no tuvo tiempo ni de reaccionar por la sorpresa y el miedo cuando comprendió lo que le esperaba. De nada sirvió el llanto y los ruegos de Socorro ni de sus padres. Gilberto rogaba que lo dejaran libre, que iba a ser un buen esposo, y que no les iba a faltar nada a Socorro ni al bebe. Ni Teófilo ni la autoridad se dejaron conmover, y en menos de 15 minutos la captura ya había terminado, con un Gilberto que lloraba sin poder contenerse. Ya ante lo inevitable, los padres se retiraron maldiciendo la hora en que su hijo había puesto los ojos en una hija del malnacido de Teófilo, furiosos por despilfarrar en tanta comida y bebida que, encima de toda la humillación y el dolor, habían tenido que dejar atrás para que la disfrutara Teófilo.

Socorro recibió una paliza descomunal. Teófilo se tomó la cerveza junto con el teniente, quien regresó una vez encerrado el reo; y, animado por el alcohol, procedió a castigar a la hija por haberle "faltado." Socorro perdió al bebe como consecuencia de la paliza. Nunca más regresó a la casa ni la volví a ver. A Gilberto, por reincidente, le dieron cuatro años de prisión que no llegó a cumplir, pues lo liberaron casi a los tres años, enfermo de tuberculosis. Había aprendido el oficio de zapatero mientras que estuvo en la cárcel, y se quedó trabajando en Chiclayo sin regresar jamás al monte. Murió a los treintaitrés años, de los cuales había pasado cinco años en la cárcel cumpliendo condenas por un sistema que no perdona ni conoce las costumbres que rigen la vida de tantas personas. La historia de Socorro y Gilberto me hizo escribir un pequeño verso de protesta, que se aplica a tantos casos de la vida real:

Si porque es tradición
La mujer soporta penas,
No hay que cambiar las condenas;
Hay que cambiar la tradición.

30.   El adiós a un parvulito.

Estaba echada en la hamaca, a la sombra de las dos poncianas que hacían de soporte y de sombrilla de lujo, con sus flores rojas y abundantes que dejaban apenas entrever ese cielo de un celeste intenso libre de nubes, característico de los meses de invierno en que no había amenaza de lluvia.

Venía pensando que en la tarde le propondría al viejo subir con los dos chicos al cerrito de la Campana, que estaba al lado de la casa, para ver desde allí una más de las espectaculares puestas de sol detrás del Cerro del Muerto; que, pese a su temible nombre, puesto por alguien que imaginó ver la figura de un cristiano echado de espaldas, era un hermoso farallón de piedra, de colores cambiantes según la hora del día y de las sombras que jugaban entre sus quebradas a capricho del sol.

Mi tranquilidad se vio interrumpida por la llegada de la mamá de Josefina, la empleada de la casa. Con su cara más seria, que de por sí ya lo era como buena descendiente de mochica, pidió permiso para comunicarle a Josefina graves noticias. Como no fue más explícita, me quedé con la curiosidad mientras, permiso concedido, la señora se iba a contarle a Josefina las malas nuevas. No demoró mucho en llegar una delegación de mujeres todas vestidas de negro, quienes me informaron que había fallecido un parvulito: el hijo de Chabelo, un trabajador del fundo. Querían saber si iba a ir a la compaña y si, de ser así, podía llevarlas porque el lugar del velorio quedaba lejos.

Chabelo había tenido la mala suerte de nacer el día de Santa Isabel. Fiel a la costumbre, su padre había consultado el Almanaque Bristol y, siguiendo la tradición, lo había bautizado con el nombre asignado en el tan respetado libro: Isabelo. Isabelo vivía bastante lejos de Las Norias, cerca del río Olmos, por la chacra de los Soler, en el caserío "La Orchía". Este quedaba a los pies del Muerto, mientras que Las Norias estaba bajo el tumor que sobresalía del estómago del Muerto, lo que explicaba, según los lugareños, la protuberancia que desvirtuaba en algo la perfección del perfil de este pétreo finado.

Isabelo era un excelente joven y buen trabajador. Manolo lo había asignado a ocuparse del jardín y los alrededores de la casa. Venía dos días por semana, con su excelente buen humor, a trabajar con la señora Nitty, feliz de cambiar la palana por el rastrillo. Decidí que iría a darle el pésame y a acompañar a la familia, así que, vistiéndome apropiadamente, más de acuerdo con las señoras que estaban conmigo, tomé la camioneta y nos fuimos a la compaña.

Sin duda, no es la mejor palabra para definir la velada que nos esperaba.

Avanzamos hacia el este por el camino de salida a la carretera Panamericana. Después de unos quince kilómetros y, siguiendo la indicación de mis pasajeras, dimos vuelta en "U" para luego tomar un camino no tan bien mantenido como el que iba a Las Norias. Habíamos recorrido unos cuantos metros cuando vimos una camioneta que venía hacia nosotros. Nos hizo señas de parar y al hacerlo se nos acercó un hombre gordo, de pelo cano y "de buena cara", tal como describían en el monte a las personas de raza blanca. Era el señor Soler, dueño de la Hacienda El Médano, vecino del Caserío La Orchía. Nos saludó atentamente mientras me revisaba de arriba abajo, con la misma curiosidad, me imagino, con que lo miraba yo. Nos explicó que iba al pueblo a conseguir el cajón para el parvulito y que regresaba enseguida. Luego de casi media hora de un camino accidentado y lleno de polvo, y ya acercándonos a los pies del Muerto, avistamos las dispersas casas del Caserío La Orchía.

No fue difícil ubicar la casa de Chabelo. Como es costumbre, los vecinos habían prestado sillas y bancas, y éstas estaban colocadas afuera de la casa y ocupadas por la compaña masculina. Felizmente, El Muerto los defendía del sol, que aun en la tarde dejaba sentir su presencia. Las mujeres tenían la importante misión de acompañar a la madre del parvulito, y de recordar cantando y llorando vivencias y cualidades del finadito. Pero esto lo aprendí ese día.

Bajamos de la camioneta y se acercó Chabelo, quien había sido informado por alguien de la compaña que venía "la gringa". Algo incómodo, me dejó abrazarlo agradeciendo mi presencia y rápidamente me llevó al interior de su casa. La visión que tuve al entrar se repitió muchas veces durante los años siguientes, en cada ocasión en que asistí a acompañar a tantos queridos amigos en la pérdida de un ser querido: alrededor y pegadas a las paredes, se repetían las bancas y sillas, esta vez ocupadas por todas las señoras vestidas de negro. Las mayoras llevaban incluso medias y guantes negros, además de la manta en la cabeza. Al centro de la habitación había una mesa vestida con una sábana, donde descansaba el parvulito rodeado de algunos juguetes, fotos y ropa y unos cuantos ramos de flores puestas en improvisados floreros, hechos con botellas de gaseosas y cerveza. Estaba parada en medio de la habitación buscando a Angelita, la esposa de Chabelo, a quien solo había visto una vez, cuando, literalmente, se me tiró encima una señora gorda, vestida de negro y con la cara cubierta con un pañuelo negro, quien me abrazó llorando y cantando a todo volumen.

Pasada la primera impresión y tratando de consolar, sin éxito, ese increíblemente doloroso y expresivo llanto, no me quedó más que abrazar a la mujer y escucharla cantar con una improvisada y desgarradora letra que hablaba de las veces que su hijito se reía y jugaba con el gato, o cuando se escapaba al corral para correr entre los ovejos, o cómo cuidaba a su hermanita y la ayudaba a darle agua a las cabras cuando regresaban del monte, y otros recuerdos cuyo dolor desahogaba como solo ella podía hacerlo. Al fin, tras soltarme me dio muy seria la bienvenida y me sentó en una silla, al lado de las lloronas de la compaña mientras que éstas, una a la vez, iniciaban su propio llanto repitiendo parte de los recuerdos de la mamá y agregando otros que guardaban de ese parvulito que tantas veces las visitara en sus casas. Fue la primera vez que sentí lo que era el compartir así, en voz alta, la pena de todos con todos, y la importancia que tenía la mujer en su rol asignado en este natural y frecuente suceso de la vida.

Así avancé un poco más en el aprendizaje de los mitos y costumbres de la gente al lado de la cual habíamos escogido vivir.

31.   Mudanza al Choloque.

¡1969, la Reforma Agraria! Solo voy a mencionar algunos aspectos de esta Ley que marcó un cambio en nuestras vidas obligándonos a adelantar nuestra mudanza al Choloque y a dejar atrás la comodidad que teníamos en Las Norias.

La ley decía que para ser adjudicatario de las tierras o conservar la propiedad, esta debía mantenerse dentro de los límites señalados (cincuenta hectáreas en la costa). Era seguro que afectarían todas las propiedades agrícolas de don Enrique Baca, verdadero terrateniente, con cientos de hectáreas de tierras y dueño de El Choloque, lo que significaba que el fundo entraría en el proceso y que tendríamos que solicitar que nos lo adjudicaran. La ley decía además que había que vivir en la propiedad agrícola, o en el distrito al que esta pertenecía; así que tanto los dueños de Las Norias como nosotros tuvimos que trasladarnos a nuestras respectivas tierras, para iniciar desde allí la larga lucha con los "reformistas" por quedarnos en ellas.

El día que se publicó la Ley de Reforma Agraria, llegó Manolo de Chiclayo con una copia en la mano, preocupado por los efectos que ya se habían vislumbrado en el demagógico discurso de su anuncio y presentación que diera el General Velasco Alvarado. Ni bien se durmieron los tres chicos, nos sentamos en el comedor a leer punto por punto la temida ley, decididos a cumplir hasta la última letra a fin de poder acceder a la propiedad del Choloque, que ya era nuestra vida y que no concebíamos quedarnos sin él. La Ley, tal como fue promulgada, no era tan imposible de cumplir –por lo menos en lo que se refería a pequeños y medianos propietarios como nosotros. No sabíamos, en ese entonces, que se crearía ese organismo anti-todo, el SINAMOS, cuya misión sería evitar que los agricultores establecidos se quedaran con sus tierras, y que se convertiría en nuestra pesadilla en los siguientes diez años.

En ese tiempo habíamos ya logrado superar la etapa de siembra del maíz, cultivo cuya rentabilidad era muy baja, y el Choloque, gracias al Banco Agrario, estaba sembrado en su totalidad con plátanos que en ese noviembre habían empezado a dar frutos. Aún no habíamos construido nada en el Choloque, y Manolo, preocupado por dónde íbamos a vivir, me llevó a ver una casa en Motupe que se la habían ofrecido en alquiler. Las señoritas Luna – señoritas "de las antiguas", tal como nos lo aclararon ellas cuando las conocimos-, habían construido un departamento en los altos de su casa y estaban encantadas de que el ingeniero y su familia lo ocuparan. Era una gran habitación con particiones a media pared para los dormitorios y la sala comedor, con una cocina "con lavadero" y un bañito bastante rústico, pero nuevo y con todo lo necesario. Lo alquilamos inmediatamente y regresamos a

Las Norias para preparar la mudanza y desocupar la casa hacienda, porque los dueños vendrían en los primeros días de enero a retomar su vida de chacra.

Faltaban apenas unas semanas para Navidad y no había mucho tiempo para organizarlo todo. Regresamos a la semana siguiente al departamento para tomar la medida de las cortinas y ver qué muebles nos llevaríamos al reducido espacio en que tendríamos que acomodarnos. Una vez que terminamos me dirigí a la cocina y abrí el caño para lavarme las manos, dándome con la sorpresa de que no había agua. Llamamos a la señorita Luna para que la conectara, pensando que la llave general probablemente estaba en los bajos, ¡y nos contestó que en Motupe no había agua ni desagüe!

-Pero no se preocupen -nos dijo sonriendo-, les vamos a dejar una parte del corralón para que hagan un "miadero", y pueden comprar el agua a los aguateros que pasan todos los días.

Allí terminó nuestra intención de vivir en Motupe. Les dejamos el primer mes de renta que ya habíamos pagado y nos regresamos a Las Norias, donde esa misma noche hicimos el plano de las tres habitaciones que Manolo se apresuraría en construir y que era todo lo que necesitábamos para mudarnos al Choloque, a nuestra casa, ¡donde contaríamos con el agua limpia de nuestro pozo y tendríamos nuestro propio miadero de veinte hectáreas!

Felizmente los García atrasaron su viaje y Manolo tuvo el tiempo necesario para hacer los adobes, que el calor del verano ayudó a secar rápidamente, e iniciar la construcción de las tres primeras habitaciones que tendría la casa: un dormitorio, un baño y la oficina, que también haría las veces de cuarto de huéspedes para cuando viniera su hermano Johnny, pues ya él y Manolo estaban hablando de poner en la chacra un centro de engorde en sociedad. A partir de ese momento, los adoberos no dejaron de trabajar preparando los adobes para el resto de nuestra casa y también para la primera de los trabajadores, que sería la de la entrada, justo al lado del "Mango Viejo", y que ocuparían Chabelo y Angelita, quienes vendrían con nosotros de Las Norias. Y la tierra que se iba en los adobes que se siguieron haciendo para las casas, los almacenes y el cuarto del motor, iba dejando en su lugar a la que después sería la canchita de fútbol, en la que tanto disfrutarían nuestros hijos y nietos y todos los trabajadores y sus hijos y sus nietos que nos acompañaron en El Choloque.

Esas primeras noches, sentados afuera del único dormitorio, escuchábamos las risas de los muchachos que jugaban "casino" antes de dormir, protegidos por las rumas de los adobes que hacían durante el día contagiados por el entusiasmo de Manolo, soñando en las casitas que se construirían algún día para ellos y en su cancha de fulbito de pasto que el ingeniero les había prometido. Muchos años después cumplimos ese sueño, gracias al entusiasmo y empuje de nuestro hijo, Santiago, que no paró hasta que puso verde la canchita para orgullo y gozo de todos los futbolistas del Choloque.

¡Y nos fuimos al Choloque! Un día 2 de febrero, después de dejar en el garaje de Las Norias la mayoría de nuestros muebles, ropa y enseres, y llevándonos al "Negro", un perro pastor alemán que habíamos heredado de los dueños de Las Norias, partimos a nuestra tierra a pasar la primera noche en ella. Manolo había logrado terminar las tres habitaciones, y aunque el yeso estaba aún fresco y no habían colocado todavía las ventanas, se veía como una pequeña casita blanca, con sus techos rojos, rodeada de algarrobos. Al lado se encontraba la cocina: tenía tres paredes de esteras, y la refrigeradora y la cocina de gas estaban colocadas sobre parihuelas de madera. Un tabanco de obero en forma de mesa sostenía dos recipientes grandes para lavar los platos, y afuera estaba un cilindro encementado y la piedra de destilar, ambos llenos del agua dulce y fresca del pozo. ¿Quién necesitaba más?

El "living-comedor" estaba al aire libre, al lado de la cocina.

Habíamos apisonado y enripiado un espacio que después sería parte del jardín, y allí pusimos una mesita con sus cuatro sillas y al lado los sillones de mimbre de la terraza, donde nos sentaríamos a leer o conversar con los chicos tantas veces en esos dos años que duró la construcción del resto de la casa. Ya habían empezado a construir el primer baño –que luego sería el de servicio-, y aunque aún no había agua ni desagüe, al menos teníamos una habitación para lavarnos y bañar a los chicos en su tina de plástico cuando hacía frío; porque, para felicidad de ellos, en verano nos íbamos todos a las seis de la tarde al pequeño noque del pozo, para bañarnos por turnos, bien "enjabonados" y con lavada de cabeza incluida, para disgusto de Álvaro, quien con sus diez meses le tenía terror al shampoo, y quien desde antes de desvestirlo se ponía a gritar en medio de llantos por "la friza", que era una toallita con la que se tapaba los ojos durante todo el baño. Santi y Álvaro gozaban calatos con el consabido baño, mientras la Calita sufría tratando de enjabonarse con su ropa de baño bien puesta y renegando con los hermanos para que no la miraran.

Esa primera noche tardamos horas en dormir. No solo por la novedad de estar todos juntos en el mismo cuarto, sino también porque, pese a las sábanas que habíamos colocado en las futuras ventanas, los murciélagos lograban entrar armando revuelo al aletear dentro del cuarto, así que nos pasamos gran parte de la noche cazándolos a tiro de almohada. Felizmente, Manolo trajo las ventanas, los vidrios y las mallas el día siguiente, y pudimos gozar de esa maravillosa sensación de dormir y amanecer en nuestra propia casa.

Manolo había hecho los planos y dirigía la construcción, más como maestro de obras que como arquitecto, temeroso de que por la "falta de ignorancia" del voluntarioso maestro Garay, la casa quedara parecida a la Torre de Pisa. Con la necesaria nivelación y desmonte que se había hecho en el terreno, el área en construcción estaba rodeada de un terral, y el viento de las tardes levantaba nubes de polvo que nos envolvía y se nos pegaba en todo el cuerpo. Una de mis tareas era, pues, sembrar cuanto antes las enredaderas y plantas del futuro jardín, esperando que, con la próxima cosecha, pudiéramos instalar la bomba y tubería que llevaría el agua hasta la casa para, recién entonces, pensar en sembrar el pasto que nos libraría de la polvareda.

Álvaro aun no caminaba y no había posibilidad de utilizar el andador. El pobre se ahogaba en la polvareda que nos rodeaba, hasta que un día sus hermanos cansados de cuidarlo, hallaron la solución perfecta: lo metieron en las zanjas de los cimientos de la casa. El pobre Álvaro gateaba por todo ese laberinto imposibilitado de salirse, y buscaba los juguetes que los chicos le tiraban en distintos sitios para que estuviera ocupado y entretenido y ellos pudieran irse a jugar. Nos enteramos de esta buenísima idea cuando, viéndolos jugar donde hacían los adobes, les preguntamos adónde habían dejado a Álvaro y nos contestaron que estaba por la sala. Para ese entonces solamente estaban construidos un dormitorio y la oficina, y a manera de sala- comedor habíamos puesto dos sillas y una mesita de mimbre en la vereda que daba a la cocina de esteras que estaba frente a la puerta de la oficina, y allí no había nadie. Preocupados porque no lo veíamos por ninguna parte, los hicimos venir para que nos ayudaran a buscarlo. Vinieron renegando directo a las zanjas y nos hicieron ver que Álvaro estaba donde nos habían dicho: en la zanja correspondiente a la sala de la casa nueva, jugando con sus carritos, gateando de un lado al otro enterrado de pies a cabeza, pero feliz. Y, así, el laberinto se convirtió en el corralito perfecto y nos brindó varias semanas de tranquilidad para nosotros, libertad para los hermanos y risas de los albañiles con las ocurrencias del Álvaro, que gozaba en su laberinto que cada día se le iba achicando conforme avanzaba la construcción, y más feliz aún cuando aprendió a pararse agarrándose del borde para asomarse al mundo que lo rodeaba y al que pronto se integraría.

En esos años aprendí muchísimas cosas. Comprendí por qué los niños del campo están todo el día sucios de tierra. Los míos no eran la excepción. Con el tema de tener que cargar el agua en baldes desde el pozo, aunque a mucho menor distancia de la que recorren las mujeres del monte hasta las norias a las que tienen acceso, y viviendo en medio del desierto, entre la tierra y los vientos, todos aprendimos a ahorrar el agua, que nunca se arrojaba, aunque estuviera sucia, sin pensar antes si se podía o no utilizar para regar alrededor de la casa, o para los animales, etc. Los chicos salían muy temprano a jugar, y ya para la hora del almuerzo se les confundía con los adobes de la construcción. Se bañaban, cambiaban y almorzaban y luego se perdían entre el bosque de plátanos y las rumas de adobes, jugando con otros niños que venían a cargar agua para sus animales o atraídos por los gringuitos que tenían juguetes. A las seis o siete de la tarde, luego del baño en el pozo y ya después de la comida, tocaba la tertulia; les leíamos, conversábamos y cantábamos acompañándonos con la guitarra, tratando de que se mantuvieran limpios hasta la hora de dormir.

Ya desde entonces podíamos apreciar las diferencias entre los tres. Cali, siempre muy "proper", se ensuciaba poquísimo y se pasaba buenos ratos pintando, jugando con sus tacitas y mirando la construcción. Santiago era el líder de los demás chiquillos, y salía disparado desde temprano a corretear por toda la chacra que ya entonces le quedaba chica. Era muy gracioso verlo caminar o correr con sus pies "chuecos" (1/4 para las 3), que según el doctor se le iban a corregir sin necesidad de ningún artefacto. El Álvaro, una vez que empezó a caminar, se dedicó a recorrer las cercanías de la casa, solo, sentándose en cualquier sitio a jugar con grillos, palitos, piedras o cualquier cosa que le llamara la atención. Hablaba muy poco y jamás se quejaba ni lloraba. Manolo y yo pasábamos horas dirigiendo y participando en la construcción de la casa, con la impaciencia de verla lista y celebrando con los chicos cuando se terminaba cada habitación.

Tuvimos varios encuentros cercanos con una serie de animales, como las consabidas tarántulas, culebras, iguanas y hasta un ciempiés. Como ese lugar se había mantenido silvestre, con la removida de la tierra para la construcción empezaron a salir todos sus habitantes, que felizmente optaron por irse definitivamente a un lugar más tranquilo hasta que se fueron espaciando los sustos, principalmente los míos, pues los chicos capturaban grillos, tarántulas y lo que podían y se las ingeniaban para jugar con ellos. Hacían carreras de tarántulas o apostaban cada uno a su sapo, atentos a cuál saldría primero del cerro de arena en que los metían mientras esperaban la salida del nuevo campeón.

Por fin tuvimos un tractor. Un Ford de quinto uso que pintamos de verde y que nos alivió el trabajo en la chacra. También el agua para la casa y para la construcción se acarreaba en el tractor, al que se subían los tres chicos empapándose con los derrames de los cilindros que causaba el movimiento, que los encargados llenaban hasta el tope para gozar con las risas y algarabía de los chicos que entre el agua y la tierra parecían tres adobes más. El tractor nos acompañó por muchos años y ahora descansa, pintado de mil colores por los niños de la chacra, al lado de "La casa de los Niños", en el área de juegos que construimos para ellos.

A Álvaro, independiente como siempre, no le afectaba la ausencia de sus hermanos, y se mantenía ocupado en sus nuevos descubrimientos y jugando con lo que encontraba, como en una ocasión que se encontró un nido de ratitas y se pasó la tarde cargando unas en su grúa de juguete, mientras las otras se le paseaban por el cuello. Felizmente las "latitas", como las llamaba, terminaron ahogadas en la laguna que les construyó para que se bañaran, llenando un hoyo con el agua que sacaba de los baldes de la construcción en sus botitas de jebe. Una tarde, hora ya del consabido baño, no lo pudimos hallar por los alrededores de la casa que estaba rodeada del platanar, que por su densidad y altura ya se veía casi totalmente oscuro. Desesperados porque se hacía de noche, organizamos a los trabajadores y salimos en todas direcciones con linternas, entrando al platanar. Lo encontró Mauro, el caporal. Estaba sentado al final de una de las acequias, casi llegando al río, en el campo "Vivero". No estaba asustado, ni llorando. Se había quitado sus botitas y jugaba con la arena húmeda, sentado muy tranquilo y seguro de que iríamos por él.

Recuerdo mucho la noche en que se terminó la etapa de construcción de la casa. Estábamos sentados Manolo y yo en el piso de piedra de la sala, recostados contra la pared donde pondríamos el sillón grande. Habíamos colocado tres lamparines en diferentes lugares sobre el piso, que iluminaban la habitación aún vacía; estábamos fascinados mirando en silencio la belleza del tijeral de algarrobo, la pared de piedra y las enormes ventanas cuyos vidrios me tocaría poner al día siguiente. Todo esto en medio de esa luz tenue y acogedora que nos acompañaría tantos años. Nos sentíamos plenos de satisfacción y con una emoción tan inmensa de ver terminada la parte de construcción de nuestra casa, que decidimos que teníamos que expresarlo. La pared sobre la puerta, al lado del muro de piedra, destacaba por su blancura, y supimos que allí era donde debíamos escribir lo que sentíamos en ese momento, para que quedara para siempre y para todos, compartiéndolo así con quienes vinieran al Choloque y supieran ver más allá de lo tangible, lo que esa bendita tierra era para nosotros.

Manolo trajo la escalera, un pincel y la pintura y escribió con su puño y letra las palabras que están hasta ahora, y que estarán para siempre en el dintel de la puerta de entrada de la casa hacienda del Choloque, transmitiendo a quien sepa leer con los ojos del alma todo el amor y la felicidad con que fuimos bendecidos:

GRACIAS, DIOS NUESTRO POR SER LO QUE SOMOS,
POR TENER LO QUE TENEMOS, POR VIVIR DONDE VIVIMOS.

32.   El encuentro con El Choloque.

Recuerdo claramente ese primer encuentro con mi tierra. No solo fue una visita para conocerla. Fue una circunstancia casi sagrada para nosotros. Manolo sentía la importancia de mi ida al nuevo fundo. Cargaba con la responsabilidad de la iniciativa y de su influencia en mi decisión de apoyar este cambio tan trascendental en nuestras vidas. Además, era el día en que íbamos a ponerle el nombre que le correspondía, y eso nos llenaba de emoción. Era casi como escoger el nombre que se da a un hijo sabiendo que lo va a identificar durante el resto de su vida. Ese viaje marcó el principio de nuestra vida en el norte, y no puedo hablar de la llegada a Las Norias, la hacienda en Olmos, donde vivimos los primeros cinco años, ni de las peripecias que pasamos, y no mencionar a nuestra tierra con el nombre propio que le dimos sintiendo que ése era su nombre.

Salimos de Las Norias, muy temprano, apenas al día siguiente de llegar de Lima, Manolo, Cali, yo y Rockefeller, el perro Weimaraner que habíamos traído. Llevábamos todo un equipaje de mudas de ropa para la bebe y sándwiches y fruta para nosotros, además del cooler con la leche, el termo y la comida "Gerber" para la Cali, que como buena mamá limeña no concebía dejar de utilizar. Esa costumbre me duró muy poco, no solo porque era carísima para nuestro magro presupuesto, sino también porque con la vida en el campo aprendí a simplificarme y a tratar a los bebes más de acuerdo con la naturaleza, quienes en los viajes posteriores ya tomaban avena fría en vez de leche porque sin refrigerador la leche se avinagraba muy rápido. En el Choloque tenía unos ladrillos que se convertían, en unos minutos, en la mejor cocina de leña. Sobre ella acomodaba la olla para hacer los tallarines, o la sartén para freír algo al momento. Todo esto en el suelo, bajo un techo de esteras cerca de la bendita agua, al lado del noque en el que caía el chorro del pozo. Allí comíamos todos, felices, sentados en otra estera, protegidos del calor e integrados totalmente con la naturaleza.

En esos años (del 65 al 71), no teníamos otra forma de llegar a la chacra que no fuera por el Camino Real, de manera que el viaje desde Las Norias era algo más largo y difícil debido el mal estado de los caminos. Nos tomaba cerca de hora y media de una combinación de saltos, tierra y sudores, pero no recuerdo que jamás nos hubiéramos quejado o que hubiera bajado el entusiasmo con que emprendíamos cada viaje que hacíamos a nuestro Choloque.

Amaneció una de esas mañanas tan maravillosas que disfruto cada día de todos los días que llevo viviendo en esta buena tierra, y que recién llegada de Lima apreciaba aún más: el cielo se iba pintando de azul, y ni se podía mirar a ese sol tan brillante que salía de atrás de los cerros, desperezándose poco a poco, preparándose para regalarnos con todo su esplendor y calor el resto del día -definitivamente, estábamos más cerca del cielo, en todo el sentido, real o figurado, que se le pueda dar a esa frase.

Cruzamos el pueblito de Olmos, con algunas de sus casas de la época de la colonia todavía en pie, y paramos en el grifo de don Pizarro, el patriarca del pueblo —pero esa es otra historia. Retomamos el camino con una emoción inmensa y con la impaciencia de llegar por fin a nuestro fundo. Teníamos muy claro que el nombre que escogiéramos para él tenía que ser un nombre propio de esa tierra, que era tan diferente a todo lo que había visto antes, con sus cerros cubiertos de una vegetación dormida, los cercos tejidos de troncos de algarrobo, las casitas de quincha o adobe, con la ropa de colores en los tendales, y pavos, gallinas, burros y las infaltables cabras, y una que otra vaca con el pescuezo estirado para alcanzar las algarrobas de los árboles.

Siempre había visto a los animales de Jecuán con la cabeza gacha comiendo del pasto en los potreros, y me admiraba el ver a todos los animales estirarse para comer de los árboles. Manolo me iba señalando por sus nombres algunos árboles y plantas que ya conocía, así como lugares por los que pasábamos, como Tongorrape, Salitral, los cerros Punpurre, de la Virgen, Chalpón, de la Vieja, y parajes como las Humedades, Mondragón, Cruz de Valdera, que marcaba el lugar donde mataron al viejo Valdera, asaltante de caminos.

Pasamos por Motupe, pueblito bastante más grande que Olmos, pero igual de pobre, con sus desagües que eran tubos que pasaban debajo de las veredas y arrojaban sus miserias a las calles sin asfaltar. Algunas avenidas principales y la Plaza de Armas tenían postes de alumbrado eléctrico, que proporcionaban los motores que se encendían cuando querían y se apagaban cuando ya no daban más. No había agua ni desagüe, y todo el día daban vueltas por los pueblos los camiones cisterna o las carretas aguateras, jaladas por burros, que llevaban el agua a domicilio a S/. 1.50 el viaje, cargando dos latas de quince litros cada una.

Manolo logró convencer a un aguatero viejo de que le vendiera su carreta, y la tuvimos años en El Choloque, con su vieja placa de plomo otorgada por el Concejo, con el número "003" repujado y pintado en blanco sobre un fondo celeste. No había cilindros de plástico, y los pueblerinos construían su cisterna de cemento para almacenar el agua, o tenían cilindros (los de petróleo de doscientos litros) que los encementaban para conservar el agua más limpia. Algunos suertudos contaban con su piedra de destilar traída de Cajamarca, vestida de culantrillo, que mantenía el agua fresca y limpia, después de filtrarla en una cayana grande con su cucharón de palo. Nosotros llevamos también nuestra piedra de destilar al Choloque. La pusimos en el patio de la entrada a la cocina y nos dábamos el gusto de tomar agua fresca, ya que la refrigeradora a kerosene que teníamos solo enfriaba en algo, jamás congelaba. Un día le pedí a un pintor de brocha gorda que habíamos contratado para pintar la cocina, que pintara también todo lo de afuera para que se viera bien blanco. Mi error fue decir "todo" Pintó las bancas, las repisas y, mostrando su gran voluntad e iniciativa, ¡también pintó la piedra de destilar! Por más esfuerzos que hicimos, no pudimos lograr que volviera a cumplir su función, pues la pintura había tapado todos los poros de la hermosa piedra.

Definitivamente, el agua era un líquido precioso y caro que había que cuidar. Esto me trae a la memoria el revuelo que causaron John y Jim, dos gringos del Cuerpo de Paz que vinieron a trabajar en la zona y alquilaron una casita en el pueblo. Se les ocurrió traer una cama de agua, algo no solo nunca visto, sino además nunca "imaginado" por la vecindad. Llegamos con Manolo a visitarlos y, ni bien entramos a la cuadra donde vivían, vimos una multitud congregada frente a la casa y al camión cisterna del Concejo cuadrado en la puerta. Hacía más de media hora que los aguateros entraban y salían cargados con sus dos latas colgando de un palo que llevaban en los hombros, ante la curiosidad de la gente que no se explicaba dónde iba el agua, convencidos de que la explicación que daban los hombres no podía ser verdad. ¡¡Cómo iban a echar el agua en la cama de los gringos!!

John y Jim, supervisando el trabajo del llenado de la cama, y haciendo la cuenta de lo que les iba a costar, ni se habían percatado del impacto causado por este increíble desperdicio de agua, ¡en un lugar donde este elemento tenía un primer, segundo y hasta tercer uso! Finalmente tuvieron que permitir que ingresaran algunos de los más avezados del pueblo a comprobar la historia de la tal cama, pues, convencidos de que los gringos tenían que estar mal de la cabeza, eran pocos los que, pese a la curiosidad, se animaban a acercarse mucho. Efectivamente, ni bien salieron los testigos, confirmaron las noticias: el agua era para la cama de los gringos y éstos estaban definitivamente locos.

Y volviendo a la ruta hacia El Choloque, me encantó la placita de armas de Motupe. Años después ya estuvo toda asfaltada, y su parque era un placer de sombras acogedoras gracias a sus grandes poncianas con la copa en forma de sombrilla cubierta de flores rojas. Paramos a comer raspadilla y a comprar unas gaseosas por última vez, pues muy pronto las reemplacé por agua con limón que saciaba la sed mucho mejor y no costaba. Tomamos por fin el Camino Real que, en ese entonces, verdaderamente merecía ese nombre por lo hermoso de sus cercos, su limpieza y por los grandes algarrobos que lo bordeaban refrescando el trayecto con la sombra que proyectaban sus copas de encaje.

Mientras avanzábamos por el Camino Real tenía la sensación de que era parte de una película de aventuras. Nos cruzamos con algunos pastores que llevaban su rebaño de ovejos o cabras a pastar, con mujeres y niños de los caseríos aledaños que iban al pueblo en burro, a pie, en bicicleta o en carretas jaladas por caballos, y con algunos campesinos a caballo, que llevaban sombreros de paja para defenderse del sol que ya se dejaba sentir. Algunas mujeres iban todas vestidas de negro, con manto, medias largas y hasta guantes. Nunca pude dejar de angustiarme por esa costumbre del luto total que aún era practicada, especialmente por las mujeres del monte, no solo por el calor que sentirían esas pobres, sino también debido al daño que les causaría llevar el cuerpo cubierto por completo con ese ropaje negro que absorbía los rayos del sol, que elevaban la temperatura en los caminos a más de cuarenta grados.

Por fin llegamos al fundo de los Jiménez, nuestros vecinos, quienes amablemente nos habían cedido el derecho de pase por sus tierras, única forma por aquel entonces de llegar al Choloque. Cruzamos otro fundo más, que muchos años después compraríamos a las señoritas Luna, enamorados de un viejo algarrobo de más de 500 años, primer dueño de esa tierra y guardián eterno de los recuerdos más queridos y más vivos en mi corazón.

Fue allí, atravesando la parte de monte de esa propiedad, donde Manolo, continuando con su descripción y nombres de las plantas, me señaló el árbol del choloque, mientras me explicaba sus bondades y los usos que le daban los habitantes de la región desde los tiempos de los mochicas: sombra para todos, protección a las aves que lo escogen para hacer sus nidos, sus frutos eran utilizados para lavar ropa, animales y plantas y hasta para entretener a los niños en sus juegos, con los boliches negros que se encuentran dentro de los frutos y que los artesanos usan para adornar a las señoritas con collares y abalorios.

Entre los árboles de la región, el choloque es el más frondoso. Ya habíamos visto los zapotes, faiques, algarrobos, oberos, paloverdes, palosantos, sunes y arbustos como el cuncún, vichayo, leques y tantos otros, todos con esa característica algo sombría del bosque seco. Este era diferente: tenía las hojas verdes y brillantes, y los racimos de choloques, recién brotados, se asemejaban a uvas verdes. Paramos un momento y caminamos hacia él. Mientras nos acercábamos, notamos unas ramas abiertas en dos hacia nosotros, que parecían dos brazos que nos daban la bienvenida, y, ya bajo su sombra, sentimos una frescura especial, tan agradable que en ese mismo momento sentimos, cada uno en su propio silencio, que "El Choloque" sería el nombre de la chacra.

Volvimos a la camioneta y avanzamos unos metros más, hasta que al fin llegamos al cerco que dividía las dos propiedades. Manolo había puesto una "puerta de aguja", que consistía en dos palos de algarrobo agujereados en los que iban atravesadas algunas varas de obero. Es esa misma que ahora se encuentra en el jardín cubierta por una enredadera, y que Manolo abrió ese día, emocionado y feliz, mientras nos decía a Cali y a mí: "bienvenidas mis dos mujeres al Choloque"

Ya no está ese choloque. Antes de que pudiéramos comprar ese fundito vecino, el árbol fue cortado por los dueños, quienes vendieron su madera para que hicieran vigas, cajas para fruta y, finalmente, como leña para algún hogar del pueblo. Pero, en su recuerdo, sembramos otros choloques que siguen alegrando la vista y brindando su sombra a todo el que hace una parada en su camino bajo el sol, allí en la Capilla, junto a Manolo y a mis viejos, que escogieron reposar bajo su eterno cuidado.

33.   Los hijos.

Desde los primeros días juntos, Manolo y yo soñamos con empezar a llenar nuestra vida con el primero de los muchos hijos que queríamos tener. Nunca dudamos de esto ni concebimos atrasar su llegada. Soñábamos con una gran familia, una gran casa con jardín, una gran mesa llena de voces y risas y un gran sentimiento de amor envolviéndolo todo.

Habían transcurrido ya cuatro meses desde que nos casamos, y cada día que pasaba nos hacía desear aún más esos hijos que no llegaban. En mi impaciencia, hasta pensaba que tal vez no podía tener hijos. Para remate de mis angustias, recibí la visita de una viejita, esposa de un Yanacona de Jecuán, quien simplemente me dijo que venía trayéndome unas flores para que hiciera una infusión y la tomara todos los días. Estaba preocupada porque la esposa del ingeniero no quedaba preñada, y me dijo que esa flor del Cadmos era un secreto de familia, y que hasta la más güera de las mujeres se componía con la bebida. El caso es que, como mi doctor, el tío Roberto, a quien fui a ver con mi gran "problema", me mandó a rodar, me tomé el dichoso té siguiendo paso a paso las instrucciones de la viejita, a quien pagué su amabilidad con un bizcocho hecho por mí, que ya para esas fechas me quedaban bastante bien.

Por fin aparecieron esos primeros síntomas que generan ilusiones, temores, expectativas y tantos sentimientos nuevos e increíbles. ¡Ni hablar de esperar otro mes! Sin decirle nada a Manolo me fui donde el tío Roberto, quien, probablemente harto de mis angustias, me dijo con su sonrisa medio sádica que, si no quería esperar para estar segura, me haría el análisis respectivo y tendría la respuesta al día siguiente. De paso mencionó que, por supuesto, mi ansiedad le iba a causar la muerte a un pobre sapo. Más pudo mi impaciencia que mi compasión, y sin dudarlo le dije: "¡Que se muera el sapo!"

Ese lunes que regresamos a Jecuán, ya me iba preparada y con una felicidad que no cabía en mí de solo pensar en la reacción de Manolo cuando le diera la noticia. Había comprado velas, un vino tinto que le encantaba y sus aceitunas verdes favoritas. Ya conocía sus gustos, y sonreí recordando esa primera vez que lo invité a la casa a tomar lonche y le preparé un gigantesco banana split lleno de mermelada y fudge de chocolate que el pobre se comió sin quejarse, pero que más tarde supe que detestaba, al igual que todos los postres, excepto la mazamorra morada.

Preparé una linda bandeja con un tapete, regalo del shower, que más parecía un babydoll; el consabido florerito, las velas y el vino con mis copas nuevas y las aceitunas, y lo puse todo en el cuarto de las "penas", el más cercano al nuestro, listo para la gran ocasión.

Hay emociones tan fuertes que, al recordarlas, se vuelven a sentir con esa opresión en el corazón, mezcla de la alegría de entonces y de la tristeza de ya no compartir ese recuerdo.

Y ese increíble estado de felicidad e impaciencia con que se espera un nuevo hijo lo vivimos cada vez. Manolo estaba en Jecuán cuando le avisaron que Calita ya llegaba, y salió tal cual, con la ropa de chacra y el sudor puestos, esperando estar a tiempo. Llegó a la Clínica Delgado, que quedaba en Miraflores, justo cuando sacaban a Calita recién nacida del cuarto, y los viejos y él lloraron allí mismo, de la emoción de verla tan linda como lo fue desde el momento que nació esa tarde de un noviembre.

Santiago nació cuando ya vivíamos en Las Norias, y esa vez a Manolo le fue imposible viajar a Lima. El papapa me llevó al hospital, y con la mamama compartieron conmigo la llegada de mi primer hombrecito. Era muy gracioso ver cómo se movía y pateaba todo el tiempo, incluso a pocas horas de haber nacido, todo colorado y con sus ojos claros. Santiago, el querido amigo a quien le prometí ponerle su nombre a mi primer hijo, ya había muerto, pero su hermano Antonio fue a visitarnos a la clínica llevando una cadenita y una medalla que su hermano le había entregado antes de partir para que se la pusieran a Santi.

Álvaro fue el último en nacer en Lima. Al igual que Santiago, él nació en la Clínica Italiana de San Isidro. Manolo se había quedado en Las Norias y conocería al bebe recién a mi regreso, con doña Nita que me ayudaría en el viaje con los tres chiquitos. Estando ya cerca la fecha del parto, un día llegó a verme a la casa de los viejos Dito, el hermano mayor de Manolo. Solo de verlo supe que algo andaba mal. En efecto, me explicó que Manolo había sufrido un infarto y que estaba viniendo esa noche en avión, de frente a la Clínica La Maison Santé. Felizmente no había sido infarto, sino una muy seria afección al pericardio que lo obligó a permanecer en la clínica casi dos semanas y, por supuesto, a mí con él. Cerca de la clínica quedaba el Bazar de la Policía, y en esa época esos bazares eran los únicos que tenían gran cantidad de menaje doméstico y ropa importada, así que fui varias veces, con mi panzota, a comprar ropa y cosas para el bebé, preguntando siempre al entrar si ya había llegado mi esposo, el Coronel, con quien había quedado en encontrarme allí. Felizmente no pedían identificación cuando se compraba al contado, así que el Álvaro tuvo el mejor ajuar de todos. Creo que eso debe haber influido en su afición por la ropa "de marca".

El mismo día que le dieron de alta a Manolo me empezaron los dolores del parto y, sin lugar a protestas, Manolo se quedó en casa con la mamama, mientras que el papapa me llevaba al hospital donde, apenas dos horas después, nació el Alvarón.

Con él me pasó algo especial. Esa primera noche, después de dar a luz, escuché desde mi cuarto el llanto de uno de los bebes que estaba en la sala cuna de la clínica. Desde el primer momento supe que era el Álvaro y llamé a la enfermera. Esta me dijo que tenían más de veinte bebes en la sala, que no podía decir si era el mío y que no me preocupara. El llanto seguía y no aguanté más y me fui a ver, y sí, era el Álvaro que se retorcía con los cólicos. Desde chiquito sufrió mucho del estómago. Fue el único que tomó leche condensada, la única que resistía su estómago. ¡Creo que por eso ya no le gustan los dulces!

El nacimiento de la Lani es historia aparte, que vendrá en su momento porque estuvo acompañada de sucesos que cambiaron muy profundamente nuestra vida. Cali, Santiago, Álvaro y Lani nacieron en la madrugada, y Manolito, a quien le quedó la costumbre de levantarse tarde, se apareció a las diez de la mañana. Todos los hijos fueron planeados y esperados, menos Manolito. Según el doctor, después de una intervención que me hizo, ya no iba a poder tener más bebes, así que en esa oportunidad los primeros síntomas recibieron toda clase de nombres, desde cólicos hasta apendicitis. Finalmente recurrimos por segunda vez al pobre sapo. En el álbum de Manolito está guardada la nota que puso Manolo al lado de los resultados del "sapicidio", con una caja de caramelos de limón que me trajo de Chiclayo, y que decía: "Gorda, estás plena y totalmente embarazada."

Lani y Manolo nacieron en el norte, porque fue imposible, con tanta prole, viajar a Lima y dejarlos a cargo del papi, con todo el trabajo que tenía. En compensación a la sorpresa, el parto de Manolito fue el más rápido y fácil, porque nació apenas una hora después de llegar de la chacra al hospital en Chiclayo. Esa misma tarde nos regresamos al Choloque llevándolo para que lo vieran sus hermanos, que se habían quedado en la chacra desesperados por conocer a "Vita", como le habíamos llamado durante todo el embarazo pensando que era mujer. Gracias a Manolo, el "Vita" fue reemplazado por Manolo y no por "Ruy", que era la opción que, supuestamente los dos, habíamos acordado. El papi, más astuto que yo y sabiendo que era él quien lo iba a inscribir, se libró de la discusión del nombre, ¡y simplemente le puso el que él quería!, por lo que Manolo le estará siempre agradecido.

34.   Una niña en El Niño.

Abrí los ojos de golpe en medio de la penumbra de la noche, iluminada apenas por el lamparín que siempre dejábamos encendido en el corredor. ¡Qué punzada tan fuerte!

¡Tenía que ser la Lani!

De ser así, el dolor pasaría pronto. Manolo y mi mamá, que había venido para quedarse con los chicos cuando me fuera a Chiclayo para dar a luz, dormían plácidamente. Ya... pasó. A pensar, Nitty. Me levanté muy despacio y, al igual que las veces anteriores, me fui al baño a disfrutar de esos primeros momentos a solas con mi hija, que luchaba por salir, y de esa emoción de saber que, después de tantos meses de espera, muy pronto estaría entre nosotros, llenándonos la vida con todo lo que representa una pequeñita en la familia.

Otro dolor. Esta vez me fijé en la hora para controlar la frecuencia, pero había venido muy pronto. Eran las tres de la madrugada. No iba a ser como las otras veces, en las que había estado en la casa de los viejos en Lima y con el tío Roberto a cargo de todo. Esta vez iba a ser mejor: tendría a Manolo a mi lado, y después de dar a luz podría regresar inmediatamente al Choloque sin la larga y forzosa estadía en Lima.

¡Otro más! Miré el reloj: habían pasado tan solo cuatro minutos. "Esperaré un poco más", me dije. Ante lo seguido de los dolores decidí que tendría que llevar mi maletín médico. "No se vaya apurar el parto", pensé, sobre todo por el hecho de que teníamos que cruzar el río, que además no estaba tan bajo. "Necesitaremos la ayuda de alguien más", me dije, pensando en esa arena traicionera que lo hundía a uno hasta la rodilla. Menos mal que las lluvias habían calmado y que no habíamos vuelto a sufrir la crecida desmesurada del río como en días pasados. Se me encogió el corazón de solo pensar que el río podría haber crecido durante la noche, y salí muy despacio a la terraza para ver si se escuchaba ese sonido sordo que habíamos aprendido a temer. Exhalé un tremendo suspiro de alivio. No se escuchaba nada... todo estaba bien. Otro dolor...más fuerte esta vez. Ni modo de avisar al doctor. No teníamos teléfono todavía ni forma de comunicarnos. Tal vez podríamos llamar de Jayanca, aunque, si era como Motupe, la central estaría cerrada hasta las seis de la mañana.

Ya eran pasadas las tres. Me decidí a despertar a Manolo para emprender el viaje a Chiclayo. Me dirigí adentro, al cuarto, y después de prender otros dos lamparines fui a pasarle la voz a Manolo. "Viejo -le dije- ya se viene la Lani." Manolo se despertó inmediatamente y me preguntó si estaba segura. Le expliqué que tenía cerca de media hora chequeando el tiempo y que teníamos que salir cuanto antes. Nos vestimos rápidamente y Manolo se fue a darle la voz a Juan Roque, un trabajador que vivía muy cerca de la casa, para que nos acompañara y ayudara a cruzar el río. Desperté a mi mamá, "ya nos vamos, mami, ya llega la Lani", le dije. Traté de animarla para que no se preocupara tanto y salí algo apurada, no sin antes prometerle que Manolo regresaría lo antes posible con las buenas nuevas. Con el río de por medio, habíamos decidido que en vez de ir ellos a Chiclayo, yo trataría de regresar cuanto antes con la bebe. Otro dolor… "Tengo que llevar el maletín", recordé, algo preocupada por la frecuencia y fuerza de los dolores. No quería ni pensar en que la carretera tan dañada por las lluvias haría más lento y largo el viaje.

La camioneta se había quedado al otro lado del río, así que tuvimos que ir a pie en medio de la oscuridad cerrada debido a los platanares a los lados del camino, que no dejaban ver ni una pizca del cielo. Tener que parar cada vez que sentía las contracciones debió de haber preocupado a Manolo, quien se daba cuenta de lo seguido que estas venían. A Dios gracias mi viejo no se alteraba jamás, y su tranquilidad me calmaba y llenaba de seguridad. Todo saldría bien teniéndolo a él a mi lado. Por fin iniciamos el cruce del río. Manolo había pensado que Juan pasara el equipaje primero, pero no quiso que perdiéramos más tiempo e iniciamos el cruce del río, cada uno con un maletín en mano y yo entre los dos, sosteniéndome de sus brazos. El agua nos llegaba a la cintura, y si bien la velocidad era menor que otras veces había que hacer harta fuerza para vencer a la corriente.

Íbamos por ya por la mitad del río cuando sentí la sensación de agua caliente en mis piernas. "Se me reventó la fuente", me dije, tratando de que Manolo no se diera cuenta de mi sobresalto. Sabía que eso apresuraría el parto, y lo único que quería era salir cuanto antes del agua. "No voy a llegar a Chiclayo", me dije, pero tampoco podría cruzar de regreso el río, sería muy arriesgado. Al fin llegamos a la otra orilla. Nos secamos y cambiamos de ropa y, dejando a Juan Roque a cargo de avisarle al caporal que Manolo regresaría en la tarde, emprendimos el viaje a Chiclayo en la camionetita que dormía en la otra orilla desde que el río nos había cerrado el pase. Ya en la carretera y con las contracciones cada dos minutos, le dije a Manolo que se me había reventado la fuente. "No vamos a llegar a Chiclayo, viejo", le dije. Me miró y apretándome la mano me dijo que no me preocupara, que avanzaríamos todo lo posible y trataríamos de encontrar un médico en alguno de los pueblos del camino.

Llegamos a Jayanca y Manolo paró en el puesto policial para inquirir por un médico. El policía de guardia le dijo que no iba a encontrar ningún médico hasta Lambayeque. Que si quería nos llevaba donde una partera. Ambos decidimos que seguiríamos adelante y reemprendimos la marcha.

Lambayeque no estaba tan lejos y tal vez lograríamos llegar. Pasábamos Pacora, el siguiente pueblito en el camino, cuando tuve que decirle a Manolo que parara un momento para pasarme al asiento de atrás y así alistar las cosas para atender el parto y recibir a Lani. Me había empezado la última fase del parto y sabía que ya la bebe se venía. Ni hablar de llegar a Lambayeque. Manolo paró el carro, me ayudó a pasarme al asiento de atrás y me alcanzó el maletín que llevaba a todos los partos que atendía. "Cuánto me alegro ahora de que no me hicieras caso y siguieras atendiendo los benditos partos", me dijo aliviado al darse cuenta de que tal vez tendríamos que recibir solos a la bebe. Emprendimos nuevamente el camino mientras yo acomodaba el asiento y lo cubría con la sábana que había traído. Tenía que tratar de que todo se hiciera en el ambiente más limpio posible. Puse a la mano, sobre una toalla en el piso, las pinzas, tijeras, ligadura, alcohol, algodón, etc., y alisté un par de inyecciones para tenerlas listas ante cualquier emergencia.

Llegamos a Mochumí, el último pueblo antes de Lambayeque, y ya las fuertes contracciones habían provocado que la bebe bajara tanto que pude tocar su cabecita.

-¡Ya para, Manolo, está naciendo la bebe! -le dije.

Apenas estábamos pasando Mochumí buscando un lugar alejado, pues ya eran pasadas las cinco y las luces de los lamparines de las casas iban encendiéndose, señal de que las mujeres empezarían a prepararles el desayuno a sus esposos que pronto saldrían hacia las chacras, cuando Manolo tomó un desvío y paró al pie de la carretera. No terminaba de bajarse para ayudarme cuando se nos acercó un guardia forestal que iba de camino a su Estación, situada a unos cincuenta metros de donde estábamos. "Que le pasa, señor, necesita ayuda", preguntó. Yo ni me acuerdo qué dialogaron, pero vi que los dos subían al carro. Mientras que Manolo regresaba a la carretera, el guardia me dijo que no me preocupara, que allí cerca vivía la Rosa Paico, que era la mejor partera del pueblo, y que tenía su propio motor de luz y todo lo necesario para atender el parto. Efectivamente, no tuve tiempo ni de protestar. Ya no quería que nada se moviera ni que me llevaran a ninguna parte cuando llegamos a la casita, una de las últimas de Mochumí y ubicada en la misma carretera.

Mientras que el guardia corría a avisarle a la partera sobre la emergencia, Manolo me ayudó a salir. Caminé doblada en dos, sosteniendo la cabeza de la bebe que ya asomaba, y aterrada de que con otra contracción pudiera salir repentinamente y golpearse. La señora Paico nos hizo pasar inmediatamente mientras yo le gritaba que me llevara a una cama, que la bebe se salía. Efectivamente, tan solo estiró una sábana sobre una cama que había en la primera habitación en la que entramos, e inclinada hacia atrás me senté apoyándome en Manolo, que me sostenía la espalda.

Un esfuerzo más...y nació la Lani. Pasó todo. Se quitaron como por encanto los dolores y pude sentarme y ocuparme yo misma de poner las pinzas, cortar el cordón y envolver a la Lani en la sabanita que Manolo había ya sacado del maletín. La Rosa me dijo que Manolo podía bañarla, que tenía el agua tibia lista. Con lágrimas en los ojos por el alivio y la emoción de recibir a su nena, y por todos los sucesos de que había sido coprotagonista, Manolo la tomó en brazos y se fue con ella al otro cuarto. Dejé que la Rosa se ocupara del resto del parto, y una vez arrojada y chequeada la placenta me mudé a la cama limpia que había preparado la empleada de la partera, que resultó ser la de su patrona. Fue muy gracioso ver la expresión de Manolo cuando la partera le preguntó si enterraba o quemaba la placenta. Esa decisión la toman los hombres y nunca he entendido el porqué, pero yo misma tuve que hacer similar pregunta en los partos que atendía en el monte.

Al fin regresó Manolo con la Lani limpia y vistiendo sus ropitas nuevas, envuelta en una frazadita, y pudimos disfrutar de ese momento mágico y único. Estábamos comentando los pormenores del evento cuando se presentó la Rosa con un gran plato de caldo con casi media gallina dentro.

¡El plato era tan grande que casi parecía una bacinica! Ese fue el primero de los seis platos de ese caldo tan especial que me hicieron tomar aquel día, al que solo tienen derecho las recién paridas y que reemplaza al "suero" que le colocan a uno en los hospitales, con la ventaja adicional de ser mucho más sabroso.

A eso de las diez de la mañana Manolo regresó al Choloque para traer a mi mamá y a los chicos para que conocieran a su nueva hermana. Antes ya había llamado por teléfono al doctor y a su sobrina Marisa, quien estaba lista en Chiclayo esperando que llegara el día del parto para acompañarme al hospital. También habíamos acordado que la inscribiríamos en el Concejo de Mochumí y que Manolo hablaría con el cura para que la bautizara al día siguiente en la mañana, antes de regresar al Choloque. Yo había sido muy firme en que no me quedaría en Mochumí ni un día más, y en que no tenía objeto irme a Chiclayo cuando todo había salido bien y la Lani estaba perfecta.

Manolo me contó después cómo había sido todo en casa. No les dijo nada sobre los increíbles sucesos del parto. Les contó que todo fue bien, que fue mujercita y que las dos estábamos esperándolos en Chiclayo. Después de cruzar el río, todos partieron hacia Chiclayo con la expectativa de conocer a la hermana y con la esperanza de que tal vez se quedarían a dormir en la ciudad. Ya en Mochumí, el viejo les dijo que tenía que parar un momento y que quería que se bajaran para conocer a unos amigos suyos que habían insistido en que los visitaran un momento. De nada valieron las protestas de la suegra y de los tres chicos, quienes no veían las horas de llegar a la clínica para conocer a esa nueva personita con la que iban a compartir su cuarto, sus juguetes y el cariño de sus papis. Manolo paró en la casa de la Rosa y los hizo pasar. Cuál no sería su sorpresa cuando nos encontraron a Lani y a mí de lo más bien, acomodadas en la cama de la partera. Nos costó mucho a todos separarnos unas horas después, pero ya se hacía tarde y tenían que regresar a la chacra, cruzando el río y todo lo demás. Al fin se fueron, y Manolo quedó en regresar muy temprano para llevarnos a Lani y a mí al Choloque después del bautizo, que ya había sido arreglado con el cura. Los chicos estaban fascinados con la nueva hermana y la habían cargado, mecido y cuanta cosa se les permitió hasta que se aburrieron de la total indiferencia de la bebe, que ni siquiera les había sonreído. Antes de irse, mi mamá se dio el gusto de llamar a don Héctor, mi padre, para contarle, con ese entusiasmo y emoción con que vivía los sucesos de la familia, todos los detalles del extraordinario nacimiento de la Lani.

Ni bien partieron Manolo, la abuela y los chicos, llegaron nuestros sobrinos de visita, Marisa y Carlos, con unos buenos amigos chiclayanos que no querían perderse este nuevo suceso en la familia Santa María. Su llegada alborotó a toda la casa, en especial a la Rosa, que al ver a tan distinguidos huéspedes nos trajo una botella de llonque, del fino, con los minúsculos vasitos de vidrio verde en que se acostumbra tomar este fortísimo licor. Marisa había insistido en revisar a la bebe, con quien nos habíamos entretenido contándole los dedos de los pies y las manos, entre risa y risa de todos los testigos presentes. Tras poner nuevamente a la bebe en la cama, estábamos brindando una vez más por lo linda y perfecta que era cuando, de pronto, lanzó un grito tan extraño y fuerte que nos tomó a todos un tiempo darnos cuenta de que se trataba de Lani. Mirarla y tomarla en mis brazos fue casi una sola acción. Estaba de un color azulado y agitaba sus bracitos sin poder respirar. Comprendí que se había atorado con su propia flema, y agarrándola de los pies la puse boca abajo y la palmeé en la espalda hasta oírla toser. Inmediatamente le di respiración boca a boca hasta que empezó a respirar. Todo pasó en segundos, y recién al verla respirando normalmente alcé la mirada y me encontré con los cuatro visitantes mudos y aterrados, que no atinaban a moverse ni a hablar. El susto había sido suficiente para un día. Se despidieron después de haber insistido en que me fuera con ellos a Chiclayo para que un médico viera a la bebe, sin comprender mi negativa al decirles que ya no era necesario, que todo estaba bien, y antes de irse quedaron en que tratarían de venir al día siguiente temprano para acompañarnos en el bautizo.

Ya cuando estábamos solas se acercó la Rosa a decirme que mi amigo extranjero tenía la mirada fuerte, que había "ojeado" a Lani y que era urgente santiguarla. Como yo también era santiguadora no quise discutir con la partera, y le permití que se llevara a Lani para santiguarla, pensando que estaría en la habitación de al lado. Sin embargo, pasaron los minutos y la Rosa no regresaba con Lani, así que la llamé ya preocupada y se apareció su "asistente", quien me dijo que como había sido un ojo muy fuerte se necesitaba la santiguada de hombre y mujer, por lo que la señora se había llevado a Lani a casa de su compadre para que la santiguara también. Casi me levanto para ir a buscar a Lani cuando por fin hizo su ingreso Rosa, con la Lani ya libre del mal de ojo, sus hojas de ruda en la frente y un hilo rojo amarrado en la muñeca. Me explicó que tanto ella como el santiguador habían sacudido el brazo después de santiguarla (parte de la curación), y les había tronado muy fuerte, lo que indicaba que era necesario volver a santiguarla, por lo que habían repetido todo el trabajo para asegurarse de que me la devolvían ya libre de las influencias de ese ojo fuerte. A eso se había debido la demora.

Ya en la noche, después de haberme tomado el sexto plato del famoso caldo, observaba a Lani, a mi lado en la cama, durmiendo plácidamente con su nueva pulsera roja y con el pelo de la frente pegoteado por el aceite mezclado con agua florida con que, luego de la santiguada, le habían hecho las cruces. Recién en esos primeros momentos de silencio y tranquilidad pude revivir todo lo sucedido desde hacía apenas unas horas, y me vino un estremecimiento profundo al pensar en todas las cosas que pudieron haber salido mal. Una vez más tuve la plena conciencia de lo que significaba tener a alguien como Manolo a mi lado en los momentos difíciles, y sentí una gran calma al pensar que siempre estaríamos juntos para enfrentar cualquier cosa que nos deparara la vida.

Al fin pasó esa noche, en cama extraña y con los ruidos propios de estar a la vera de la carretera. Ya con la Lani cambiada y alimentada, el reducido equipaje listo y después de haberme tomado otro plato de la consabida sopa, acompañada esta vez por un par de panes con cuajada, me dispuse a esperar a Manolo con la expectativa de regresar a la casa para reiniciar nuestra vida con la Lani ya como parte de la familia. Manolo llegó poco antes de las ocho, y luego de "arreglar cuentas" con la Rosa, que decidió hacer su agosto con este par de gringos que le habían caído del cielo cobrándonos casi lo mismo que lo que nos hubiera costado en la clínica de Chiclayo, cargó los maletines en la camioneta y nos dirigimos los tres a la parroquia. El sacerdote nos esperaba listo y bautizó a la bebe, que estaba en los brazos de Rosa y de su compadre santiguador, quienes reemplazaron a los padrinos, Johnny, hermano de Manolo, y Marita, una prima hermana muy querida y ahijada mía. Ante las exigencias del cura tuvimos que ponerle un nombre "cristiano" por delante de Lani, y, tal como en el caso de Cali, la bautizamos con María Lani, lo que no evitó los refunfuños del hombre de Dios por utilizar nombres no santos en los nuevos cristianos.

La Iglesia de Mochumí se derrumbó años después en El Niño de 1983 y se perdieron los registros, por lo que fue toda una odisea conseguir que se registraran en el obispado los bautizos de Lani y Manolo, a quienes también bautizamos allí años más tarde, con lo que evitamos que aparecieran como "moros" ante la Iglesia.

Luego de la ceremonia y los adioses y abrazos con la Rosa y el cura, Manolo paró en la Municipalidad a registrar el nacimiento de Lani, y al fin partimos rumbo al Choloque. "Cómo vamos a cruzar el río," le pregunté al viejo, esperando que no me contestara que iríamos por el Camino Real, lo que significaba casi una hora más de camino. "Ya está todo arreglado, no te preocupes". Aproximadamente una hora más tarde y después de un viaje que se pasó como un sueño, con la bebe entre nosotros y comentando todos los pormenores del viaje, el parto, el mal de ojo, la sopa y tantos detalles graciosos, ahora que ya todo había pasado, llegamos a la orilla del río.

Manolo hizo sonar varias veces la bocina del carro y al rato se aparecieron Mauro, el caporal, y varios trabajadores con uno de los sillones de mimbre de la terraza. Mi mamá, los chicos y los perros nos esperaban al otro lado del río. Habíamos decidido que no irían al colegio ese día tan especial, y estaban en ropa de baño, listos a darnos el alcance en el agua cuando nos fuéramos acercando a la zona en la que podían entrar sin temor a la fuerza de la corriente. Santiago, por supuesto, fue el primero en meterse ante la desesperación de mi mamá, y nos alcanzó casi en la mitad del río, pujando del esfuerzo para que no lo jalara la corriente. Los "cargadores" cruzaron el río con el sillón de mimbre, en el que luego me sentaron con la Lani en brazos. Con Manolo como maestro de ceremonias, cruzamos el río entre las risas que provocaban los comentarios sobre esta procesión, más espectacular que la de la Cruz de Chalpón, y ante los ladridos de los perros y las miradas de los vecinos que se habían apostado en las orillas. Fue todo un espectáculo ver a estos gringos locos, con la mujer recién parida y su criatura, dizque ya bautizada, cruzando las aguas. Este hecho tan fuera de lo común en la rutinaria vida del monte, así como muchos otros igualmente bizarros, fue objeto de los comentarios de la comunidad por mucho tiempo, lo que vino a enriquecer la leyenda sobre El Choloque y sus habitantes y costumbres.

Una vez al otro lado, con los chicos saltando calatos, mojados y felices, y con la Lani en brazos de mi mamá y conmigo ya fuera del "anda", subimos todos al tractor que nos esperaba y tomamos el camino sombreado de platanares, en dirección a nuestro maravilloso hogar, donde le daríamos la bienvenida a nuestra nueva chiquita que tantas alegrías nos diera desde el momento que empezó a compartir nuestras vidas.

35.   Doña Ovidia.

Hacia finales de 1970, Manolo había logrado por fin negociar con los dos comuneros vecinos, cuyas parcelas quedaban frente al Choloque, en la otra orilla del río, y ya habíamos abierto el nuevo camino de ingreso directo a la Panamericana que cruzaba por el cauce del río, que la mayor parte del tiempo estaba seco, lo que nos ahorraba cerca de veinte kilómetros de recorrido al colegio de Anchovira y a Chiclayo.

Esa nueva ruta nos relacionó con la gente que vivía al otro lado del río, entre la que reinaba la familia Barragán, con quienes nos acabaría uniendo una especial amistad y afecto, salpicados de anécdotas llenas de buenas y malas consecuencias. Por otra parte, abrió el acceso al Choloque a varias otras familias vecinas, lo que les brindó la oportunidad de conseguir agua para sus familias y animales a menor distancia y de mejor calidad que la noria más cercana. Pocos agricultores les permitían el ingreso a sus fundos a los campesinos del entorno, que iban a pedir ese elemento tan indispensable como es el agua. Nosotros decidimos construir una pileta con un tanque de agua y un bebedero para el ganado al otro lado del cerco, a fin de que la gente tuviera acceso al agua sin necesidad de ingresar al fundo ni de estar solicitando favores a diario.

Una de estas nuevas vecinas, doña Ovidia, era una pintoresca campesina norteña. Había llegado de Olmos después de enviudar y tenía una pequeña parcela a la vera del camino. Tenía un hijo ya hombre que hacía casi imposible pasar por el frente de su ranchito de maderas y quincha sin advertir su existencia. Se le conocía por el nombre de "Santitos" y era el muchacho más alegre y risueño del caserío, hacía adioses con los brazos a todos los que pasaban y daba grandes voces y reía a carcajadas sin motivo alguno. Siempre tenía alguna frase graciosa a flor de labios, y a todos los vecinos nos dejó con la esperanza de que algún día regresaría de esa insaciable devoradora de esperanzas jóvenes que es nuestra capital, adonde se fue en busca de mejores vivencias.

Doña Ovidia decidió una mañana acudir en busca de ayuda donde "la gringa" que vivía al otro lado del río. Para ella había solo cuatro razas: la del monte, los gringos (todos los blancos) los zambos y los austriacos (a todos los gitanos se les llamaba así). Ya le habían dicho que la gringa era muy buena para la "medecina". Acababa de regresar de Lima, adonde sus hijos la habían llevado para que viera a un médico tras convencerla de que no siguiera gastando más en brujos ni curanderos. Mal había resultado la visita. El médico le había diagnosticado una enfermedad muy seria: "la sugestión", pero no había podido curarla, y sus achaques no la dejaban vivir en paz. Pensando todo esto y decidida a confiar en esta gringa "curiosa", doña Ovidia llegó al fin a la casa hacienda. Me saludó muy cariñosa diciéndome que ella había querido conocerme desde antes, porque "éramos igualitas, las dos tenemos maridos zarcos y trabajamos como hombres, manita, ¡porque somos bien marimachas!" Luego, y sin más preámbulos, me dio una explicación detallada de sus males y tratamientos.

-¿Dónde se ha visto, manita? -empezó a decirme mientras la escuchaba preparada para todo, ya que doña Ovidia era un personaje harto conocido en esos lares y su reputación de lunática la había precedido- ¿Cómo me van a curar de la sugestión con pastillas, si a mi comadre que solo tenía los bronquios le pusieron más de diez ampollas y a mí con la sugestión ninguna?

Estaba realmente molesta con aquel médico ignorante que les había sacado el dinero a sus hijos para nada. ¡Por lo menos el último brujo que la había visto había quedado en cobrarle solo si la curaba!

Me contó que, en su afán por curarse, había vendido todos sus animales y solo le quedaba el piajeno.

-Hasta a mi marido, mi zarco, lo he tenido que botar -intrigada por este hecho, y conociendo al buen hombre que soportaba resignadamente las ocurrencias de su impredecible mujer, le pregunté por qué lo había botado.

Entre suspiro y suspiro, doña Ovidia inició el relato de su tremendo dilema:

-Fíjate, manita de mi alma, que don Ventura, el mejor brujo de Salas, me puso una mesa para mí solita y me tuvo toda la noche con limpias y rezos. ¡Hasta me tomé por la nariz una botella entera de agua florida con hierbas!

Después siguió diciéndome: "Al fin, ya amaneciendo, me explicó que había un finado que se había encaprichado en acostarse conmigo, y que estaba de cólera porque el zarco no le dejaba lugar en la cama."

Desconsolada, pero resignada, había botado al zarco, pues: "¿cómo voy a enojar a un finadito? Y por gusto, manita. Todos los días amanecía como gallina con moquillo porque me pasaba la noche pelando los ojos esperando al finado sin poder dormir."

Siguió su relato con la visita a otro brujo, esta vez en Tongorrape, "donde me mandó mi compadre Prostacio. Este sí vio la verdad. Una zamba que se muere por mi zarco me había hecho una brujería con calavera, y había tendido un puente encima de los médicos y hasta de usted, gringa. Por eso no quería nada con la *medecina*."

Total, que, anulado el puente gracias a los rezos y amuletos del nuevo brujo, doña Ovidia por fin había ido a Lima; y aunque le habían encontrado la enfermedad no habían podido curársela, así que venía a ponerse en mis manos, segura de que yo la iba a curar. Luego de escuchar tan serio relato y compadecida por los sufrimientos de Ovidia, le dije que no se preocupara. Que yo tenía la medicina para su mal, pero que tenía que seguir mis instrucciones, que consistían en bañarse todos los días antes de irse a dormir, en decir en voz alta al levantarse y mirando al cielo la frase: "Qué lindo día y qué bien me siento". Luego, con una ramita, que echara agua del socorro en la puerta de su casa. Lamentablemente, como ella sabía, iba a tener que ponerle una ampolla diaria, y ¡tenía que ser a las doce del día en punto!, y además iba a necesitar cinco ampollas para que realmente quedara curada para siempre. Y efectivamente así lo hizo. Llegaba toda colorada y sudorosa de caminar al mediodía bajo ese sol del norte, pero feliz de que le pusiera sus ampollas que en realidad eran de agua destilada.

Al fin pasaron los cinco días, y una semana después se presentó en la casa con dos botellas de chicha para celebrar su total curación y amiste con el zarco, a quien había ido a buscar para traerlo de nuevo a su lecho.

Y despidiéndose con grandes adioses, se subió a su piajeno y se fue apurada a cocinar para su zarco, al que tenía que engreír para desagraviarlo por la parte que le había tocado en su frustrada aventura amorosa con el finado.

36.   La Doña al establo.

Tan solo el decidirme a poner el título de este nuevo "rebusque" en la memoria me llena de nostalgia... y con ella se coló la tristeza, con toda la intención de ocupar hasta el último rincón de mis recuerdos de esos tiempos; días en que Manolo y yo estábamos tan unidos, trabajando juntos en ese tratar de integrar a todos: hijos, trabajadores y sus familias, que iban llegando conforme se levantaban las casitas por toda la chacra.

Cada vez estábamos más seguros de que ese proyecto de vida que era El Choloque era lo mejor que podíamos haber hecho, y veíamos sus frutos en la estrecha relación que ya teníamos con los hijos y en la que se iniciaba con los nuevos pobladores del fundo.

Ya en esos días yo había tomado a mi cargo el trabajo de la oficina: planillas, contabilidad, despacho de frutas, bancos, etc.; pero, aunque me ocupaba buena parte del tiempo, no llegaba a integrarme al trabajo de campo todo lo que quería, y Manolo sabía de esa necesidad mía de ser parte de la formación o creación del Choloque. Un día como tantos otros en que salíamos a caminar por la tarde, me llevó al fundo vecino que años después llegamos a comprar y al que le pusimos el nombre de las dueñas: "Luna", y me contó que había alquilado un par de hectáreas y que había conversado con Johnny, su hermano, para hacer allí un centro de engorde de ganado vacuno como complemento de la chacra. Él no iba a tener tiempo de ocuparse de su manejo, así que habían pensado que yo me hiciera cargo de él.

Me pareció una gran idea. Ya en las vacaciones pasadas en las haciendas de los tíos, yo había participado muchas veces en las actividades relacionadas al ganado, y había paseado las vaquillonas y toretes de concurso en todas las ferias en las que se presentaba la ganadería Bazo Velarde, y me entusiasmaba pensar que iba a tener mi propio ganado. Manolo me entregó un libro en inglés de un tal Morrison sobre engorde de ganado, y me dijo que tenía un mes para familiarizarme con él mientras construían el establo. Esa primera lectura sobre algo tan totalmente desconocido representó todo un reto. Con él aprendí mucho sobre nutrición animal, y aunque al principio fue tarea difícil y llena de temores y dudas, poco a poco Morrison y yo nos llegamos a entender perfectamente. Ya había hecho antes algo similar con el libro del famoso pediatra norteamericano, el doctor Spock, que fue mi médico, literalmente de cabecera, en el cuidado de los hijos. Ese mes que duró la construcción del establo se fue volando. A Manolo le apasionaba diseñar y construir, y nos pasábamos horas viendo surgir los corrales, bebederos, comederos, reservorios de agua y melaza y finalmente la guillotina, donde, supuestamente, yo iba a atender al ganado enfermo, y por donde pasarían los toros a la balanza para pesarlos al llegar al engorde y luego al salir con destino al camal. Manolo contrató a un veterinario, el Dr. Godoy, para que me enseñara lo básico sobre las enfermedades y problemas más comunes de las reses, y también sobre el tratamiento que había que darles ni bien ingresaban al establo

El Dr. Godoy era de lo más entusiasta, y en cuanto llegaron los primeros cuatro toros se presentó en el establo con su maletín, con una caja llena de las "medecinas" que había traído para equipar el botiquín, y con su infaltable sonrisa de oreja a oreja, totalmente convencido de que yo había nacido para engordar toros. Era la primera entrega de uno de los negociantes de ganado que Manolo había contactado, y llegó en un camión destartalado que apenas pudo colocarse en el "embarcadero" que, sabiamente, Manolo había preparado para embarcar y desembarcar el ganado.

Cualquier idea que yo podía haber tenido sobre convertirme en una ganadera de botas, sombrero vaquero y pañuelo al cuello paseándome por las ferias, Manolo me la quitó de un solo plumazo. Le ordenó a don Jesús Soplopuco, el flamante nuevo caporal del establo, que pasara a los toros por el brete y que metiera al primero en la guillotina. Hecho esto, tomó la marca de fierro con la "CH" de la hoguera en que había estado calentándose (la habíamos mandado a hacer y registrar ante las autoridades: Prefectura, Gobernación y Policía) y me la puso en la mano preguntándome si iba a ir a la derecha o la izquierda, en el anca o en el brazo, y diciéndome que además había que ponerles el número correspondiente para poder identificarlos y llevar su "historia". Hasta allí todo había sido pura teoría, y eso de quemar a mis toros no había entrado en mis planes. Tuve que hacer de tripas corazón y, ante la advertencia de que debía hacerlo bien (o sea, no suavecito como había sido mi intención), porque si no habría que hacerlo dos veces, puse mi primera CH en el brazo izquierdo, donde la llevarían todos los toros de allí en adelante y el número en el anca izquierda para así verlo fácilmente al pasar por el brete, guillotina y balanza.

Luego, el doctor Godoy me ordenó ponerme la mochila que previamente habíamos preparado con uno de los productos que había traído, y sonriendo me dijo: "Señora, esto es como cuando usted va al salón de belleza, es un tratamiento completo: primero los baña para matar las garrapatas y otro bichos, luego les corta la punta de los cachos, seguidamente les da su cóctel para los parásitos. Además, debe ponerles dos vacunas: carbonosa y aftosa, y jamás olvidarse de inyectarles las hormonas."

Dicho esto, sacó la pistola ya cargada con los pellets, que tenía una aguja gordísima y que, supuestamente, yo debía introducirla en la piel de la oreja, desde donde enviaría sus influencias mariconeras con el objeto de que los toros dejaran de pensar en las vacas (que definitivamente no iban a encontrar en el establo) y se dedicaran simplemente a engordar. El Dr. Godoy nos visitó varias veces más, y cada una de ellas fue una clase de veterinaria excitante y novedosa. Me enseñó a poner suero, a identificar enfermedades, a extraer manualmente los gusanos (tupes) que traía el ganado de las zonas altas, a conocer la edad de los toros, a poner troquel, y tantas otras cosas más que representaron todo un desafío y que contribuyeron a que me identificara tanto con las reses, con el Choloque y con la vida y trabajo del campo.

Para lo que no me prepararon fue para el momento en que llegaron los compradores a llevarse el primer lote de veinte toros al camal. Los había llegado a conocer a todos por su número y color, y fue toda una tragedia asimilar el hecho de que estaban destinados al camal, que apenas los iba a tener unos meses, que mi "ganadería" nunca participaría en las ferias ni concursos, ¡y que tampoco me pasearía con mi sombrero, botas y pañuelo entre los grandes ganaderos con sus reses de exhibición! Traté de convencerme a mí misma de que por lo menos esos pocos meses que pasarían en El Choloque iban a ser los mejores de su vida, ya que nunca les faltaría la comida ni el agua ni el buen trato, salvo, por supuesto, el "tratamiento de belleza" inicial.

Esos primeros toros (un pinto, un canelo, un negro cacho mocho y un candelo) no los olvidaré jamás. Aun veo sus posturas desafiantes al ingresar a esos nuevos corrales, desconfiados y amenazadores. Fueron los primeros de los 12,798 toros que pasaron por el Choloque, que tanto nos ayudaron en esos primeros años de lucha y de integración a esa vida en que todo era el trabajo, la familia y la gente con la que compartíamos el Choloque.

37.   Tasando a los toros.

Además del Dr. Godoy, tuve la suerte de recibir entrenamiento práctico sobre el manejo de los toros del más famoso abigeo de la zona. Don Marcos Barragán estaba orgulloso de haber pasado por la prisión de la isla de San Lorenzo, allá por sus años mozos, "cuando todavía no sabía ser prudente", como decía el viejo.

Él me enseñó a lazar y sujetar a los toros y me tuvo horas practicando una "amarra mañosa", con la que "hasta usted, gringa, puede tumbar un toro de veinte arrobas"; lo que resultó ser cierto, pese a mi desconfianza sobre mi capacidad y fuerza para echar al suelo a semejantes animales.

Pero lo más importante, fue el aprender a "tasar" a los toros. Los ganaderos de la zona no acostumbraban vender al peso porque decían que los compradores tenían una balanza para comprar y otra para vender, por supuesto, con los pesos arreglados correspondientemente. Tomó varios meses convencer a los ganaderos de que en el Choloque se compraba y vendía con la misma balanza. Habíamos conseguido una rueda de algún viejo vagón de tren que pesamos "oficialmente" en la balanza del Ministerio ante testigos, y con el ticket del peso legalizado (cuantos más sellos, mejor) la utilizamos como "pesa de control" de la balanza de los toros que llegaban al establo, tanto para nuestra seguridad como para la de los vendedores. Cuando cerró el establo, nos llevamos la rueda para recostarla contra el árbol de caucho que había al lado de la casa, y, sin darnos cuenta, con el paso de los años las raíces del caucho, literalmente, se aseguraron de tenerla con ellos para siempre, ya que tejieron una increíble red de nudos entre sus rayos. Deben estar ambos, la rueda y el caucho, orgullosos de la artística composición que forman y que los ha convertido en el sitio más fotografiado de El Choloque.

Sin embargo, calcular el peso de los toros me sirvió para comprar "al ojo" cuando nos avisaban de algún lote de ganado en campo al que teníamos que ir a tasar. Era de ley, como compradores, el tasarlo más bajo del peso real. También era de ley que el vendedor lo tasara mucho más alto. Cuando se trataba de lotes grandes, el ganado nos esperaba en un corral. Generalmente, el dueño se había ocupado ya de "salarlo" el día anterior, y de llevarlo muy temprano a los bebederos o canoas hechas de zapote a tomar agua. Un toro podía tomar 20 o 30 litros de agua que subirían su peso y mejorarían su pinta tanto para la balanza como para la tasación. Había que caminar entre ellos observándoles la boca, donde se vería brillar los granitos de sal, por supuesto sin mencionar nada para no ofender al dueño antes de la discusión por los pesos. Este argumento solo se utilizaba si no se llegaba a un acuerdo razonable, y a riesgo de que se cancelara la venta. Cuando ya estábamos listos para la tasada, los "piones" iban arreando a los toros, uno por uno de un extremo del corral al otro, mientras que el comprador y el vendedor iban tasándolos al ojo y dictándoles a sus respectivos ayudantes las arrobas de carne estimadas, para luego sumarlas y discutir sobre el total del lote.

Algunos ganaderos vendían "al toro", es decir, la discusión de los pesos se hacía animal por animal y no por lote, lo que podía tomar todo el día. En cualquier caso, el arreglo final era entre el dueño y yo, previamente amenizado y discutido entre copita y copita de llonque acompañadas por trozos de cecina o carne seca con su "sarsa" de cebolla y ají, siempre bajo la sombra de algún algarrobo, sentados sobre bancas rústicas, y rodeados de perros flacos que daban vueltas con la esperanza de que les arrojaran algún trozo de carne demasiado dura para masticarla, lo que era bastante común.

38.   Más vale el piajeno.

Para estas "compras" de ganado me iba en una camionetita Datsun verde de baranda, que funcionaba con gasolina y mucha buena voluntad, en la que podía cargar hasta dos toros siempre y cuando no se quedara plantada en algún lugar de esas trochas en las que más transitaban acémilas que vehículos. Manolo me había enseñado a "reengancharle" un fierro que se le desenganchaba por abajo, y más de una vez paró algún buen chofer al verme echada en el suelo debajo de la camioneta tratando de arreglar el maldito enganche y rogando que los toros no se movieran mucho en la tolva.

En una oportunidad me embarqué sola en mis correrías porque se trataba de la venta de un solo torete y en un paraje bastante cercano al fundo El Tambo. Tomé el desvío correspondiente y, en medio de la polvareda de los yucunales, traté de distinguir la huella, guiándome por los senderos de los caminantes y piajenos, por donde podría transitar. No anduve mucho cuando, como castigo a mi temeridad, la camioneta, cual mula tucumana, se empaló en medio de un yucunal y no hubo forma de hacerla andar "ni patrás, ni palante". Felizmente siempre llevaba herramientas apropiadas para esos casos, y machete en mano y con más decisión que seguridad en lo que hacía, empecé a cortar ramas del zapote más cercano para fabricar una huella firme que me permitiera salir del atolladero. Era medio día y ya estaba empapada de sudor y cubierta de ese "talco" del desierto norteño que es el yucún. Estaba concentrada en esa labor cuando escuché un sonoro rebuzno. Volteé llena de esperanza de recibir ayuda, pero me di con la presencia de un mayorcito de rostro apergaminado y edad indefinible. Sin bajarse del piajeno que montaba, me dio los días (ya era el mediodía, si hubiera sido de mañana me habría saludado con un "buenos días") pude observar que estaba doblado soportando el peso de una alforja que traía alrededor del cuello, llena de choclos, lentejitas y zapallos. Conocedor de sus limitaciones ni se ofreció a ayudarme, y más bien inició un diálogo de tipo condolencia:

-Gringuita -me dijo-, estás jodida sin remedio porque yo no puedo ayudarte y tú sola no vas a poder sacar tu carro. Mejor desandas hasta la pista porque estos parajes son bien "sólidos" a estas horas y por aquí no va a pasar otro cristiano.

Aunque no necesitaba para nada sus negros augurios, estos sí que ofendieron mi orgullo femenino, de modo que volviendo a mi labor le contesté que no se preocupara, que sí podía desatollar la camioneta sin necesidad de desandar lo andado ni de esperar ayuda de nadie. El viejo no dijo más y se quedó sentado en el piajeno, con la pesada carga sobre los hombros y decidido a soportar el sol, pero no a perderse el espectáculo. Después de marcar una huella con la palana debajo de las llantas, empecé a colocar las ramas adelante y atrás de las mismas. Luego de varios intentos y más ramas y más sudor y polvo, no sé ni cómo logré sacar la camioneta del yucunal y llevarla a una parte más segura de la huella. Me bajé del carro acercándome al mayor, y recién entonces caí en la cuenta de que el pobre estaba sufriendo innecesariamente, ya que podía colocar la alforja en el piajeno y no llevarla sobre los hombros. Luego de escuchar sus felicitaciones por mi labor y antes de que se despidiera, le dije que me permitiera ayudarlo a quitarle la alforja de los hombros y ponerla sobre el burro para que no se cansara tanto. Mirándome con una sonrisa me contestó: "No puede ser, gringuita. Mire usted, yo ya soy muy mayor y no sirvo para nada. ¡Qué importa que yo me canse cargando la alforja! Al que no hay que cansar es al piajeno; él sí que es necesario en la casa. No gringa, más vale el piajeno, más vale el piajeno."

Y alzando su mano en señal de despedida, taloneó al piajeno y siguió su camino inclinado bajo el peso de su voluntaria carga, en medio del abrasante sol del desierto y rodeado de la polvareda que levantaban los cascos del tan preciado animal.

39.   La Doña y el supo.

El engorde de ganado probó ser un buen negocio. El Gobierno Militar había decretado la veda de carne durante los primeros quince días del mes y prohibido la matanza de vaquillonas, así como también la importación de carne del exterior. Estas medidas debían promover la crianza de ganado vacuno en el país. En realidad, la consecuencia más resaltante de todos estos dispositivos fue el desarrollo de la crianza de animales menores para ser beneficiados en los días de veda: pollos, lechones, cuyes, corderos, conejos, etc. Además, la prohibición de la venta de carne esos quince días, más la ausencia total de carne importada, hizo que la gente se agolpara en los mercados para abastecerse de carne de res en los días permitidos. Y así pasó el primer año y el engorde iba viento en popa. Trabajaba todos los días desde muy temprano revisando la preparación de las raciones y mirando toro por toro para detectar cualquier problema de salud o de falta de apetito, pues ya tenía claro que los toros debían engordar, "socialmente" (palabra muy usada en el norte, que significa "normalmente", "en promedio," etc.) un kilo diario o perdíamos plata.

Ya había pasado por la horrible experiencia de mi primera muerte en el establo. El toro número 30, un negro muco (sin cachos), se había caído en la noche dentro del comedero y los demás toros lo habían corneado y golpeado a su gusto. Esta experiencia me enseñó que, al igual que el hombre, los toros siempre dañan al compañero en desgracia.

Como en los camales solamente se beneficia a las reses que ingresan "caminando", llamé a don Marcos Barragán para que me ayudara a beneficiarlo y aprovechar la carne repartiéndola entre todos. Estaba de visita la sobrina de Manolo, Marisa, quien, entusiasmada con la novedad de ver pelar un toro por primera vez, se había parado en primera fila para observar la operación. Me estaba acercando al lugar del espectáculo llevando unos baldes para las menudencias cuando escuché a Marisa, con tono de lo más profesional, comentarle a don Marcos: "¡Pucha, que apéndice tan grande!" Don Marcos había llegado a mi llamado con varios de sus hijos, y además estaban don Jesús y Juanito, su ayudante, y todos interrumpieron lo que estaban haciendo y se quedaron en silencio unos segundos hasta que no pudieron más y soltaron la carcajada, ante la confusión de Marisa, a la que tuve que explicarle que no se trataba precisamente del apéndice.

Esa primera muerte en el establo se llevó la utilidad de casi una saca completa de veinte toros. También me enseñó que la carne de un toro que no ha sido desangrado, solo se puede comer muy aliñada por el sabor tan fuerte que tiene. Por eso en los camales primero atontan a las reses con un golpe en la testuz y luego les cortan la vena del cuello, para que se desangre mientras aún late el corazón.

El cuero del toro número 30 lo salamos y secamos y estuvo en la sala de la casa hacienda por varios años, hasta que tuvimos nuestra segunda muerte: el toro número 79, castaño con pintas blancas, cuyo cuero reemplazó al anterior.

Teníamos un corral para "enfermos", que se llenaba cada mañana después del chequeo que se hacía mirándolos corral por corral para comprobar si comían bien, si tomaban agua y para encontrar o descartar otros síntomas que ya habíamos aprendido a distinguir. De ese corral los íbamos pasando al brete y guillotina, donde una vez bien sujetos se les daba el tratamiento que necesitaban, que podía incluir ponerles suero a la vena, lo que nos tomaba por lo menos dos horas por toro.

En una oportunidad estábamos tratando a un toro "estreñido", para lo cual, después de darle el purgante habitual sin resultados, le habíamos preparado un remedio casero con la semilla de un árbol, el "avío", que se usaba para estos menesteres y solamente con animales porque era muy fuerte. Llevábamos más de una hora esperando los resultados del avío mientras revisábamos otros toros cuando llegó un ganadero de la zona trayendo un par de toretes para la venta. Al enterarse de nuestro problema nos dijo que no nos preocupáramos. ¡Lo que el toro necesitaba era un supositorio!

Dispuestos a todo, seguimos sus experimentadas instrucciones y Juanito se fue al Tambo a comprar un jabón Bolívar "jumbo", el más grande que había. Con un cuchillo le dimos la forma apropiada y, armándome de valor, le introduje el supositorio lo más adentro que pude. ¡Al pobre toro, que estaba preso en la guillotina, le dio un estremecimiento, se le saltaron los ojos y se quedó tieso sin entender qué era lo que le pasaba! Estábamos todos a su lado pendientes de los resultados de la nueva y original medicina cuando, de pronto, el toro se encogió, tembló, se estiró y el supositorio salió disparado como bala de cañón pasando entre los cuernos del toro que esperaba detrás su turno en fila y rozándole el hombro a Juanito que se hallaba trepado en el brete. El "supo" llegó hasta el corral que se hallaba a más de diez metros, golpeó a un toro en la cabeza y, finalmente, cayó al suelo sin haber sufrido modificación alguna, salvo en "el color" que ya no era blanco sino verde oscuro.

Aunque el afamado remedio no sirvió para nada, nos dio la idea de ponerle un enema de jabón. Así obtuvimos los resultados esperados, aunque esta vez no dejamos al toro en el brete, sino que lo amarramos junto al cerco, bien lejos de su potente capacidad de "tiro".

40.   Don Marcos el abigeo.

Se corrió la voz de que comprábamos ganado pagando al contado, a un precio justo y, sobre todo, con el peso correcto, y empezaron a llegar negociantes de ganado de toda la zona trayendo reses de todos los tamaños, razas, edades y layas. Tuve que pagar el noviciado por confiada y, ya para el segundo año, teníamos nuestros comerciantes conocidos y más confiables. Don Marcos Barragán fue uno de ellos, aunque más que vendernos ganado era nuestro abastecedor de paja de arroz, que, junto con la melaza, eran los elementos de relleno en la alimentación de los toros.

Cuando recién abrimos el camino directo a la carretera, nuestro vecino, don Isaías Jiménez, nos advirtió que tuviéramos cuidado con los Barragán, porque eran una familia de mal "naturalosos" que podían hacerme daño.

-De ninguna manera debe salir la señora por ese camino sola -nos advirtió.

Un día llegó a la casa una pareja mayor. El esposo se presentó como un vecino de la otra vera del río que había escuchado que yo era "curiosa", y quería que curara a su señora que tenía un grano en la cara. La pobre señora que venía con la cara tapada con un trapo, tenía el forúnculo más grande que yo jamás haya visto. Estaba en el costado izquierdo de la nariz, y, aparte del dolor, la pobre mujer ya no podía ni abrir el ojo. El caso es que la estuve tratando y curando por casi dos semanas hasta que al fin sanó. Al día siguiente que le había dado de alta, se presentó el esposo trayéndome un hermoso pavo, y con toda ceremonia me dijo: "Marcos Barragán nunca se olvida de los que son buenos con él. Puede estar tranquila, que nadie jamás le va a robar una res." Y diciendo esto dio media vuelta y se fue. Efectivamente, fuimos los únicos ganaderos a quienes jamás les robaron una sola res.

Así empezó mi relación con esta familia tan especial, que con el tiempo se convirtió en verdadera amistad. Yo sabía que ellos me estimaban, sentimiento que era mutuo, pero no podían con su genio. Había que estar "en guardia" en cada negocio que hacíamos con ellos, porque les era tan natural como respirar el sacar ventaja de todo o simplemente torcer un poquito las cosas para ganarse algo extra.

En una oportunidad nos trajeron cerca de quince reses en su viejo camión. Era de noche y ya estaban advertidos de que debían venir de día, pero explicaron que habían pasado el día negociando con el dueño y se les había hecho tarde. Como no tenían cómo bajar los toros del camión, habían venido directo al establo. Era cerca de las diez de la noche, pero había que bajar y pesar los toros, así que junté a la gente y empezamos a bajarlos guiándolos al brete y balanza para pesarlos; todo esto alumbrados por lamparines y linternas de mano. Cuando estábamos por terminar, pasó a la balanza un torete pequeño. No llegaba a las diez arrobas, que era el peso mínimo, así que les dije que no podría recibirlo. Doña Amalia, que se había bajado de la cabina del camión para ver la pesada, me rogó que lo recibiera, que el lote estaba muy bueno y que el torete era parte de él y ya lo habían pagado. El caso es que, para no demorar más, acepté el torete. Fuimos a la oficina y les pague el ganado, mientras que Jesús metía los toros al corral de espera para el tratamiento de belleza que se les aplicaría a todos por la mañana. Al día siguiente al llegar al establo lista para la faena, me encontré con un Jesús de lo más risueño. Ya había pasado algunos toros al brete y tenía todos los instrumentos, vacunas, etc., listos para empezar. El torete era el primero en la guillotina, y al acercarme comprendí el porqué de la sonrisa de Jesús: el tal "torete" era un toro enano; tenía una cabezota, ya había cambiado los dientes de leche por los definitivos y, para colmo, era bravísimo.

Ni bien terminamos con el tratamiento y lo pasamos al corral, se puso en posición de embestir, pateando la tierra con los cascos. No medía ni un metro de altura, era todo negro, astado, cabezón y con pelo zambo en la frente. En deferencia a su gran personalidad, además del número le pusimos un nombre: Hércules. Y así Hércules se convirtió en la mascota del establo por muchos años, hasta que decidimos cerrar el establo y lo vimos partir, bufando y pateando, malhumorado hasta el último día, mezclado en el camión con sus compañeros de corral, sin imaginar que era la "yapa" del lote.

Tiempo después, doña Amalia me trajo un ternero rogándome que lo comprara porque necesitaba el dinero. Le dije que el ternero todavía tenía que crecer unos seis meses antes de ponerlo al engorde. Me pidió que se lo pagara con el peso que tenía, y además me ofreció que se lo llevaría a su chacra para ponerlo al pasto hasta que alcanzara las diez arrobas, y que en ese momento volvería a traerlo para que yo le pagara solamente la diferencia de peso. Accedí por ayudarla y pesamos al ternero, le pusimos la CH y luego partió con el animal de regreso a su parcela con el dinero que le hacía tanta falta.

Pasaron los meses y Manolo, al enterarse de que doña Amalia aun no traía el ternero, buscó a don Marcos y le dijo que lo trajera esa misma semana. Pasaron dos semanas y ni sombra del torete, así que regresó nuevamente a buscar a don Marcos, quien, de lo más cabizbajo, le dijo: "lo vendí, ingeniero."

-¡No puede ser, don Marcos! -respondió Manolo- El torete ya era nuestro y además estaba marcado. Usted no podía venderlo, y quien lo compró tendrá que devolvérmelo. ¡Le exijo que me diga quién es el comprador para ir a quitárselo inmediatamente!

-No se moleste, ingeniero; mire que le va a hacer daño –dijo don Marcos.

-¡Le exijo que me diga a quién se lo vendió! -insistió Manolo cada vez más enojado al pensar que los benditos Barragán nos habían engañado nuevamente.

-No se vaya a molestar, ingeniero, pero se lo vendí a usted –respondió.

Efectivamente, lo habían mezclado en el último lote que nos vendieron hacía una semana, ¡lo habíamos comprado dos veces! Una noche, ya tarde, llego don Marcos a buscarme.

-Mañana le van a traer un lote de reses. No las compre, aunque tengan papeles. Son robadas -me dijo.

Y, efectivamente, no compré las reses. Días después llegó la policía buscándolas con la seguridad de que estaban en mi establo. A su manera, don Marcos nos protegía evitando que nos metiéramos en problemas, era su forma de demostrar el aprecio que nos tenía.

"El Chico" era un ladrón muy conocido en la zona. Un día lo trajo su mujer a mi consultorio. Tenía una venda cubriéndole los ojos y aparentemente se había quedado ciego. Felizmente, la ceguera se debía a una severa intoxicación con llonque de sabe Dios qué origen, y pude curarlo en unos pocos días. Varios meses después me volvió a buscar su mujer trayéndome una nota del Chico. Estaba preso por haber robado unas reses a los Vílchez y me pedía que le prestara mil soles, que era lo que le pedían para dejarlo libre. Me juraba por sus hijos que él no había robado ese ganado. Me fui con la esposa a casa de don Marcos y le pregunté si el Chico había sido el ladrón de los Vílchez.

-No señora Nitty. El Chico no ha sido –respondió.

-¿Y cómo puede estar tan seguro? –le pregunté.

-Porque ese ganado lo hemos robado nosotros, señora -respondió.

Y tras decir esto se dio media vuelta y se metió a su casa. Por supuesto le envié los mil soles al chico, quien cumplió con pagarme hasta el último centavo, aunque la verdad nunca quise ni enterarme de cómo lo había conseguido.

En otra ocasión llegaron los hijos de don Marcos con parte de una camionada de paja de arroz para su ganado. Nos pidieron que por favor querían dejar el camión unos días en la chacra, porque como el camión no tenía papeles y había un operativo, tenían temor de que les quitaran su "herramienta de trabajo" y no pudieran llevar el pan para sus hijos y para los viejos. Solo era hasta el domingo, cuando terminaba el operativo. Así que el camión se quedó en el establo unos días hasta que el domingo muy temprano se lo llevaron, previa entrega de una fuente de tallarines con gallina que, ya a estas alturas, doña Amalia sabía que era mi plato favorito.

Tiempo después nos enteramos de que a un ómnibus interprovincial que se había malogrado por el Cerro de la Vieja, le habían robado las cuatro llantas dejándolo sobre tacos de madera. Lo increíble era que el chofer y el ayudante habían estado durmiendo en el camión, después de una opípara cena, mojada con su chicha "juerte", que les habían enviado los vecinos condolidos por su accidente. Nunca se supo qué vecinos ni quién se llevó las llantas, pero fue la última vez que aceptamos guardar nada de los Barragán en la chacra. Estábamos seguros de que las llantas habían estado en el camión bien guardado en El Choloque, debajo de la paja de arroz.

Don Marcos falleció el mismo año en que murió Manolo y dejó un gran vacío, que se acrecentó cuando el viejo lo siguió. Sentí que me había quedado desprotegida en muchos sentidos, ya que, sin Manolo, solo don Marcos, a quien todos temían, hubiera impedido cualquier mala acción contra El Choloque o aun contra mí.

Entre los toros que dejaron recuerdo en todos, estuvo el Palomo. Era un cebú blanco, inmenso e increíblemente manso. Los domingos en la tarde, con mi radio a cuestas, me daba una vuelta por el establo. En el corral del Palomo había un algarrobo echado, donde me recostaba, y al poco rato se acercaban los toros atraídos por la música, siempre con Palomo a la cabeza. Llegó a reconocer mi voz y se acercaba al cerco del corral cuando lo llamaba, dejándose acariciar y mirando con esos ojos hermosos que tienen los toros cebú.

Le agarramos "chochera" a Palomo y, al igual que Hércules, se quedó más de un año en el establo, pese a los rezongos de Johnny, que con su sentido práctico insistía en que lo vendiéramos.

Palomo se fue con la última saca de ganado del Choloque, y su partida y la de Hércules pusieron la nota emotiva en ese día en que, por primera vez en más de doce años, los corrales del establo se quedaron vacíos.

41.   Doña Amalia.

Entre doña Amalia y yo existió una verdadera amistad, que quedó demostrada en muchas oportunidades. Recuerdo que, allá por el año 71, nos invitaron al matrimonio de Elena, la nana de los chicos que había venido con nosotros desde Las Norias. Era hermana de Mariano, un trabajador de los buenos que después llegó a ser nuestro caporal. Darío, el padre de ambos, era un hombre de avanzada y no aceptaba algunas de las costumbres que eran ley en el monte. Él permitió el noviazgo de Elena con Marcos, nuestro motorista, confiando en la supervisión y el respeto por "la casa del ingeniero". Gracias a esa actitud, Elena pudo preparar su ajuar y casarse con vestido de novia, cosa no vista jamás en el monte, donde todos los matrimonios o uniones provenían de "raptos". Ella y Marcos se dedicaron todo el año de noviazgo a comprar sus cosas, ilusionados con la nueva vida que les esperaba en la casita al pie del motor que estábamos preparando para ellos. Ya por ese tiempo yo había aprendido a coser y me encargaba de hacer los vestidos de mis hijas, los míos y los de todas las mujeres de la chacra. En el verano la máquina de coser estaba en la terraza, y Manolo colocaba todas las noches la lámpara petromax colgada de una viga: los chicos hacían su tarea, yo cosía y él leía, su pasatiempo favorito. El matrimonio de Elena fue todo un acontecimiento. Le cosí un vestido blanco, largo, bordado en perlitas, y cuando llegó el día, fuimos parte del cortejo que acompañó a la novia por las calles de Olmos, desde su casa a la Iglesia, rodeados por los chiquillos del pueblo pidiendo el "padrino cebo".

La fiesta se celebró en el monte, en la casa de Darío, en Las Norias. Estábamos en lo mejor de la fiesta cuando me vino un dolor tan fuerte que me desmayé, ante el susto de algunos y los chismes de otros que comentaban: "la señora está borracha". No recuerdo los detalles, pero sí el viaje que hicimos hasta Chiclayo, a la casa de la prima Marisa, donde llegó el doctor, quien me inyectó algo para el dolor y dio su diagnóstico tentativo de un embarazo ectópico. Al día siguiente nos confirmó su opinión y nos dijo que había que operarme de urgencia. Yo estaba segura de que no era ningún embarazo, así que decidimos que viajaría a Lima inmediatamente, y esa misma tarde me embarqué en avión y Manolo se regresó a la chacra con los chicos. El tío Roberto, médico de la familia, hizo junta de médicos y resultó que tenía un divertículo en la pared del estómago, muy cerca al corazón y muy difícil de operar. El caso es que pasaron los días y me fueron pasando los síntomas y decidí regresar al Choloque. Los médicos que habían participado en toda esta historia me rogaron que les permitiera operarme, sin costo alguno, porque nunca habían visto un caso como este, "de revista", tanto por la ubicación del tal divertículo como por la capacidad de cicatrización que había demostrado mi organismo, que nunca antes se había dado.

Por supuesto dije que no, y con cerca de seis kilos menos por la dieta a la que me habían sometido las dos semanas que estuve en Lima, al fin me regresé al Choloque. Carlos, el esposo de Marisa, sobrina de Manolo, y quienes vivían en Chiclayo, me recogió del aeropuerto y me llevó hasta El Choloque. Ese verano habíamos tenido lluvias y el río había bajado cargado. Manolo estaba a cargo de los chicos y le era imposible viajar a Chiclayo a recogerme. Pero sí se había preparado para recogerme en la carretera. Como no tenía carro, había pedido prestada su carreta y caballo a don Manuel Guevara, quien vivía al otro lado del río, y se estaba alistando para recorrer en ella los tres kilómetros hasta la pista. Las lluvias habían malogrado la antigua entrada que tenía una bajada muy pronunciada y no había forma de que ingresaran automóviles; además, Manolo no había construido aún los puentes en el camino, y las acequias estaban llenas de agua. Cuál sería mi sorpresa cuando, en vez de Manolo, me encontré con doña Amalia y sus hijos esperándome para llevarme al Choloque en su mejor piajeno, al que le habían puesto tres o cuatro pellejos de carnero para hacer más suave mi travesía. Y así partimos hacia el río: yo sentada al anca del burro, los hijos jalando al animal que se negaba a pasar por los charcos, y doña Amalia caminando a mi lado, sujetando mi mano todo el trayecto y lamentándose de lo flaca que estaba e indignada con los médicos que me habían devuelto así. Cuando llegamos a la orilla, Manolo ya estaba cruzando el río con dos de los trabajadores y una silla, en la que, luego de los saludos, explicaciones y agradecimientos, me sentaron para cruzar el río y de allí llevarme en el tractor a mi Choloque del alma.

Al día siguiente, a las diez de la mañana se presentó doña Amalia con una ollita de caldo de pichón, increíblemente sustanciosa.

-Aquí la vamos a curar, señora Nitty. Nadie puede estar sana cuando está hecha hueso y pellejo. Tómese todo el caldo, que no me voy a mover hasta que la olla esté vacía —me ordenó mi amiga.

Y dicho esto se sentó en el muro de la ventana después de servirme el primer plato de sopa, y no se movió hasta que me terminé hasta la última gota y chupé el último huesito. Doña Amalia vino todos los días a la misma hora, durante dos semanas, cargando su ollita con el caldo de los pichones de su cría que ella misma preparaba, y me hacía tomarlo convenciéndome de que si no engordaba podía perder al ingeniero, porque a ningún hombre le gustaban las mujeres sin carne y con lo buen mozo que era el ingeniero zarco, no iba a faltar una mal habida que lo tentara.

Un día me vinieron a buscar las hijas de doña Amalia, llorando sin poderse contener, seguras de que su mamá se moría. "Está con los ojos en blanco, señora Nitty, y no puede hablar. ¡Por favor, venga para que la vea!", me dijeron. Agarré mi maletín, le expliqué a Manolo lo que pasaba y me fui con ellas en la camioneta hasta la casa de los Barragán. En el trayecto traté que me explicaran cómo así se había puesto tan mal y tan repentinamente, pero no hubo forma de que hablaran.

Por fin llegamos a la casa, donde doña Amalia estaba echada en la cama que tenían en la terraza de afuera. Don Marcos estaba desconsolado, tomándola de las manos y hablándole con un cariño que pocas veces había visto, ya que es otra de las costumbres del monte el no demostrar los sentimientos. La verdad es que, después de revisarla, no tenía ni idea de qué podría haberla afectado así. Estaba como en trance, con los ojos volteados y sin moverse ni hablar. Le exigí a don Marcos que me dijera qué había pasado, y con la mirada fija en el suelo, avergonzado, me contestó:

-La Amalia se fue al brujo de Túcume y este le dio una bebida para el bazo. Le dijo que después de tomarla no podía estar al sol por veinticuatro horas, y que por ningún motivo tuviera cólera porque podía morirse. Lo que pasó, doña Nitty, es que se ha levantado de la cama y ha visto por la ventana que el Pancho (su hijo) le sacaba su cabra más parindera del corral. Ella sabía que la quería vender para tener plata para la fiesta de la Cruz, y le ha dado tal cólera que ha salido corriendo, gritándole al mal hijo que le devolviera su cabra. Allí es donde se ha quedado muda y se ha caído al suelo, tal como la ve ahora — me explicó.

Asustada por lo mal que la veía, decidí que lo único que podía hacer era llevarla donde el brujo para que este viera cómo contrarrestar el daño causado por la cólera y el sol.

Doña Amalia era una mujer gorda, y así, como peso muerto, fue toda una hazaña meterla en la camionetita. Por fin, después de un viaje lleno de lamentos y acusaciones entre la familia, llegamos a la casa del brujo, en Túcume. Inmediatamente la vio, ordenó que la llevaran adentro y tuve yo que contarle lo que había pasado porque todos los Barragán estaban mudos, temerosos de la reacción del brujo, que les había advertido de los peligros de incumplir sus indicaciones. Nos dijo que esperáramos porque era urgente hacerle los trabajos necesarios para sacarla del trance en que estaba, diciendo que no podía asegurar que se iba a curar. Y con una mirada amenazante a todos, nos dejó parados en la pampa delante de su casa y se metió cerrando la puerta. Cuando al fin salió, casi una hora más tarde, nos explicó que ya doña Amalia estaba bien. Felizmente, dijo, lo que ha tenido la mayora ha sido "colerina", porque si hubiera llegado a ser cólera se muere. Siguió despotricando varios minutos más, mientras los temibles Barragán se quedaron mudos, mirando al suelo rogando que el brujo no les hiciera algún maleficio.

Yo me había puesto en cuclillas, cansada de estar parada, y en eso el brujo volteó, me miró un buen rato en silencio, y luego me dijo:

-Levántate, gringa. Nunca te vuelvas a poner así. Yo sé que tú no crees en mí, pero acuérdate de lo que te digo: estás enferma de la madre y dentro de poco vas a reventar. Yo conozco a tu esposo, el ingeniero zarco. Él viene a ayudarme muchas veces en las noches en que pongo mis mesas porque es un hombre justo como no hay dos. Gracias a él he podido curar a mucha gente."

Dicho esto, alzó la voz llamando a doña Amalia, quien salió de la casa caminando y hablando como si nada hubiera pasado, acompañada por una mujer joven, blanca y guapa, pero bastante descuidada, que resultó ser la mujer del brujo.

Cuando le conté a Manolo la extraña conversación con el brujo, me contestó riendo que por eso había mañanas en que se levantaba muy cansado. Un par de meses después se presentó el problema del divertículo, y no pudimos dejar de comentar con Manolo la extraña coincidencia con las palabras del brujo. Al año de esta experiencia, se murió el brujo, y la gente del pueblo, a fin de que no regresara de la otra, quemó su casa mientras estaba el cortejo en el cementerio. Decían que lo había matado un general que años atrás había ido a hacerle una consulta. Iba camino a Piura donde lo habían destacado llevando consigo a su hija, una hermosa muchacha. Dicen que el brujo se enamoró de la muchacha y le hizo brujería para que regresara donde él. Efectivamente, a poco de estar en Piura, la hija se escapó y se vino a Túcume, convirtiéndose en la mujer del brujo y permaneciendo con él hasta su muerte, sin acceder a los ruegos de su padre que intentó varias veces convencerla de que volviera con su familia.

Con Amalia atendí todos los partos de sus hijas y de algunas vecinas del caserío, y bastaba tenerla a mi lado para sentirme respaldada y segura de lo que hacía. Esas horas que pasábamos esperando la llegada de un nuevo Barragán, nos sentábamos en la mesa de su cocina, tomando café, fumando las dos, y picando de las cuajadas que siempre hacía con la leche de sus cabras. Cada vez que mataban una gallina, se presentaba una hija o nieta llevándome mis tallarines con gallina y mi botella de chicha, y nunca dejó de compartir algo de su cosecha de choclos, lentejitas, zapallos o cualquier cosa que hubieran sembrado en su parcela. Lamentablemente, poco tiempo después de que murió su esposo, don Marcos, las hijas la convencieron de mudarse a su casa del pueblo, y ya nos vimos apenas en los pocos años que le sobrevivió.

Un día me vinieron a buscar sus hijos porque doña Amalia estaba enferma y quería verme. Fui inmediatamente y la encontré ya muy grave. Nos abrazamos y aún recuerdo sus palabras de despedida: "¿Cómo se fueron juntos nuestros hombres, no señora Nitty? Usted no se puede ir todavía porque sus hijos están chicos, pero yo me voy a adelantar para cuidar a los viejos."

Murió pocos días después y tuvo un entierro increíble. Asistieron al funeral el Alcalde, varios Gobernadores, el Presidente de la Comunidad y muchísima gente de los caseríos y del pueblo. Contrataron banda, niñitas que arrojaban flores delante del féretro, y fue tanta gente a la compaña de los nueve días, que tuvieron que alquilar sillas y bancas llenando así casi la mitad de la cuadra de su casa en Motupe. Con toda seguridad, doña Amalia debe haber estado feliz al lado de su viejo, contemplando orgullosa su ceremonia de despedida.

42.   Los compradores.

Cuando llevábamos ya unos meses vendiendo los toros del engorde, empezaron a llegar toda clase de compradores. La mayoría de ellos fueron bastante desagradables. Llegaban convencidos de que por ser mujer me iban a comer con zapatos y todo. Lo peor era su falta de modales y las palabras soeces que utilizaban, así como también las ofertas ridículas que hacían por el ganado, criticándolo todo, siempre con un dejo de superioridad que era insoportable. Como jamás me distinguí por mi paciencia, a muchos de ellos simplemente les pedía que se fueran, que no tenía interés en negociar con ellos. A varios los hice callar diciéndoles que de ninguna manera iba a permitir que se me faltara el respeto en mi propia casa y... ¡fuera con ellos!

Había, como en todos estos negocios, el "rey" de los ganaderos de engorde, que además era el comprador más grande de ganado: don Camilo Reyes. Su reputación era bastante mala en cuanto a su forma de negociar nada limpia, y circulaban otras historias sobre él bastante feas, relacionadas con otras actividades comerciales. Aunque ya me habían dicho que le pasara la voz, había decidido que al él no le iba a vender.

Un buen día se presentó en el Choloque y, ni bien bajó de su camioneta, de frente me habló así: "Señora Santa María, soy Camilo Reyes y vengo a saber por qué usted no me quiere vender ganado."

El caso es que nos quedamos conversando largo rato sobre diferentes temas y simpatizamos inmediatamente. Cerramos la primera venta, que se haría al día siguiente, y regresó con sus dos camiones para luego ponerse a trabajar a la par de la gente en el arreo del ganado al brete para el pesaje, que en ningún momento chequeó.

Al terminar, despachó sus camiones y me dijo: "Habrá visto que he confiado en los pesos que usted me ha dado. Sería ofenderla si dudara de su rectitud. En cuanto a mí, seguiremos haciendo negocios, pero siempre recuerde que no hay cojo bueno."

Don Camilo había sufrido de parálisis infantil y, efectivamente, era cojo. En los años que siguieron regresó algunas veces, y otras cerrábamos el trato con sus encargados. Cuando se presentaba, siempre nos traía algún regalo y se esmeraba en ser amable y demostrarnos su amistad. Me encontré con él en un avión regresando de Lima cuando ya Manolo había sido nombrado Presidente de EMCOPESA, la empresa estatal comercializadora de ganado. Se las arregló para sentarse a mi lado y me dijo que quería que le propusiera un negocio a Manolo.

-Todo lo que tiene que hacer su esposo es darme una recomendación para que las autoridades me den el visto bueno para la importación de carne y de unos toretes que quiero comprar. Usted sabe que para todos los negocios se necesita un padrino, y hay una comisión para ustedes. Total, lo que se van a llevar los moros, mejor que se lo lleven los cristianos –me dijo.

Le contesté que ni Manolo ni yo entraríamos jamás en esos arreglos, y que no olvidara que él mismo me había dicho que tuviera cuidado con él, porque no hay cojo bueno. Lamentándose me dijo que ya se la esperaba, y como si nada siguió con la conversación contándome que se había comprado un barco para traer carne de Argentina, y que iba a dejar de comprarnos por un tiempo ya que había invertido todo su capital en ello. Supimos meses más tarde que el barco se había hundido en la travesía, perdiéndose toda la carga de carne más los toretes que había comprado para sus establos. Nunca más volvimos a ver a este pintoresco personaje, pero guardo un buen recuerdo de su caballerosidad y excelente trato en todos los negocios que hicimos.

Después de don Camilo conocimos a dos socios, comerciantes de ganado con quienes trabajamos hasta que cerramos el establo en 1982: don Máximo Borja y Juan Zapatero.

Era una pareja de lo más graciosa: Máximo era alto, casi calvo y delgado, mientras que Zapatero era un moreno gordo, bajito y pelucón. Máximo era muy parco en su manera de hablar, y se ocupaba principalmente de ver el ganado, negociar los cambios de un torete por otro que le gustara más y supervisar los pesos. Zapatero, en cambio, ni siquiera se acercaba a los corrales. Era un hombrecito temeroso de todo, que se quedaba parado junto a mí en la balanza conversando sin parar y apuntando los pesos. Con ellos era imposible llegar rápidamente a un acuerdo de precios, paso previo a la faena del pesaje. Máximo daba vueltas y luego se iban los dos a un lado para discutir lo que iban a ofrecer. Luego venía mi vía crucis cuando Zapatero se acercaba ya él solo.

Cada vez que vendimos un lote en todos los años que trabajamos con ellos, el diálogo era algo así: "Mire señora, usted sabe que la situación está muy difícil por el clima tan frío. ¿Cómo será el frío en el polo, no? Allí hay osos blancos. Yo una vez vi un oso camino a Jaén. Puta, que feo es Jaén. Mi tía tiene allí su negocio de comida. ¿Ha comido usted el carnero al palo que hacen los argentinos? Mi hijita viaja por negocio a la Argentina porque todo está barato. Barato, lo que nos quieren pagar por la carne en Lima. ¡Hace un frío en Lima! Ni con chompa de alpaca le pasa a uno. Mi cuñada tiene una fábrica de chompas y está exportando a Estados Unidos. ¡Qué país más bonito con sus playas lindas! ¿Le gusta ir a la playa? Yo llevo a mi familia a Agua Dulce porque está cerca. Se come el mejor cebiche en Agua Dulce..." Zapatero podía seguir así, pasando de un tema a otro hasta que, colmada mi paciencia, acudía a Máximo, quien lo metía en vereda, hasta que finalmente llegábamos a un acuerdo. Era gente educada y mantuvimos una excelente relación por varios años.

La gente de la chacra los recuerda porque una vez llegaron cuando el río estaba con algo de agua. Pese a que Zapatero vio que su socio se remangaba los pantalones y cruzaba el río con el agua a las rodillas, insistió en que pagaría diez soles al peón que lo cargara de ida y vuelta. Tuvimos que llamar a Libra, que era el más fuertón, quien encantado de ganarse su propina lo cargó de un lado al otro, pero a diez soles por viaje, ante las miradas y risas de todos los que llegaban al río con su ganado o a cargar agua.

43.   Personajes y experiencias.

Para los chicos, el establo era un lugar de juegos. Los Barragán traían camionada tras camionada de paja de arroz, y la iban dejando alrededor de los corrales formando unos cerros inmensos en donde los chicos jugaban o en donde simplemente se tiraban a descansar mirando los toros desde esa increíble tribuna.

A Santiago le encantaba ir a la hora en que los trabajadores interrumpían las labores para tomar el desayuno que les traían desde sus casas. Por supuesto, para robarles algo de los portaviandas, en los que encontraba toda clase de delicias, como el famoso arroz con tomate, que quedó para siempre en nuestro menú de los desayunos.

Huarita, uno de los trabajadores más antiguos, me recordaba cómo Santiago les reclamaba que le dieran todas las "escobitas", como él llamaba a las colitas de los lifes, pequeñísimos pescaditos de río, infaltables en los menús de los habitantes de la zona, que al freírse quedaban tostaditos.

Lani y Manolo visitaron el establo desde que tuvieron apenas dos o tres meses de edad. Hice colocar una hamaca cerca del brete y balanza, y los días que tocaba faena, que era bastante larga porque trabajábamos a los toros por grupos de entre quince a veinte, los llevaba conmigo y se pasaban durmiendo horas en la hamaca. Allí mismo, en casa de don Jesús, el caporal del establo, les cambiaba los pañales y tomaban su jugo o leche hasta que regresaban a la casa una vez terminado el trabajo.

Un día que estábamos en plena faena, llegó a caballo una "señorita". Era sobrina de un agricultor vecino, el Ing. Pasco, y estaba pasando sus vacaciones con el tío. Era muy conversadora y tomó la costumbre de llegar diariamente y quedarse un buen rato mientras trabajábamos. La verdad es que me empezó a caer algo pesada, pero me daba pena, comprendiendo que debía sentirse sola, y no me animaba a decirle que espaciara sus visitas porque me quitaba tiempo y me mareaba con tanta conversa. Ya le había contado a Manolo sobre la asidua visitante, pero sin decirle que estaba ya aburrida de sus visitas. Una noche, muy fastidiado, me preguntó que cómo era posible que no me hubiera dado cuenta de la clase de chica que era la tal sobrina y que no la hubiera mandado de regreso donde el tío.

Me quedé sorprendidísima, tanto por el tono de fastidio, que muy rara vez usaba, como por el comentario. No tenía ni idea a qué se refería. "¿Pero no te has dado cuenta de que la chica es lesbiana y que te está buscando con quién sabe qué intenciones?" Para empezar, yo no tenía ni idea de lo que quería decir "lesbiana", ¡y luego de escuchar las explicaciones de un exasperado Manolo recién supe que existían! El caso es que Manolo decidió tomar cartas en el asunto, y al día siguiente se presentó en el establo a poco de llegar ella (había establecido su sistema de información en complicidad con don Jesús, que era quien lo había alertado del tema por los comentarios que corrían de boca en boca sobre esta señorita "marimacha" que rondaba a la patrona). Se plantó ante ella y le ordenó que subiera a su caballo y se marchara del establo para no volver jamás (parece bolero). Y así, poco a poco, ¡fui perdiendo mi inocencia!

Una tarde en que fui a echar una mirada a los toros, escuché los gritos desesperados de don Jesús pidiendo ayuda. Corrí asustada y pude ver al viejo, atorado bajo la puerta de hierro del corral en que estaban los toros recién llegados, mientras lo corneaba un toro. Este lo había atacado mientras estaba lavando el bebedero, y en su prisa por salir trató de pasar debajo de la puerta, sin pensar en que, con lo gordo que era, no iba a poder lograrlo. El toro que había ido tras él le daba con los cuernos en el cuerpo sin que él pudiera hacer otra cosa que gritar.

Juan, su hijo y ayudante, estaba petrificado parado al otro lado de la puerta, sin atinar a hacer nada. No sé cómo lo hice, pero sin parar de correr, aterrada ante el cuadro que tenía ante mis ojos, salté el cerco y caí dentro del corral; me coloqué detrás del toro y, cogiéndole el rabo, se lo torcí tan fuerte que sentí el "crack" de la rotura de uno de los huesos. El toro soltó a Jesús y se volteó para atacarme, pero, habiendo logrado distraer al animal y mientras le gritaba a Juan que abriera la puerta para que saliera su papá, corrí con el toro bramando y buscando venganza detrás de mí. Mirando a todas partes mientras corría para encontrar alguna salida, enfilé hacia el bebedero para librarme del animal. Los bebederos eran compartidos por dos corrales, separados por un cerco de alambre que los dividía, colocado a unos veinte centímetros por encima del agua. Me tiré dentro del bebedero y logré pasar por debajo del agua al otro corral, ante la sorpresa de un par de toros que estaban abrevando tranquilos. El pobre Jesús, aparte de haber sufrido el susto de su vida, estaba bastante golpeado y con un serio raspetón en la pierna causado por el cuerno del toro, al que felizmente ya habíamos despuntado en la mañana, lo que lo libró de daños mayores.

Don Eladio era un viejo ganadero que vivía en el paraje de Las Humedades, a quien había ido a visitar varias veces tratando que me vendiera sus toretes, pero sin ningún éxito, excepto el de regresar siempre con dos o tres cuajadas riquísimas que preparaban sus dos mujeres. Un buen día me mandó avisar que me iba a llevar ocho toretes a vender, pero me advertía que ya los había tasado su compadre que era experto, y que más valía que mi balanza le diera el peso correcto porque si no los regresaba a sus corrales.

Muy temprano verificamos el peso de la balanza con la rueda de fierro que usábamos para esos menesteres, y al fin, a eso de las ocho de la mañana llegó el viejo acompañado de sus hijos, arreando sus toretes. Para llegar al establo, viniendo del Camino Real, había que pasar por la "laguna" que quedaba en la chacra vecina y a la que alimentábamos con agua del pozo. Yo había mandado a un chico a esconderse entre los matorrales que circundaban la laguna para que me avisara si don Eladio, antes de traer su ganado al establo, lo llevaba a tomar agua, ya que la tentación de ponerle unos kilitos de más era grande y la forma de hacerlo muy fácil.

Aunque eran muy pocas las veces que el ganado llegaba caminando al establo, ya en una oportunidad me la habían querido hacer con un toro, y gracias a que los Jiménez, "dueños" de la laguna, me avisaron antes de que cerrara el trato, pude evitar pagar de más por la res.

Hicimos entrar a los toros al brete y luego uno por uno a la balanza. Una vez allí, observándolos de cerca, pude ver que les brillaban los belfos con algunos granitos de la sal, que sin duda les habían dado para incrementar su sed a fin de que tomaran harta agua antes del pesaje.

Efectivamente, mi informante me hizo la seña acordada. ¡Los toros, que parecían preñados de lo panzones que estaban, habían pasado por la laguna! Tratando de mantenerme calmada, una vez pesados los toros, nos sentamos en unos troncos y saqué la consabida botella y copitas de llonque para empezar la discusión. Tenía que evitar avergonzarlo, ni mucho menos insinuar que era un tramposo -lo que era muy difícil, porque lo era, y además me moría de ganas de soltárselo en la cara.

Finalmente, le dije que no era el primer ganadero que trataba de ver si yo conocía de ganado, y que lo felicitaba por su "truco" para asegurarse de que podía negociar conmigo de igual a igual. Ahora que ya sabía que nadie me podía engañar, esperaba su respeto y buen trato y le propuse que se quedaran los toros en un corral, con la misma comida y agua que mis toros. En la noche les quitaríamos el agua y los volveríamos a pesar a la mañana siguiente. El dejaría a uno de sus hijos con los animales para que los cuidara porque todavía eran de su propiedad. Nosotros le daríamos un plato de comida y un lugar para descansar en la noche, allí mismo en el establo.

El viejo me miró sonriendo y, mostrando su boca desdentada y sirviéndose una copita del llonque, me dijo: "Salud con usted, doña Nitty. Es usted todo un caballero y de los antiguos"; y tras vaciar de un trago su copa llenó otra, que me la pasó antes de continuar: "Mis hijos y yo regresaremos mañana para pesar el ganado y arreglar el precio, y esta vez yo traeré el llonque, porque eso sí que todavía no sabe comprar."

Y se fue con todos sus hijos, dejando a su ganado y seguro de que sería tratado tal como se había planteado en este acuerdo "de caballeros". Me ahorré pagar casi treinta kilos por toro, y me gané la amistad y respeto de don Eladio y de su amplia y generosa familia, amistad que perduró todos los años que trabajé el establo, que acabó convirtiéndose en el único centro de venta para las sacas anuales de su ganado.

44.   Vivencias en el establo.

Estoy sentada aquí, en la sala de la casa hacienda. Las ventanas me integran al atardecer de uno de esos días soleados, con una luminosidad en la que todos los colores se vuelven más vívidos, y en la que los juegos de luces y sombras, los sonidos de los pájaros y el viento al pasar entre las ramas de los árboles, me hacen sentir parte de la naturaleza viva que me rodea. Tengo ante mí la foto de mi establo, con el toro 179 en primer plano. Y siguen los recuerdos, de momentos y personas, de experiencias y lecciones....

Don José Vela se presentó un buen día, preguntando por la "patrona", como me siguió llamando por muchos años hasta que dejamos de trabajar juntos; esa buena relación se mantuvo en amistad y creció en afecto. "Con mucho orgullo," como me dijo un día, "me he ganado el derecho de llamarla Nitty."

Él fue uno de los ganaderos que nos abastecía de reses para el establo. Todas sus propias sacas eran, de hecho, para nosotros, y además se ganaba "alguito" comprando y vendiéndonos toretes. Era un verdadero caballero de los antiguos, para quien la palabra valía más que cualquier documento, y estaba lleno de galanterías, cortesías y piropos finos. Desde un principio entablamos una gran amistad, y siempre que llegaba con ganado nos quedábamos conversando un buen rato refrescando la conversa con un buen vaso de chicha o cerveza. Era un hombre alto, grueso, de buena cara; tenía el cabello totalmente cano y un hermoso, grande y poblado bigote. Siempre vestía camisa blanca y un gran sombrero de paja. Era consciente de su hermosa planta, la que paseaba erguido, ya fuera a caballo cuando venía él mismo arreando sus toros, o ya fuera paseando en el pueblo los domingos.

Hace un tiempo vendió su ganadería y su chacra y ahora vive en su casa del pueblo, al lado del mercado. Está en una de esas calles antiguas con las veredas altas, para que el barro de las lluvias en las calles de tierra de entonces no salpicara el interior de las casas. Todavía se ve el agujero que atraviesa la vereda por donde se arrojaban "las aguas", cuando todavía no había los servicios de saneamiento básicos con que ahora cuentan casi todos los pueblos de la costa. Su casa de quincha con los techos muy altos era increíblemente fresca: un refugio para escapar del fuerte calor del verano que concentrándose en el pavimento convertía al pueblo en un verdadero horno. Algunos domingos en que voy al mercado, le paso la voz y nos sentamos en la vereda a tomarnos una cervecita, mientras rememoramos esos días de juventud y planes de vida.

***

Don Jesús, primer caporal del establo, no estuvo mucho tiempo en El Choloque. Él era un orgulloso comunero y tenía "sus hectáreas" en Olmos, en el Caserío Tunape. Solamente tenía una noria y, a menos que lloviera y el río trajera algo de agua, tan solo sembraba una parcelita en la que regaba "a pulso" con agua de la noria los consabidos cultivos de subsistencia como zapallos, lentejitas y algo de maíz blanco.

El año 72 fue un buen año en lluvias, y don Jesús, acompañado de Cata, su esposa, se regresó a Olmos para sembrar su parcela y recuperar su orgullo de agricultor independiente. Juan, su hijo, tomó su lugar superándolo con creces, ya que el viejo, entre el orgullo y la flojera, se negaba realizar algunas tareas que había decidido que no eran para él y las relegaba en su ayudante.

***

Juan fue el trabajador más inteligente y ávido de aprender que ha pasado por el Choloque. Cuando cerramos el establo, no dudé en ponerlo de auxiliar en la oficina, y se esmeró tanto en aprender que muy pronto casi todo el trabajo administrativo que hay en un fundo ya estaba a su cargo, y yo solo tenía que supervisarlo. Juanito se convirtió en mi brazo derecho, tanto en la chacra como en las otras tres empresas que formamos posteriormente.

Yo estaba en Lima cuando me avisaron que había fallecido en un accidente. Fue una de las noticias más tristes que he recibido, y me tomó mucho tiempo asimilar el hecho de que ya no estaría en la oficina dándome todo el apoyo que significaban su labor y su amistad y cariño.

Juan se había ido en su moto al pueblo un sábado por la tarde. Le gustaba tomar su cerveza con los amigos y esa vez se le pasó la mano. Regresando al choloque tuvo un primer accidente, en el que se estrelló contra el muro del puente. Allí lo auxilió un amigo que pasaba en su moto taxi, quien trató de convencerlo sin éxito de que no continuara su viaje. Había avanzado unos kilómetros y, pasando el Cerro de la Vieja, se salió de la pista estrellándose esta vez contra un tocón de algarrobo al lado de la berma opuesta. Quedó tendido en la pista, donde dejó su vida y un vacío y tristeza inmensa en todos los que estuvimos cerca de él. Ni bien me enteré de la noticia, regresé al Choloque en uno de los viajes más tristes que he realizado en mi vida. Quería acompañarlo en sus últimas horas en El Choloque y estar con Aurora, su esposa y con sus padres, don Jesús y Cata, cuya pena no tendría consuelo.

***

Tanto Juan como José y yo, aprendimos muchísimo sobre los toros, sus enfermedades, problemas y los tratamientos respectivos. Los tres poníamos suero a los toros y hacíamos concursos sobre quién encontraba la vena al primer intento, lo cual no era nada fácil pues había que atravesar el cuero del cuello.

El Dr. Godoy, nuestro maestro en temas veterinarios, nos había dejado un remedio específico para una de las enfermedades comunes en la zona: la anaplasmosis. Nos había advertido que teníamos que tener mucho cuidado en aplicarla, porque era un potente veneno que solo debíamos utilizar cuando estaba presente esa enfermedad. Y un día se presentó. Habíamos probado con todo y leído el libro de consulta diez veces, y decidimos que no había más opción que inyectar el tal remedio. Preparamos al toro, jeringas y demás y, al leer las instrucciones del frasco, resulta que decía claramente que, por ser una medicina sumamente peligrosa, debía inyectarse en un lugar de absorción lenta y que ese lugar tenía que ser "el pago". Hasta allí llegaron nuestros preparativos. Ni Manolo sabía dónde quedaba el tal pago en el toro. Ya cuando nos íbamos resignando a que el toro se muriera, Manolo se apareció con la enciclopedia en la mano y al fin lo encontramos: "Dícese del pliegue que forma la cola a la altura del ano." Por supuesto me tocó a mí ubicar el pago y aplicar la tal medicina, que para compensar los trabajos resultó la acertada y se curó el bendito toro.

***

En esos tiempos no había el servicio de vacunación del ganado que hoy existe a cargo del SENASA, y que permite que todo el ganado esté vacunado contra fiebre aftosa y fiebre carbonosa. Todo ganadero sabía que la fiebre carbonosa es una enfermedad muy peligrosa y que se transmite al ser humano, de manera que, ante la sospecha de su presencia, el ganado que muere debe ser incinerado y enterrado.

En una oportunidad, a un vecino nuestro se le murió un toro y, por tratar de compensar en algo la pérdida que esto le significaba, llamó a un sobrino y con este y su hijo pelaron el toro para vender al día siguiente la carne por los caseríos. Como es costumbre, algo de la carne se va asando a la brasa mientras se carnea el toro, y tanto su sobrino como el hijo comieron sendos trozos con ese bendito apetito de la juventud. Terminada la faena, quedaron en saldrían temprano con la carreta llevando la carne. En la noche, el hijo enfermó con fiebre alta y convulsiones. Aterrado por las consecuencias de su irresponsabilidad, el viejo llevó a su hijo al hospital de Lambayeque, y les explicó a los médicos que podía deberse a que "al muchacho le han regalado un pedazo de carne de un toro que parece que hubiera muerto con carbonosa."

Gracias a la información dada por el viejo y a que lo llevaron a un hospital, el hijo logró salvar la vida.

El sobrino no tuvo tanta suerte. De familia mucho más pobre, fue llevado a Motupe, donde, sin tener idea de lo que había causado los síntomas tan violentos, el enfermero que lo atendió se limitó a ponerle suero; mientras tanto, la familia especulaba que alguien le había hecho "daño" o que tal vez estaba ojeado, en cuyo caso la medicina lo pondría peor. Él no sobrevivió. Falleció esa misma noche ante la desesperación de sus viejos, de su mujer y de sus hijos, que no entendían qué podía haber causado esta tragedia. Recién después se supo la verdad, y aunque la hermana y la madre del muchacho no llegaron a denunciar al viejo, las familias dejaron de hablarse hasta el día de hoy. El viejo, causante de todo, no superó la vergüenza ni la culpa, y se recluyó en su chacra. A veces me lo encuentro en el camino, siempre con la cabeza baja, sin levantar la mirada, y con todo el sentimiento de culpa ante quienes, él lo sabe, conocemos la verdadera historia.

***

El año 1974 fue un buen año para los ganaderos. Llovió lo suficiente como para que el pasto de los planos y los montes creciera, y las crías de los campesinos, sea de cabras, ovejas o vacunos, se incrementaron gracias a la buena alimentación y las pariciones posteriores.

Convencida por don Marcos Barragán, me fui a negociar con la comunidad de Olmos el alquiler de una zona de pastos para llevar allí a mis toros y aprovechar la bonanza de las pasturas. Nos cedieron, previo pago de mil soles por mes, la zona del cerro Punpurre, que estaba a un lado del camino a Las Norias. Era increíble ver zonas tan áridas convertidas en pastizales de tal altura, en los que apenas se nos veía la cabeza y el ganado se perdía entre ese verdor exuberante y tan poco frecuente.

Llevamos el ganado, que se quedó bajo el cuidado y responsabilidad de Juan y José, felices de pasar un mes en su tierra y muy cerca de la casa de sus padres, quienes los alimentarían y acogerían ese tiempo. Hicimos un corral pequeño al pie del cerro para poder llevar, en caso fuera necesario, a cualquier toro enfermo o herido y ponerlo en observación o curarlo. En lo alto del cerro había un jagüey con abundante agua, de manera que los toros no iban a bajar hasta que se les terminara el pasto, del mismo modo que el trabajo de Juan y José consistiría principalmente en realizar rondas para contar el ganado y verificar que no hubiera faltantes.

El primer día que fui a "pasar vista" al ganado, acompañada por los dos vaqueros, decidí subir a conocer el lugar y ver por mí misma este "ojo de agua" que brotaba casi por milagro. Durante toda la subida por ese paraje agreste y plagado de rocas, me admiré de la vegetación extraña, en la que se mezclaba el verdor de plantas tropicales con la austeridad de los cactus, sábilas, San Pedros y toda la gama de suculentas propias de los desiertos. A unos veinte metros de altura estaba la primera poza de agua. Era una roca grande, horadada por la caída de agua de épocas anteriores. El agua discurría en cascada desde otra piedra más alta, y esta, a su vez, la recibía igualmente de otra situada más arriba. Contamos cuatro pozas de agua cristalina, con sus hermosas cascadas sombreadas por los árboles de palo santo, angolo, obero y otros cuyos nombres no conozco, que antes de las lluvias no eran sino troncos secos, aparentemente muertos. Bajo la fresca sombra de los árboles, sentados al pie del jagüey que nacía en la grieta de una roca inmensa, se nos perdía la vista en un valle verde, interminable, limitado de un lado por el Cerro del Muerto y del otro por el Cerro de la Virgen. La fauna nativa también había cambiado. Se sentía más intenso el trinar de los pájaros y cruzaban los pacazos y las iguanas, y hasta los toros que tratábamos de ubicar con los largavistas que llevaban Juan y José constituían un agregado a la belleza del paisaje.

Los toros permanecieron cerca de dos meses en esos pastizales. Aunque no les faltaba el alimento, su proceso de engorde no avanzaba como con las raciones que preparábamos en el establo, y finalmente los trajimos de regreso al Choloque. Poco antes me llegó la noticia de que se había perdido un torete. Sentamos la denuncia respectiva y contratamos varios "rastreadores", que trataron de hallar las huellas del toro extraviado o de posibles abigeos que pudieran habérselo llevado, pero nada dio resultado.

Don Marcos, nuevamente, me recomendó que lo hiciera rastrear por don Emiliano, un brujo muy respetado de la vecindad que se especializaba en hallar cosas y almas perdidas. Ante el apoyo que todos los trabajadores en la chacra le dieron a esta recomendación, me fui al brujo llevando las marcas con el número del toro (502), y también una botella de oporto más algo de fruta para pagar sus servicios, ya que podría ofenderlo si le ofrecía dinero porque estaba en deuda con nosotros por el agua que le dábamos para su ganado. Después de casi una hora de conversa y lectura de cartas, que por cierto lo hacía con una "despaciedad" desesperante, nos dijo que no siguiéramos buscando al toro porque estaba muerto. Aparentemente se había desbarrancado porque al brujo se le aparecía quebrado y en la oscuridad. Agradeciéndole por los servicios, nos retiramos de lo más descorazonados ante la falta total de ayuda en que había resultado la consulta. Poco antes de traernos de regreso a los toros de los pastizales, un campesino de Tunape, caserío cercano al cerro Punpurre, le avisó a Juan que había encontrado al toro. Buscando una cabra y sus crías por una quebrada, había encontrado debajo de un risco al toro muerto, al parecer desbarrancado.

***

Dos años después, y también a raíz de las lluvias, alquilamos unos pastizales en Motupe, al pie del cerro Chalpón. No estuvimos mucho tiempo porque el pasto no era tan bueno y tampoco había agua. Teníamos que llevarla en cisternas al pie del corral hecho especialmente para ello, incluido un bebedero de cilindros.

Menciono el hecho porque allí también perdimos un toro. Lo buscamos en las cercanías sin mayor éxito, y luego volvimos donde don Emiliano para la consulta respectiva. Esta vez nos explicó que el toro había sido robado por abigeos, pero que se les había escapado. Teníamos que ofrecer recompensa por radio inmediatamente para tratar de recuperarlo. El toro estaba con sentencia de muerte porque los abigeos lo estaban buscando y su destino era el camal. Nos dijo que lo había visto junto a otro ganado, en una zona relacionada con la palabra agua, que se repetía como un aviso. También había visto a una mujer "de buena cara", o sea blanca, que caminaba entre el ganado. Ese mismo día pusimos un aviso ofreciendo una buena recompensa, y a los dos días llegó a la casa una mujer blanca, serrana de Celendín, quien nos dijo que el toro se había juntado a su vacada y que estaba en sus corrales. Nos explicó cómo llegar a su terreno, que quedaba en un caserío retirado cerca de Salas y se llamaba "La Noria Nueva."

Todo lo que nos dijo el brujo nuevamente se cumplió, y esa misma tarde regresamos al toro a los corrales. Así empezó una particular relación entre mi vecino el brujo y yo, con muchas consultas en el tiempo y también con alguna que otra puesta de mesa. Para mal de muchos, don Emiliano ya casi no atiende a extraños por un mal a "las vistas" que le dificulta su trabajo. La última vez que nos atendió fue cuando mi hijo, Álvaro, se enfermó gravemente. Ni bien partí a Lima llevándolo al hospital, Mariano y los antiguos del Choloque fueron a ver al brujo llevándole una foto y rogándole que hiciera una lectura sobre su salud. El viejo accedió, y esa misma noche Mariano me llamó para decirme que no me preocupara porque don Emiliano les había dicho que la enfermedad nos iba a dar muchos trabajos, pero que el muchacho se sanaba por su voluntad y que nunca más le volvería la enfermedad.

A veces voy a verlo recordando sus palabras después de una consulta, hace ya muchos años: "Ni usted ni yo volveremos a tener otro compromiso, así que no olvide venir para compartir las soledades."

45.   Coleta.

Desde la primera experiencia como "hacendada" en Jecuán, aprendí que entre los activos de mayor valor que uno puede tener en un fundo, y aunque no puedan incluirse en el inventario ni sumarse al patrimonio, está la buena gente que uno pueda reunir y conservar a lo largo de los años. Y no me refiero solamente a la capacidad o eficiencia en el trabajo, sino a los valores morales, al carácter y al afecto que llega a existir entre quienes trabajamos y vivimos juntos.

Estaba por continuar con los recuerdos de la vida en Jecuán cuando entró a la oficina "Coleta", como llamábamos a José.

-Quisiera conversar con usted unas palabras, señora -me dijo con una voz tan temblorosa, que levanté la vista de la computadora y vi que estaba con lágrimas en los ojos.

-Qué pasa, Negro -le dije.

-Vengo a presentarle mi renuncia irrevocable, señora —me respondió.

Yo no podía creer ni aceptar que José se fuera. Simplemente era parte del Choloque y de nosotros, y no entendía qué podía haber sucedido para que tomara esa decisión. Trató de explicarme sus razones diciéndome que debía mucha plata y que ya no podía vivir tranquilo. Necesitaba ganar más y sus hijos lo habían convencido de que con su indemnización comprara un "toro" —una especie de mototaxi con cabina—, con el que podía trabajar en la ruta a la Cruz de Chalpón y ganar algo más. Esto, sumado a la "jubilación" que pedía por retirarse, le daría un ingreso mayor que el que recibía en la chacra. La verdad es que los hijos habían "sacado mujer", y que, con ellas, más los críos, habían ido a dar a la casa de José, de modo que ahora vivían a costa de él. Además, su mujer era fanática de los gallos y no había jugada que se perdiera ni en la que, por supuesto, dejara de apostar. Ya me imaginaba los líos en que estaría metido, y aunque traté de hacerle ver que mejor sería que él se viniera a vivir con su mujer al Choloque, donde tenían una casa para ellos dos, y que dejara que los hijos se las arreglaran solos en Motupe, yo sabía que me iba a decir que no. La verdad es que a su mujer nunca le gustó la chacra, menos ahora que las nueras hacían las tareas de la casa y ella era "la señora", con todo el tiempo del mundo para hacer lo que quería.

José Coleta, un muchachito de diecisiete años, flaco y pelucón, llegó al Choloque a principios de 1970 como ayudante del albañil que habíamos contratado para construir la primera casa para los trabajadores de las doce que iríamos construyendo poco a poco en los años "buenos". Los albañiles hacían semana en la chacra y dormían en lo que más tarde sería la pampa de fútbol, que era la zona que habíamos escogido, por la calidad de su tierra, para hacer los adobes. Se acomodaban detrás de las rumas de ladrillos y durante las noches los escuchábamos bromeando y riendo mientras jugaban "casino" a la luz de un candil. A veces destacaba la voz de Coleta "llorando" su pasillo favorito, Resignación, sobre penas de amor. Por años fue el soltero más codiciado en varios kilómetros a la redonda, y no había fiesta ni partido de fútbol que se perdiera ni "bailona" nueva que se le escapara de, por lo menos, una apretadita disimulada durante el baile.

El colmo de su entusiasmo por las chicas fue una vez que llegó a trabajar una chica verdaderamente bonita, Edi, que traía a Coleta literalmente "de un ala". Una noche en que estaba desvelada, me levanté despacito para no despertar a Manolo e irme a la sala a leer un rato. En eso sentí un ruido afuera y, atisbando por la ventana de nuestro baño, alcancé a ver al galán que se metía en el dormitorio de las chicas de servicio. Yo sabía que era una simple travesura romántica, pues en ese tiempo dormían allí, además de Edi, Dora y Mila. Tratando de disimular una sonrisa al imaginarme de antemano el "chucaque" que se iba a llevar el pobre Coleta, salí de la casa y entré en el cuarto.

El susto que se dieron todos los culpables fue el mejor castigo que podrían haber recibido. José, que se había perfumado con su loción "Salvaje", por la que ya era conocido hasta por los toros, se tropezó con el banco y cayó sentado, mientras que las chicas cómplices se tapaban la cara y Edi se quedaba tiesa, parada al lado de la ventana, con MI bata de seda puesta y un sospechoso e inconfundible olor a "Opium" MI perfume favorito. Aparentando estar muy pero muy enojada, le pedí a José que saliera y que se fuera, y le dije que el Ingeniero lo vería en la oficina a primera hora en la mañana. El frustrado enamorado se fue con el rabo entre las piernas, y me imagino que pasó la peor noche de su vida, seguramente creyendo que lo íbamos a despedir.

José llegó a ser el caporal del Centro de Engorde que teníamos en El Choloque, y fue un excelente trabajador con el que se podía contar a cualquier hora de la noche, sobre todo en las innumerables ocasiones que tuvimos que aplicar suero a los toros enfermos. Luego, cuando cerramos el establo, pasó a ser caporal de cosecha, siempre consciente de la importancia de su trabajo y llevándose bien con todo el personal a su cargo, que en muchas oportunidades pasaba de cincuenta trabajadores entre hombres y mujeres.

Lo que sí, Coleta siguió tan picaflor como antes, pese a la doña que trataba de apretarle el cincho, aunque de lejos, porque como ella era de las familias importantes de Motupe, después de algunos años de vivir en el Choloque se mudó al pueblo, dejando solo y libre a José para continuar "traveseando" a sus anchas. José se hacía querer por todos, y cuando se casó lamentamos su ingreso a la familia Rodríguez. Lidia, su esposa, tenía una recua de hermanos, todos ociosos y expertos en vivir de los demás, que terminaron gastándose los ahorros de José en la compra de un camioncito que, antes del mes, ya habían destrozado en un choque mientras manejaban borrachos regresando de una pelea de gallos en Jayanca. Uno de ellos tuvo la desvergüenza de intentar violar a Lola, la hermana del caporal, quien trabajaba y vivía en casa. A raíz de este hecho fuimos a Escusa Baraja a buscar a los "mayores" Rodríguez, y les advertimos que quedaba prohibida la entrada al Choloque para todos sus hijos, porque con el pretexto de visitar a la hermana que vivía ya con José en la casa del establo, entraban y salían del Choloque como Pedro en su casa.

Una noche, llevábamos varias horas poniéndoles suero y antibiótico a varios toros que estaban enfermos, muy preocupados por uno en especial que no mejoraba. Estábamos sentados allí desde temprano, alumbrando al paciente con una lámpara Petromax, esperando que mostrara síntomas de mejoría. El tema era que el toro tenía que orinar ya sin sangre, lo que significaba que podíamos irnos a dormir tranquilos. Cerca de la una de la mañana decidí que era demasiado tarde y que dejaríamos al bendito toro para irnos a dormir. En ese tiempo José todavía era ayudante en el establo, y su papá, don Jesús, era el caporal. Apagamos la Petromax y emprendí el regreso a casa con José como compañía, cuando en eso sentimos el ruido del toro que, aparentemente por tímido, había decidido aprovechar la oscuridad para descargar los dos litros de suero que le habíamos puesto. Apurándome para lograr ver la orina, prendí mi linterna de mano y alumbré hacia el corral de enfermos, pero acabé pescando al pobre don Jesús que orinaba con un gesto de alivio en su cara, como si el suero lo hubiera recibido él, feliz de que al fin "la señora" había decidido irse.

Aparte de su trabajo, José era quien siempre me acompañaba cuando tenía que salir tarde del Choloque a Motupe o a alguna reunión en otros fundos. Se quedaba sentado en la camioneta, esperándome sin importarle la hora. La mayoría de las veces no tenía ni que pedírselo. Bastaba con que se enterara que iba a salir para que fuera a verme ofreciéndose a acompañarme.

Va a dejar un gran vacío en todos nosotros, y nos va a hacer mucha falta su presencia, su alegría y su disposición a ayudarnos en todo. Él es una prueba viviente de lo bendecidos que hemos sido en tantas cosas.

Adiós, Coleta, siempre serás parte del Choloque y de nuestros recuerdos.

46.   Un niño morito.

La primera vez que fuimos conscientes de que colindábamos con un río, fue en el verano de 1972. Las últimas lluvias, de las que todos hablaban, habían caído en el verano del año 1965, meses antes de que llegáramos a Las Norias. Aún no habíamos gozado de las lluvias propias de la zona tropical en la que se ubica Lambayeque, departamento al que la fría Corriente de Humboldt protege celosamente manteniendo ese clima propio del trópico seco. Tampoco se sabía nada sobre los fenómenos de El Niño, y por lo tanto ese primer Niño pasó sin ser bautizado, como un fenómeno inusual y sin mayor temor a que se repitiera.

El río bajó desde los primeros días de febrero y, ya pasadas las lluvias en la costa, se mantuvo corriendo hasta fines de mayo, alimentándose de las lluvias de la sierra. Fue una hermosa temporada y todos disfrutamos la novedad de escuchar el golpeteo de la lluvia sobre los techos, verla caer sobre los platanales y sentir ese fuerte olor a tierra mojada. Manolo estaba feliz de no tener que encender el motor y así ahorrar el gasto que eso implicaba. Aprendimos a juntar agua en baldes y cilindros, y al bañarnos aprendimos también lo que es un agua "dura", ya que el jabón no se disolvía y terminábamos el baño todos pegajosos y con la sensación de que no nos habíamos enjuagado. Para ese entonces ya vivían en El Choloque varios de los trabajadores y sus familias, y era un gozo ver cómo disfrutaban sus hijos y los nuestros, saltando y corriendo bajo la lluvia y bañándose a la orilla del río huyendo del fuerte calor del verano. También ese año aprendimos lo que era una verdadera plaga: de grillos, sapos y las espantosas tarántulas, que buscan las áreas secas metiéndose a las casas para horror de la señora Nitty, que hasta el día de hoy no puede ni verlas. Los chicos organizaban carreras de sapos y mil juegos más con estos pobres animalitos, y los pavos engordaban comiendo todo el día los grillos que se salvaban del recogedor y la escoba.

Pero la naturaleza tiene sus modos de dar y quitar, como para hacer sentir claramente su poder y su presencia y ponernos así en nuestro lugar cuando olvidamos su importancia en nuestras vidas.

Una mañana tomábamos desayuno sintiendo la suave garúa con que se despide la lluvia de la noche. En eso escuchamos los gritos del hijo de Chabelo, el guardián, que tenía su casita a la entrada del Choloque, al lado del río. Había venido corriendo y nos contó, entre jadeo y jadeo, que había unos gringos al otro lado del río gritando a todo pulmón si estaba el ingeniero. Manolo se levantó inmediatamente y salió caminando al río para ver de quién se trataba. Eran familia: Antonio y Magu Bazo, primos nuestros por Santa María, con sus hijos. Iban de camino a Talara planeando pasar unos días con nosotros. Habían llegado al desvío de El Choloque ya de noche y en medio de la lluvia, y, sin medir las consecuencias, se habían adentrado en el camino hasta que se quedaron atollados en uno de los tantos charcos de agua que había formado la lluvia nocturna. Tuvieron que permanecer allí toda la noche y al amanecer los encontraron los Barragán, quienes salían con su camión rumbo a Túcume para traernos paja de arroz para el ganado. Los habían ayudado a salir del atolladero y jalado hasta el desvío a su casa, ya cerca del río. De allí habían caminado todos hasta la orilla para tratar de comunicarse a gritos con la otra vera, para que nos avisaran y así ayudarlos a llegar a la casa. Pese a que el río estaba bastante cargado, Manolo cruzó no sin antes amarrar una soga al tronco de un algarrobo de la orilla. Después de los abrazos y explicaciones, acordaron que dejarían su carro en casa de los Barragán y que estos los traerían en su camión hasta el Choloque por el Camino Real. Manolo regresó ayudándose con la soga y cargando en sus hombros al "gringo", el hijo de Toni y Magu, quien estaba fascinado con la aventura de cruzar el río con el tío Manolo y a quien no hubo quién lo convenciera de lo contrario.

El Camino Real había sufrido los embates de la lluvia y el rebose de los canales de riego, sobrecargados con el agua que la Junta de Usuarios derivaba por cuanta compuerta había ante el temor de que se inundara el pueblo con el agua de los canales que lo cruzaban. El caso es que, a mitad de camino, se atolló el camión de los Barragán y los Gringos llegaron horas después a bordo de un viejo tractor. Estuvieron unos días con nosotros, compartiendo la tertulia y la guitarra y también la escasez, la humedad y todos los bichos. Por fin, aprovechando la bajada del nivel del agua pudieron cruzar el río y, nuevamente con la ayuda de los Barragán, seguir su viaje al norte. Después supimos que habían pasado la mar y morena en el trayecto. Se encontraron con un sinfín de interrupciones por daños en la carretera, y terminaron embarcando su carro en un barco de la Marina Peruana y regresando por mar hasta el Callao.

Un lunes temprano, Mauro, el caporal, nos trajo una muy mala noticia. Había viajado el domingo a Olmos a visitar a sus padres, preocupado por la crecida del río Olmos y por las noticias de los daños que estaba causando en las parcelas aledañas.

El sábado en la noche había llovido largo y muy fuerte, y de la quebrada del Cerro El Muerto había bajado un aluvión que se llevó consigo la casa hacienda de Las Norias. El Ingeniero Carlos y su familia lograron protegerse del agua subiendo al Cerro de la Campana, que quedaba al lado de la casa, y desde allí, empapados por la lluvia y en plena oscuridad, sintieron el ruido de la casa al ser destruida y arrastrada por el agua. Impotentes ante la fuerza de la naturaleza permanecieron toda la noche a la intemperie. Ya con la luz del amanecer confirmaron sus temores: de la casa, y de todo lo que en ella había, no quedaba nada. Ese mismo domingo partieron hacia Lima, donde la familia se quedaría hasta ver que harían, aunque sin siquiera imaginar que nunca más regresarían. Carlos, ante el temor de la expropiación por la Reforma Agraria que estaba en pleno vigor, no quiso invertir más en reparar los daños ocasionados a la infraestructura de riego y cultivos, y, desoyendo los ruegos de Manolo que lo animó hasta el último momento a quedarse, entregó Las Norias a la Reforma Agraria. Se formó una Cooperativa con los trabajadores, quienes nunca pudieron entenderse entre ellos, y el fundo terminó parcelándose en un damero de pequeños lotes, con lo que perdió así la unidad que la hacía fuerte y próspera.

Estábamos cenando con los chicos una de esas noches de lluvia, cuando alcanzamos a ver una luz que se acercaba a la casa desde el camino de ingreso. A poco se escucharon unos gritos, y ya preocupados salimos con Manolo a la terraza. Mientras veíamos la luz de linterna que avanzaba hacia nosotros, alcanzamos a escuchar y reconocer la voz de Chabelo que gritaba: "¡Ingeniero, el río corre al revés, el río corre al revés y se está llevando mi casa!"

Sin demora, y mientras que yo recibía a Angelita, la esposa de Chabelo, y a sus hijos y corría a buscar ropa seca y disponer algo de comida para ellos, Manolo y Chabelo se fueron a las casas más cercanas a avisarles a los trabajadores que ya vivían en sus casitas nuevas en el Choloque: Mauro, Domingo y Lorenzo, para tratar de salvar parte de los muebles y el menaje de la casa. Me moría por ir con ellos para ver ese río que corría al revés y ser parte de todo el ajetreo, pero con mi cuarto embarazo en casi ya los nueve meses, y con mi obligación de abrigar, alimentar y calmar el susto de los damnificados, tuve que conformarme y asumir mi papel de patrona en la casa. Ya después del regreso de los hombres, y luego de dar de comer y alojar a la familia de Chabelo en la entonces oficina, Manolo nos contó los sucesos de esa primera lucha contra ese río que tantos sinsabores nos traería en el futuro. Efectivamente, mientras corrían, ya al final del camino en medio del platanar, el agua regresaba hacia ellos en sentido contrario al cauce del río. Había un canal en esa zona, que era más baja que el lecho del río, y este, al desbordarse, había entrado por la puerta de entrada del canal hasta rebalsarlo y luego bajado hasta inundar el camino. Una vez explicado el fenómeno, llegaron a la casa de Chabelo y vieron con gran temor que el río ya estaba adentro y que el agua se salía por las ventanas. Sin pensarlo mucho se metieron a sacar lo que pudieran, sobre todo el televisor a batería, que estaba sobre una repisa alta en la pared. Los pocos muebles flotaban junto a los platos y a cuanta cosa imaginable que no se había hundido. Lograron salvar todo lo flotante y hasta sacar dos de las camas de metal, y pusieron todo en la zona alta del platanar. No habiendo más que hacer, regresaron preocupados y empapados, y acordaron ir al amanecer, aunque convencidos de que ya no encontrarían la casa. Al día siguiente, el río ya estaba nuevamente en su cauce y la casa de Chabelo estaba intacta, con la marca del agua a la altura de las ventanas, ¡pero se había salvado! Lo que sí encontraron dentro de la casa, en medio del barro, fue un pato que llegó con el agua desde Dios sabe dónde. Cuando se vio que ya menguaban las lluvias, Manolo reemplazó las pérdidas de muebles y enseres, y Chabelo y Angelita regresaron con los chicos, el perro y el pato, que ya formaba parte de su nuevo patrimonio.

Cuando vimos que el río tenía para rato, y dado que ya habían empezado las clases en el colegio de Anchovira, al que iban Cali y Santiago junto con los hijos del caporal y de algunos trabajadores y vecinos del otro lado del río, decidimos organizarnos para que no perdieran más clases. Con uno de los trabajadores los cruzábamos al hombro todas las mañanas, y hacíamos hasta tres viajes cada uno. Ya en el otro lado nos esperaba la camioneta y yo los llevaba al colegio. Como estudiaban mañana y tarde, arreglamos con un restaurante de la carretera para que les dieran almuerzo: un plato de sopa y otro de arroz con huevo frito. Este arreglo fue el resultado de la experiencia de Santiago en su primer día de clases, al cual llevó lonchera. Su mami, todavía con dejos de limeña, le preparó unos sándwiches, un huevo duro, su refresco y algo de fruta. Resulta que cuando llegó la hora de almorzar, los que se quedaban en el colegio se sentaron en el patio formando un círculo, haciéndole lugar a Santiago. Todos pusieron sus ollitas o portaviandas al medio, y con cuchara en mano procedieron a servirse un poco de todas las ollitas. No faltaron quienes se sirvieron de la lonchera de Santiago y, antes de que él reaccionara, ya solo le quedaba la fruta y el refresco. "¿Por qué no me pusiste cuchara, mami? Se comieron todo mi almuerzo y yo no podía comer su comida; solo me quedaron los plátanos", me dijo quejoso al regresar de su primer nefasto día. Por un tiempo accedimos a prepararle su lonchera tal como él la quería: arroz con tomate, cancha y una botella con agua de avena o chicha fresca de maíz. Se sentía feliz almorzando con sus compañeros de acuerdo a la costumbre establecida, pero como él también comía de todas las ollitas, varias veces regresó con malestar de estómago provocado, probablemente, por el pescado seco y salado que es tan común en esta zona.

En otra oportunidad también se quedó sin comer. Según nos contó, había llegado algo tarde, y tuvo que colgar su morral con la comida en una rama muy baja del árbol al lado del colegio, en el que todos dejaban sus almuerzos. Cuando llegó la hora de almorzar, encontró su morral en el suelo y a un chancho de la vecindad despachándose toda su comida. Felizmente, después de correr a patadas al "coche" ladrón, sus amigos le habían permitido comer una cucharada de cada ollita, y así había resuelto parcialmente el problema. En las tardes, a eso de las cuatro, la señora Nitty cruzaba nuevamente el río y los iba a recoger al colegio. Ya al regreso tan solo cargaba los maletines y la ropa que todos se quitaban ni bien bajaban de la camioneta. Medio calatos y felices se tiraban al río y jugaban con los perros que ya los esperaban, y también se dejaban llevar por la corriente para luego regresar aguas arriba y repetir una y otra vez la aventura hasta que se imponía el orden y, ya casi oscureciendo, partíamos a la casa para hacer las tareas.

Algunas veces en que Manolo tenía que ir a Chiclayo en la única movilidad que teníamos y no iba a regresar a tiempo por los colegiales, tuve que salir a pie a la pista y "tirar dedo" para que alguien me llevara a Anchovira a recogerlos. Tan solo había una línea de buses, que generalmente no paraban cuando veían una caterva de chiquillos que llenarían el bus pagando además solo medio pasaje. En una oportunidad llevábamos ya más de media hora esperando que algún camión o camioneta nos recogiera antes de que cayera la noche, cuando paró un volquete. No hubo más remedio que subirnos todos en él, y llegamos a El Choloque trepados sobre la carga de ripio destinada a arreglar algún camino malogrado por las lluvias.

La camioneta station wagon que teníamos en ese tiempo, se quedaba estacionada en la orilla del río, frente a la chacra. Era impensable salir con ella por el Camino Real, lleno de pozas de agua y de huellas profundas en el barro, dejadas por los camiones y tractores que sí podían transitar por él. Una mañana en que Manolo se iba a Chiclayo temprano después de una noche de fuertes lluvias, se dio con que no podía cruzar el río por lo cargado que estaba. Con gran susto, vio que la camioneta no estaba donde la había dejado, ni tampoco los árboles ni parte del camino. El río había ganado terreno y el "estacionamiento" ya no existía. Pensando ya que el río se había llevado la camioneta, alcanzó a ver que, por el camino, al otro lado del río, se acercaban los Barragán. Llegando estos a la orilla le gritaron que no se preocupara. Habían sentido el ruido de la crecida del río y, pensando en la camionetita, habían salido de sus casas para llegar con las justas, porque la camioneta ya flotaba en el agua movida por la corriente. Sin pensarlo dos veces se habían metido con el agua a la cintura, y habían logrado sacarla del peligro y ponerla en una zona alta. Venían al río para, ya de día, llevarla a su casa y dejarla en un lugar seguro hasta que el ingeniero pudiera salir y ver qué hacía.

Fueron miles de pequeños y grandes cambios para todos nosotros los que trajo consigo El Niño, y aunque si bien tuvimos que enfrentar muchos problemas como consecuencia de los embates de la naturaleza, lo mejor de todo fue que de alguna manera los superamos y no nos impidieron disfrutar de las cosas hermosas que esto también trajo: la lluvia, el verdor de los campos y los cerros, el río con su agua fresca que fue la delicia de los chicos, la unión de todos los que vivíamos en el Choloque para afrontar los cambios, y la solidaridad que se hizo presente en todos para ayudar a Chabelo, a su familia y a otras familias vecinas, también afectadas por este pequeño Niño Morito.

47. Mi comadre de pelo.

Estaba preparándome un café, mareada por el locutor de Radio Star de Motupe, que toda la campiña, incluyendo a las señoras que trabajaban en la casa hacienda, escuchaba desde el amanecer. Era la mejor manera de enterarse de los chismes, encargos, cumpleaños, nacimientos, muertes, pleitos, robos y cuanto suceso se daba en las campiñas y pueblos desde Olmos hasta Lambayeque. En eso escuché un nombre conocido: el locutor estaba anunciando el fallecimiento de Angélica Falla Muro, e invitaba a la compaña y al entierro de la finadita.

Terminé de preparar mi café recién pasado y salí sintiendo cierta nostalgia, recordando a la finadita, una dama de abolengo que siempre encontraba en las fiestas de los colegios, porque era la madrina más cotizada por su generosidad. Caminé despacio hacia la oficina. Eran las 6:30 de la mañana y pronto llegaría la gente a la "lista" para la distribución del trabajo. Buscando algo de calor en esa fría mañana, me senté al sol en uno de los troncos que rodean la canchita de fútbol y me vinieron las imágenes de la "Gela", como la llamaban todos. No es común conocer a alguien que ha llevado una vida de tanto sufrimiento, como la Gela, y que a la vez haya pasado por ella siempre feliz, sonriendo y gozando de cada momento, tomando siempre sus tragedias por alegrías y sin ver la maldad en aquellos que, aprovechándose de su condición, le hicieron tanto daño.

Gela trabajaba en una conocida tienda de Chiclayo como dependienta. No era nada fea y estaba feliz de que sus hermanos le hubieran dado permiso para trabajar en la ciudad. Claro que vivir con sus padrinos la obligaba a ayudar en el trabajo de la casa ni bien llegaba de la tienda, pero de todas maneras era mejor que estar en el monte. Además, a veces hasta se escapaba al parque los domingos para dar una vuelta con sus compañeras de trabajo u otras amigas del barrio.

Su estadía en Chiclayo ya andaba por los dos años cuando, una mañana, la llevaron del trabajo en un taxi a casa de sus padrinos. La Gela había caído soñada en pleno trabajo, y el dueño de la tienda no quiso tener nada que ver con el gasto ni las consecuencias de lo que fuera que le pasara a la muchacha. Los padrinos llamaron inmediatamente a los hermanos de la Gela, quienes se aterraron al escuchar los lamentos de su hermana por el terrible dolor de cabeza que sufría. Sin conseguir que les dijera nada sobre qué le había pasado, y al parecer sin reconocerlos, optaron por llevarla a Motupe a casa de su madre. Por varios días, en medio gritos por los dolores de cabeza y abrasada por la fiebre, Gela se debatió entre la vida y la muerte sin recobrar del todo la conciencia. La vieron primero los dos médicos del pueblo y luego llamaron al boticario que conocía la cura para todo. Como la "medecina" no lograba aliviarla, hablaron con el brujo más conocido de Motupe, quien hizo que la llevaran a un lugar especial en el monte, bajo un algarrobo, donde la trabajó toda la noche alternando las oraciones con los sonidos de sus maracas. Lo reforzaron dos ayudantes, que bebían San Pedro y soplaban a la enferma con agua florida macerada en tabaco que inhalaban por la nariz. La noche pasada a la intemperie y las purgas del brujo agravaron el estado de la Gela, y los hermanos se convencieron de que no había nada más que hacer, pese a que el boticario les había dicho que probablemente tenía meningitis y que debían llevarla a un hospital para que le hicieran algunas pruebas y análisis. Como la "medecina" le había hecho daño y los brujos no habían podido curarla, sumado a que ya habían agotado sus escasos medios, los hermanos concluyeron que todo se le pasaría con el tiempo.

La mamá fue la encargada de ocuparse de la Gela, y qué mejor lugar para ella que en el monte, donde aún tenían la casa de quincha en el terreno que les había dado la Comunidad. Allá se fueron Gela y su mamá, quienes llevaron consigo un recién adquirido rebaño de cabras que las ayudaría a sobrevivir en el agreste paraje de Las Humedades.

Los hermanos se quedaron tranquilos, pues Gela ya no los avergonzaría en el pueblo con sus gritos y lamentos, y a cambio ellos cumplirían su parte proveyendo lo necesario para las dos mujeres. Cuando al fin pasaron las fiebres, Gela era un despojo humano. Había perdido parte del pelo, se le habían caído los dientes y apenas caminaba con la mirada extraviada y desvariando. Poco a poco fue recuperando su salud física. Tenía apenas veintitrés años, y su juventud y la tranquilidad del campo fueron devolviéndole el color y las carnes. Lo que nunca recuperó fue la cordura. No era consciente de su estado y se pasaba los días caminando, cantando y hablando con los animales y las plantas y cosechando choclos, lentejas, zapallos y lo que podía de los huertos vecinos sin que nadie se atreviera a decirle nada, convencida de que toda la gente era muy buena con ella.

La conocí muchos años después. Iba a caballo hacia la casa de un ganadero de Las Humedades que había quedado en venderme unos toretes, cuando escuché un grito: "¡Gringa!" Volteé la cabeza y la vi recostada contra un cerco y rodeada de tres o cuatro chiquillos desgreñados. Era como un animalito silvestre, vestida con harapos, las mechas enredadas y mostrando en su boca desdentada la sonrisa que siempre le vería en la cara todas las veces que después me la encontré. Se acercó al caballo y me dijo que yo tenía que ir a su casa, porque su mamá estaba enferma y ella no sabía qué hacer. "¡Bájate, gringa, bájate!", me ordenó. Bajé del caballo no sin cierto temor y lo amarré al cerco mientras ella me jalaba de la blusa. Al fin emprendimos el camino en medio de los potreros. No anduvimos más de doscientos metros y llegamos a la choza. Al entrar, lo primero que me sorprendió fue el orden y la limpieza que reinaban en la gran habitación que hacía las veces de cocina y comedor. En medio había una burda hamaca donde dormía un bebe y, al lado, sentada en el suelo sobre un pellejo, se hallaba la mayora moliendo maíz en una piedra. Sin levantar la cabeza, la anciana se puso a resondrar a la Gela por ausentarse toda la mañana. Gela, en señal de disculpa, le alcanzó unos zapallos y lentejas que llevaba en una vieja alforja a la vez que le decía: "Amá, aquí le he traído a la Gringa curiosa para que la cure." La mayora masculló unas palabras ininteligibles y le dijo a la hija que me sacara de la casa que no quería nada con la "Gringa" ni con nadie. Ya acostumbrada a esa primera reacción, sobre todo en los mayores, traté de convencerla de que quería ayudarla, pero cuando le pregunté qué le pasaba fue como hablarle a un poste. Pasados unos cuantos minutos sin que cambiara la situación, me despedí de la Gela, y ya emprendía el regreso cuando escuché la voz de la vieja que decía: "me agrea la barriga, casi no puedo comer. No puedo pararme sola ni caminar y el aceite de iguana que me he sobado no me hace nada."

Así empezó mi relación con esta extraña familia… una anciana amargada, reumática y con una úlcera tan vieja como ella; una mujer medio loca y cinco chiquillos de todas las edades, que al cabo de unos años llegaron a ser siete, y que después se convirtieron en siete animalitos del monte luchando por sobrevivir al igual que los zorros o los pájaros. ¿De dónde salían los chiquillos? Era difícil pensar que la loca Gela tuviera un marido, y efectivamente no lo tenía. Poco a poco y preguntando aquí y allá, logré averiguar que la pobre Gela era la "escuela" de los muchachos de la zona. Muchachos tan pobres como ella, que no tenían acceso a las mujeres públicas del pueblo. Se acercaban a la Gela con algún regalito o tal vez con solo una sonrisa y palabras amables, y ella se entregaba feliz de sentirse querida, en contraste con tantas rudezas y malos tratos de que era objeto corrientemente. Siempre me hablaba de "su hombre", que iba a volver muy pronto y que era feliz porque todos la querían.

Más de una vez me hicieron salir de la oficina los gritos de Gela, que perseguía a las chicas que trabajaban en la casa y en la hacienda. Se moría de risa viéndolas correr, entrando y saliendo de la casa, despavoridas mientras ella las perseguía con una amenazante rama espinuda de palo verde. Todo el mundo parecía haberse vuelto loco: ladraban los perros, los chicos corrían y el Álvaro, de apenas un año, gritaba a todo pulmón. Solo tenía que gritarle "¡Comadre!" cuando pasaba junto a mí en su loca y divertida carrera para que se detuviera inmediatamente y se acercara, toda sonrisas, a saludarme y pedir su acostumbrada tacita de café. Siempre tenía que servirla yo misma, pues ni me atrevía a pedir a las chicas que lo hicieran. Sus hijos ya estaban bajo los limos llenando su alforja con la deliciosa fruta. Después de su café y unos cuantos panes con mantequilla, se despedía amenazando cariñosamente con regresar la siguiente semana. "¡Adiós Comadre!" repetía con el brazo en alto mientras se iba rodeada de sus críos. Ellos se iban felices con las limas y por no haber tenido que acercarse a la casa.

El miedo de los chicos a la casa y el apelativo de "Comadre" son una misma historia. La primera vez que llegó la Gela con sus hijos, les servimos un refresco con sus panes con mantequilla para todos. Mientras comían, era imposible no darse cuenta de que estaban llenos de piojos y sin haberse bañado quién sabe en cuánto tiempo. A los hombrecitos les llegaba el pelo por debajo de los hombros, y la Gela me explicó que no les habían cortado el pelo porque estaban "moritos". No sé cómo la convencí, pero me traje una botellita con "agua bendita de la Santísima Cruz" que conseguimos en casa de Lorenzo, uno de los trabajadores, y, con el permiso de Gela, proseguí a "ponerles el agua del socorro" a cada uno de ellos. ¡Listo! Ya no había ninguna excusa para no cortarles el pelo, así que puse manos a la obra. En medio de gritos, llantos y patadas, y ayudada por las chicas de la casa, les lavamos la cabeza a todos. Luego les corté el pelo a chicas y chicos y los bañamos, porque la Gela no interrumpía su desayuno por ningún motivo, ni quería tener nada que ver con esa operación. Finalmente, les pusimos la ropa de mis hijos que mejor les quedaba y los dejamos como nuevos. Fue la última vez que se acercaron a la casa. Ni la tentación de los panes y el refresco los hizo arriesgar otra lavada de cabeza. A partir de ese día, y gracias al agua bendita, me convertí en la "Comadre de Pelo" y madrina de todos sus hijos.

Gela estuvo viniendo por varios años a visitarme. Tomaba su café con pan y pedía un regalo que podía ser una lata de atún, alguna medicina para su mamá o un lápiz de labios, caramelos, un par de aretes o cualquier otra cosa. Fue distanciando sus visitas hasta que no volvió más. Indagando en el caserío, supe que se había enfermado la mayora y que se habían ido de Las Humedades. Habían tableado su casa y vendido los pocos animales que tenían. Tal vez se la llevaron sus hermanos al pueblo a raíz de la muerte de su madre; tal vez pasó sus últimos días con sus hijos.

O, mejor aún, tal vez vino al fin su hombre por ella.

48.   Nidos para mis pajaritos.

Estábamos aún en Las Norias cuando llegó el temido momento de afrontar el tema de la educación de Cali. El colegio más cercano estaba a cuarenta y cinco minutos de la hacienda, en Olmos, y creo que no habíamos vivido el tiempo suficiente en el monte como para aceptar esta opción para nuestra primera hija. Aún teníamos la mentalidad de que los colegios buenos solo estaban en la ciudad.

También contribuyó el hecho de que teníamos una sobrina viviendo en Chiclayo, y de ella había partido la idea de que Cali estudiara allá. Manolo se encargaría de llevarla los lunes y recogerla los viernes para que pasara con nosotros el fin de semana. Fueron dos años los que Cali permaneció con Marisa y Carlos, quienes realmente llegaron a quererla por lo increíblemente responsable que fue desde chiquita.

Los preparativos para su partida incluyeron el "ajuar": uniformes, útiles escolares, su lonchera y tantas cosas nuevas que Cali doblaba y acomodaba una y otra vez en su maleta, feliz ante la expectativa de esta nueva aventura. También, para su pesar, los preparativos incluyeron un corte de pelo radical. Pensando en que pudiera peinarse ella sola, sin que le diera el trabajo a Marisa de hacerle las trenzas o la cola de caballo, se resignó a perder por esa única vez su cabello largo que era su encanto. Hasta el día de hoy me reclama, cada vez que lo recuerda, el haberle cortado el pelo "igual que mis hermanos". Esa primera noche en que regresamos a Las Norias con Santiago, desconsolados por habernos separado de nuestra nenita, nos golpeó la realidad de lo que sería el desprendernos de los chicos, y ni siquiera la seguridad de que estábamos haciendo lo mejor para Cali logró quitarnos la inmensa pena de no tenerla con nosotros.

Con Santiago fue diferente. A los cuatro años fue a "preparatoria" al colegio más cercano, en el caserío de Escusa Baraja, que quedaba a casi cuatro kilómetros del Choloque. No era un arreglo definitivo, pero sí necesario: la chacra le quedaba chica debido a la increíble vitalidad y ansias de aprender de todo que tenía, y que nos lo demostraba con las mil preguntas que nos hacía todo el tiempo. Se iba a pie, con los hijos de los trabajadores, y conseguimos que la maestra le diera pensión de almuerzo en su casa, con lo que salía a las siete de la mañana y regresaba después de las cinco de la tarde, aún con ánimos de jugar fútbol con sus amigos hasta que casi no se veía la pelota y tenía que regresar a casa para bañarse, hacer las tareas, comer, participar en la tertulia familiar y finalmente caer rendido en la cama para enfrentar su nuevo y especial día de colegio.

Álvaro era el niño más hermoso y tranquilo que podíamos haber alguna vez imaginado, y desde que nació fue de esos bebes que lo animan a uno a tener docenas de hijos. Cuando llegó a la edad de ir al nido, "la Amparo", como la llamaba, puso un nido en su casa para todos los chiquitos de la vecindad. Amparo era esposa de un trabajador eventual, Manuel, y vivían al otro lado del río, a unos trescientos metros de la casa, y, como ya tenía cuatro años, decidimos que podía perfectamente ir y regresar solo a la escuelita. No habíamos considerado la fascinación que ejercían en Álvaro todas las cosas nuevas, y ese primer día de clases se distrajo siguiendo a algún animalito por el río, hasta que terminó llegando donde la Amparo cerca de las diez de la mañana pese a que había salido a las ocho de la casa. Su imaginación había sobrepasado la nuestra, y a partir de ese primer día tuvimos que enviar a alguno de los trabajadores a chequear sus pasos, para devolverlo a la ruta y a la realidad de su horario tantas veces como fue necesario. Álvaro siempre encontraba una explicación para todo lo nuevo que veía, y muy pocas veces recurría a nosotros o a sus hermanos con preguntas sobre sucesos o cosas que no pudiera interpretar. Era sumamente crédulo, y sea lo que fuere que le dijeran, él lo aceptaba de buena fe y se quedaba tranquilo asimilando la nueva información que había recibido. El esposo de Amparo sufría de vitíligo, que era bastante notorio, por lo que consideramos prudente darle una explicación para evitar preguntas que pudieran herir la susceptibilidad de Manuel. Esto no fue necesario, porque al regreso de su primer día de escuela, nos contó que "Manuel, el esposo de la Amparo, era mitad cholo y mitad blanco".

La Lani tuvo mejor suerte que sus hermanos. Para cuando ella y otros niños del Choloque, que seguía incrementando firmemente su población, llegaron a la edad de iniciar sus "estudios", Olga, la hija de uno de nuestros más antiguos trabajadores, había sumado sus posibles clientes y vino a verme para que la apoyara para poner un nido en su casa, dentro del Choloque. Ni qué decir que aceptamos inmediatamente. La Amparo se había ido a vivir a Motupe y su nido ya era historia, de manera que pusimos manos a la obra implementando el "nido" con mesitas, pizarra, juegos, libros y todo lo que pudimos adquirir con nuestro magro presupuesto. Y así abrió sus puertas el "Jardín Infantil El Choloque".

Desde el primer día, Lani se declaró la lideresa del grupo, y había que verla y escucharla a las horas de recreo manipulando a todos los niños y niñas que la seguían en todas las locuras que a su increíble imaginación se le ocurrían para entretener a sus súbditos, quienes atrapaban sapos, trepaban árboles, se disfrazaban y hasta cantaban para complacerla.

En 28 de julio, Olga preparaba la ceremonia patriótica a la que asistíamos todos los habitantes del Choloque. Teníamos que hacer esfuerzos para mantener la compostura cuando los niños iniciaban las notas del Himno

Nacional. Olga tenía su propia versión de la música, y, despreciando los esfuerzos y méritos de José Bernardo Alcedo, la letra del himno se expandía por todo el Choloque junto con las voces de los chiquitos y de su maestra al son de un conocido pasillo ecuatoriano intercalado por una especie de "polka marcial".

Para cuando le tocó a Manolito su primer día de colegio, ya habíamos "puesto casa" en Chiclayo, obligados por la necesidad de que los chicos mayores asistieran a un buen colegio de secundaria. Manolito asistió a un nido de la ciudad, y su mayor disgusto fue que lo vistiéramos de "mujer" al ponerle el obligatorio mandil del nido. A su primer día de colegio se fue renegando, tal como renegaba ante cualquier cambio que se presentara en su diario vivir. Salió de la mano de la Pepita, una de las dos hermanas que nos ayudaban en la casa, quienes se quedarían con ellos los días que íbamos al Choloque. Caminó uniformado con el detestable mandil, su mochila con los libros y cuadernos colgada al hombro y su lonchera en la mano, mirando al suelo para mostrar su disconformidad y probablemente su miedo a ese nuevo mundo tan diferente a todo lo que había rodeado sus días hasta entonces.

Ese primer día de clases fue también el primer día en quince años que la casa se quedó sin niños, y no olvido la sensación de soledad que sentimos Manolo y yo al entrar solos al silencio de la casa luego de despedir al último de ellos en la puerta.

49. Estudiando en el monte.

Cuando Santiago terminó su primer año en la escuela de Escusa Baraja, decidimos que teníamos que buscar otra mejor y con mejores maestros lo más cerca del Choloque. Habíamos descartado enviarlo a Chiclayo porque solo tenía cinco años, y era tan inquieto que no nos animábamos a confiárselo a nadie.

Nuestro querido amigo y agricultor casi vecino, Julio Zavala, nos había comentado que la escuela del caserío Anchovira, cercana a su fundo y situada al lado de la Panamericana, contaba con una excelente profesora y Directora. Luego de conocerla y conversar con ella, decidimos que esa escuela era la mejor opción y que Santi y los chicos de la chacra debían estudiar allí.

El único camino de ingreso al Choloque seguía siendo el Camino Real, con sus doce kilómetros de polvareda, llenos de huecos que se llenaban con el agua de las lluvias y del rebose de las acequias de regadío que lo cruzaban en varias partes, y sin puente alguno que protegiera el escaso afirmado. El otro posible ingreso era directo por la carretera Panamericana, apenas a unos tres kilómetros al norte de Anchovira; pero este camino comunal terminaba doscientos metros antes del río, frente al Choloque, y estaba cerrado por los cercos de dos fundos: uno el de don Alejandro García, viejo y terco comunero a quien le habíamos hecho las mil propuestas para comprarle una franja de monte de cinco metros por doscientos creyendo que como él no sembraba nada, sería más sencillo convencerlo.

Después de meses de conversaciones, ofertas, ruegos y amenazas que no tuvieron ningún éxito, y presionados por el tema del acceso a la escuela de Anchovira, nos decidimos a tratar con el otro propietario. Don Manuel Guevara, con quien no habíamos hablado, era un pequeño agricultor socio de una cooperativa que tenía un buen pozo y tenía todo su terreno sembrado de maíz, lo que hacía aún más difícil la posibilidad de que nos cediera parte de su terreno. Nos recibió en el porche de su casita, sombreada por un precioso obero en flor, al pie del cual había un bebedero de zapote para los pollos, ovejos, cabras y otros animales de la cría de doña Antonia, su esposa. Doña Antonia Peltroche era una hermosa mujer de grandes ojos negros, y tenía una expresión dulce y un modo suave y amable de hablar. Nos invitaron a sentarnos en una de esos hermosos troncos de algarrobo retorcido, y Manolo empezó su petitorio mientras que la doña se apresuraba a dirigirse hacia la cocina, de donde regresó con una jarra de chicha fresca de maíz para "la calor". Ni bien escucharon nuestro parlamento se dieron cuenta de lo importante que era para nosotros contar con ese acceso, y accedieron a darnos parte de su terreno, pidiéndonos tan solo que les rehiciéramos el cerco. ¡No podíamos creerlo! Habíamos ido sin mayor esperanza de lograr la aprobación de don Manuel, y ahora, felices de encontrar tan buenas personas, festejábamos con ellos el gesto que habían tenido y la suerte de poder contar con vecinos tan generosos. Don Alejandro García no tardó en enterarse del gesto de don Manuel y, temeroso de perder los favores del Ingeniero, esa misma tarde se acercó al Choloque a decirnos que él nos daría la mitad del terreno para "anchear" el camino, para que así pudieran pasar camiones grandes. Ante su insistencia, tuvimos que rehacer los dos cercos, pero nos alegró el gesto del terco viejo y también compartir el pase con ambos vecinos.

Manolo se pasó varios días arreglando el nuevo "callejón": enderezó curvas, amplió algunos tramos moviendo los cercos, hizo cuatro puentes y contrató al volquete del Concejo para que trajera de la cantera ripio del bueno, que este iba regando en el camino mientras que la gente lo extendía con la palana de lado a lado. Pasarían varios años antes de que tuviéramos un tractor equipado con los implementos necesarios para esa clase de trabajos.

Y así fue que, ni bien estuvo listo nuestro maravilloso camino, subimos todos a la camionetita y partimos hacia la escuelita No. 10145. La Directora, Angélica Severino, era una extraordinaria Directora y maestra. Estaba encantada con la idea de que Santiago formara parte de sus alumnos, y nos fue explicando su sistema de enseñanza y la férrea disciplina que reinaba en su escuelita. Regresamos al Choloque felices de haber encontrado la solución al tema escolar, inclusive pensando en que Cali podría también ingresar a ella el próximo año, ya que los tíos que la alojaban partirían de regreso a Lima. La señora Severino, además de Directora también era maestra de tercero, cuarto y quinto grados, estaba totalmente dedicada a la escuela. Su hija menor, de la edad de Cali, también estudiaba allí, y ya había animado a Cali proponiéndonos que podría darle pensión para el almuerzo en su casa. La escuela tenía tres salones, uno para cada profesora. Cada grado tenía en el aula su propia pared con pizarra y espacio para figuras, mapas, etc. Las carpetas estaban colocadas de manera que miraran a su respectiva pared, y la maestra iba de un grado a otro dictando simultáneamente sus clases. Tenían algunas carpetas bipersonales en las que se acomodaban tres o cuatro niños, dependiendo del "ancho" de los alumnos. Algunos, como los hijos del caporal de Zavala, del Sr. Martínez, Gobernador del Caserío, y de otros igualmente distinguidos, llevaban su propia carpeta el primer día de clases. El estado había asignado otra profesora para los grados de primero y segundo, y el Ing. Zavala cubría los gastos de la maestra para los parvulitos.

El año transcurrió en medio de idas y venidas diarias a Anchovira llevando no solo a Santiago, sino también a varios de los hijos de los trabajadores que, aprovechando la oportunidad de la movilidad, evitaron la caminata de los chicos hasta Escusa Baraja. Viendo los excelentes resultados del año escolar, decidimos, al año siguiente, matricular a Cali y Álvaro, y así se incrementó la población de "colorados" en la escuelita para felicidad de la Sra. Angélica, con quien ya estábamos colaborando en diferentes aspectos de la escuela, y con quien pasaba agradables momentos de "conversa" casi todas las tardes al recoger a los chicos.

Cumpliendo su ofrecimiento, Cali almorzaba en casa de la Directora, feliz con su nueva amiga, pero no tan feliz con el papá de la amiga, don Mario, que aparte de ser un ocioso se la pasaba renegando y gritando, sentado todo el día en su perezosa con una botella de chicha fuerte al lado. En cuanto a Álvaro y Santi, hicimos un arreglo con la dueña de un restaurante para camioneros que quedaba frente a la escuela, al lado de la casa de la Sra. Angélica, para que los chicos almorzaran allí. Arreglamos por un plato de sancochado, que consistía en una sopa de verduras y carne muy popular entre los choferes, y un plato de arroz con huevo, que a veces cambiaban por un pedazo de pollo frito – generalmente el ala, la presa tradicional para los menores. Algunos choferes, clientes regulares del restaurante, se hicieron amigos de los "colorados" y los engreían convidándoles gaseosas o golosinas que no faltaban en el mostrador del parador.

Este arreglo nos duraría solo dos años. Cuando inauguraron la nueva carretera Panamericana a Piura por Bayóvar, que reducía el recorrido en sesenta kilómteros, los camioneros de ruta, comensales fijos que mantenían el negocio, se fueron y, después de unos meses, el restaurante cerró para luego mudarse al inhóspito desierto donde ahora serpenteaba la nueva Panamericana. Ya para esa fecha habíamos hecho amistad con una de las familias de Anchovira: los Iturregui, cuyos hijos eran compañeros de aula y amigos de Álvaro y Santiago. Don Juan había ido al Choloque una noche para rogarme que atendiera el parto de su esposa, que se le había presentado antes de tiempo a raíz de una caída que había resultado en la rotura de la fuente. Atendí a Rosa esa noche y, a partir de entonces, aumentó mi círculo social con la amistad de esta simpática familia, que siempre me recibía con un café acompañado de tajadas de cuajada fresca que la Rosa preparaba con la leche de la única vaca que tenían en el corral detrás de la casa. Enterada del cierre del restaurante donde almorzaban los chicos, se ofreció a darles pensión en su casa y así llegamos a un arreglo similar al anterior. Nos sentimos aliviados con esta solución al problema, por tratarse de tan buenas personas y porque su casita quedaba al mismo lado de la carretera donde funcionaba la escuela, de modo que los chicos ya no iban a tener que cruzarla para ir y venir del almuerzo. Por otro lado, habíamos decidido que Cali, quien ya tenía doce años, iría nuevamente a Chiclayo, en parte porque no nos convencía la presencia y el mal ejemplo del tal don Mario, y en parte porque preferíamos que terminara su primaria en el colegio donde iba a estudiar la secundaria. Aunque ninguno terminó su primaria en la escuela, fueron en total cuatro años de tenerlos allí con la satisfacción de saber que era un excelente colegio, tal como lo demostraron ellos mismos después al ingresar al colegio San Agustín en Chiclayo, donde no tuvieron ninguna dificultad en adecuarse ni de destacar entre los primeros de la clase.

50.   Futuro para la niñez.

Una vez más John, nuestro amigo del Cuerpo de Paz, regresó a Motupe becado por la Universidad Stanford para hacer un estudio sobre las prácticas agrícolas y costumbres de los campesinos mochicas. En esa oportunidad vino trayendo a dos colegas sociólogos que llegarían a ser entrañables amigos nuestros y con quienes compartimos el deseo y la intención de mejorar las oportunidades de vida de todos aquellos menos favorecidos.

Uno de ellos fue el Dr. Richard Saunders, quien había ocupado un alto cargo en la ONU y que al jubilarse había formado una ONG con el nombre de *Future for Children*. El Doctor Saunders trabajaba con una dedicación excepcional con los niños de las diferentes tribus de indios americanos, a los que les inculcaba valores y les brindaba oportunidades de capacitación e inserción en la vida productiva de su país. El otro, Álvaro Villa, había fundado bajo los principios y metodología del Dr. Saunders otra ONG en Colombia: *Futuro para la Niñez*.

John les había hablado de los Santa María y de la vida tan especial que llevábamos aquí, totalmente involucrados con el entorno y la problemática social de nuestros vecinos. Esto los hizo venir con la intención de convencernos de iniciar otro *Futuro para la Niñez* en Perú. Álvaro además nos cautivó con su historia de vida. Había formado parte del Coro de los niños de la Familia Trapp, quienes habían llegado a Colombia huyendo de la ocupación Nazi de Europa.

En los pocos días que estuvieron con nosotros absorbimos una inmensidad de conocimientos surgidos de sus experiencias en el trabajo con los niños. Acompañándose con la guitarra, Álvaro dedicó varias horas a enseñarles a mis hijos las canciones que le abrían las puertas y los corazones de los niños en los remotos lugares en Colombia, en los que trabajaba por un mejor futuro para la niñez. Nos insistió en que nos comunicáramos con los niños a través de la música, que era la mejor manera de acercarse a ellos, y que intentáramos así trabajar bajo el esquema de *Futuro para la Niñez*. Quedó en regresar trayéndonos material para los niños y para quedarse unos días capacitándome a fin de que yo tomara el timón del proyecto. Poco después de esta visita Velasco Alvarado echó fuera del país al Cuerpo de Paz y prohibió el trabajo a varias ONG. Esto impidió que desarrolláramos *Futuro para la Niñez* en Perú, pero dejó sembrada la semilla de realizar algo similar o al menos intentarlo. A él no lo volvimos a ver, pero la relación con el Dr. Saunders duró muchos años aun después de la partida de Manolo. Cuando perdió a su esposa trabajó con sus niños aún con mayor dedicación, hasta su muerte unos años después.

Incluyo esta vivencia en mis recuerdos de la Escuela de Anchovira porque, decidida y entusiasmada por los días pasados con ellos, y también por las historias de este apostolado que habían emprendido, decidí al menos hacer el intento. Ni bien habían partido de regreso a sus respectivos destinos me dirigí a la Directora del colegio, y luego de contarle esta maravillosa experiencia le pedí permiso para organizar un Coro con los niños de la escuela, como una prueba para el posible inicio de un nuevo proyecto. Era el mes de agosto y le propuse dar un recital para la ceremonia de clausura del año escolar. Tanto la Sra. Angélica como yo teníamos nuestras dudas sobre el éxito de esta metodología. En esos años ambas habíamos aprendido que, tal vez por su herencia mochica, los padres no permitían que sus hijos cantaran. En general no era bien visto el expresar emociones, y el canto no formaba parte de sus juegos ni se practicaba en los colegios del monte. Sin embargo, estaba decidida a intentarlo en las tres horas por semana que me autorizó doña Angélica. Así fue que un lunes en la mañana me presenté en la escuelita, guitarra en mano, para iniciar el Coro con los niños de un aula que comprendía los primeros tres grados de primaria. Allí se encontraban mis hijos Santiago y Álvaro, con quienes contaba como aliados para animar al resto de los futuros cantores. Les expliqué lo que íbamos a hacer y seguí la metodología que había dado resultados positivos en Nuevo México y Colombia, que consistía en que yo empezaría a cantar la primera canción repitiéndola tantas veces como fuera necesario. Estaba convencida de que uno por uno los niños unirían sus voces a la mía después de vencer su timidez y falta de costumbre.

Me acerqué a la ventana y apoyé el brazo a fin de sostener mejor la guitarra. No había dado el primer acorde cuando uno de los niños me dijo muy serio: "Señora Nitty, está prohibido tocar las paredes porque se ensucian".

El niño era Santiago, que seguía las instrucciones de doña Angélica de tratar a las visitas con el respeto debido. Le agradecí las instrucciones y, sosteniendo la guitarra lo mejor que pude, inicié con gran entusiasmo la canción que Álvaro Villa me había recomendado porque supuestamente era la que mejor acogida tenía entre los niños: "El Pinche".

Me pasé toda la hora cantando el bendito Pinche ante las miradas fijas y los rostros impasibles de todos los niños, incluidos mis hijos. Decidida a no desanimarme, continué yendo las tres veces por semana repitiendo El Pinche y alternándola con otras canciones sencillas hasta que, cuando ya me iba a rendir un mes después de haber iniciado este proyecto de Coro, una niñita se animó a cantar. Al rato se le fueron uniendo otras voces y… ¡por fin!

Todos ya se habían aprendido casi la totalidad de las canciones y terminaron cantándolas perfectamente y a todo pulmón. A partir de ese día empezamos a practicar y aprender las canciones que íbamos a cantar en el recital del día de la Clausura del Año Escolar. Los niños verdaderamente disfrutaban cantando y no se perdían ningún ensayo. Cuando llegó al fin el momento de cantar delante de sus padres, maestros, familiares y el resto alumnos, los niños se acomodaron ordenadamente orgullosos con su camisa blanca, bien peinados y decididos a impresionar al auditorio. Escuchar las voces de los niños y ver las expresiones de sorpresa en las caras de sus padres fue una de las experiencias más emotivas y gratificantes que he vivido.

51.   Partera, curiosa y bruja.

Aunque ya en Jecuán había tenido que atender algunas emergencias en primeros auxilios, nada me había preparado para la realidad que encontré en el norte en todo lo relacionado con la atención de la salud. Esta situación se agravaba aún más con los conceptos de medicina natural y tradicional, y con los tabúes impuestos y celosamente respetados por los mayores en cada caserío que visité en los años que compartimos la vida de sus habitantes.

En Olmos, simplemente, no había médicos, ni particulares ni del Estado. Tampoco se llevaban a cabo campañas de vacunación; y enfermedades como el sarampión, tos convulsiva y difteria, que reinaban en la zona, causaban un sinnúmero de muertes entre los niños. Tanto era así, que al preguntar a las madres en el monte sobre cuántos hijos tenían, la respuesta generalmente era: uno o dos "finaditos", tantos "por lograr" (menores de diez años), y tantos "lograditos", o sea ya mayores de diez años.

Había una resignación impresionante en la forma en que se expresaban, que solo tienen los que aceptan la vida como viene, con lo malo, lo bueno y lo feo.

Quien hacía las veces de médico, como en casi todos los pueblos, era la boticaria. Lamentablemente, en el caso de Olmos, esta señora era bastante ignorante y en los años que estuve supe de varios casos en que peor fue el remedio que la enfermedad.

Fue algo natural que algunos de los trabajadores y vecinos de los alrededores me buscaran para atender a sus enfermos, luego de que las infusiones de hierbas, las sobadas, con o sin cebo de culebra, y las santiguadas para el mal de ojo no dieran resultado. Así empecé a involucrarme en la atención de la salud y accidentes menores, después de estudiar un curso sobre terminología médica, rodearme de libros de primeros auxilios y leer vademécums que me obsequiaban algunos médicos amigos, todo lo cual me ayudó a atender cada vez más casos de todo tipo.

Felizmente hallé el apoyo del Director de la Posta Médica en Chiclayo, quien accedió a mi solicitud de vacunas para los niños de la zona contra enfermedades como la triple, TBC y sarampión, que aplicaría personalmente. Así, fui innumerables veces a Chiclayo con mi caja de tecnoport con hielo a recibir las dosis de las vacunas y los formularios y carnets de vacunación, que debía llenar y entregar luego a la posta para su registro. Llegué a poner más de mil dosis anuales en la campiña, hasta que este servicio fue retomado por el Estado a partir de finales de los años 80. En mis visitas a los caseríos, coordinaba con las profesoras de los colegios para fijar un día en que fueran las madres con sus hijos y convencerlas de la necesidad y ventajas de las vacunas.

Casi en todos los casos tuve que vacunarme primero (siempre llevaba una jeringa con suero) para demostrar cómo era el proceso. Generalmente todos accedían, pero no olvidaré el caso de Florito More, motorista de Las Norias, quien simplemente se negó a que vacunara con la triple a sus dos hijas alegando indignado que "a mis hijas no las hinca nadie." Meses después las niñas contrajeron difteria, después de haber ido con su mamá a la compaña del velorio de un hijo de Chabelo, trabajador de Las Norias que vivía en el Caserío el Médano, quien había muerto de esa enfermedad. Como es costumbre, Florito culpó de la desgracia a su mujer, la abandonó y, tras dejar su trabajo en Las Norias, se marchó solo, sin mujer ni hijas, sabe Dios adónde.

Cuando a principios del año 1970 nos instalamos en El Choloque, en Motupe, me di con la sorpresa de que en el pueblo había dos médicos. No tardé en conocerlos y comprender que no iban a ser de mucha ayuda. Uno de ellos, el Dr. Zumaeta, era un partero de más de setenta años, que solo atendía los partos sin problemas. Esto lo averigüé en carne propia, cuando me tocó por primera vez un parto de pies. Aterrada por la situación, Manolo me ayudó y fue a traer al famoso doctor, quien al saber que era un parto difícil simplemente le dijo a Manolo que estaba de más venir porque lo más probable era que el chico ya estuviera muerto. Y no hubo forma de que viniera, pese a los ruegos de Manolo, quien regresó con la noticia para darse con que ya la Santos, esposa de nuestro tractorista, había dado a luz y que tanto ella como el bebe estaban de lo más bien.

Fue el primero de muchos sustos y situaciones por las que pasé. Aún recuerdo los gritos de la Santos, que soportaba en vivo y en directo, mientras que yo seguía las instrucciones de mi libro, mis intentos por colocar los bracitos del bebe paralelos al cuerpo para que pudiera salir. Al fin lo tuve afuera, con el inmenso alivio para mí y para Santos, quien finalmente descansaba de los tremendos dolores de ese parto tan difícil. Rogando que la placenta demorara, me aboqué al bebe, que no lloraba, y quien tenía un color medio azulado, sobre todo en uno de los piececitos que había estado apretado por el cordón. Después de haberlo agarrado por los pies y palmeado varias veces en la espaldita sin resultado alguno, me puse a darle respiración boca a boca. El esposo, que veía mi desesperación por la falta de reacción del bebe, me pedía que lo dejara porque ya estaba "finadito." Yo lo escuchaba molesta. Sus palabras eran totalmente absurdas y lo único que hacían era distraerme. Ese bebe no se iba a morir de ninguna manera, de modo que seguí insistiendo, no sé por cuánto tiempo más, hasta que al fin la criatura empezó a llorar. Fue una de las experiencias más fuertes y emotivas que he vivido, y me convenció de que realmente somos capaces de todo cuando somos puestos a prueba.

Solo acudimos a este doctor una vez más y en una emergencia. Unos vecinos del Choloque llegaron en piajeno trayendo a su hijita de tres años para que la viera. La bebe tenía fiebre muy alta y casi no podía respirar. Era tan grave el caso que la llevamos a Motupe, donde el Dr. Zumaeta. Cuando, a través de la ventana, le explicamos el caso y le pedimos que abriera la puerta para atender a la bebe, salió de su casa y fue a revisarla a la camioneta en la que la habíamos llevado. Al insistir en bajarla al consultorio, nos dijo que de ninguna manera. La bebe tenía neumonía, se iba a morir en cualquier momento y no quería que le echaran la culpa por haberle dado alguna medicina. No hubo forma de convencerlo de que hiciera algo, así que emprendimos el camino de regreso al Choloque consolando a los padres y ofreciendo hacer todo lo posible con la medicina, que no faltaba en el botiquín de la chacra. La bebe falleció en la carretera y no nos quedó más que llevarlos a su casa para la puesta del velorio.

Lo especial de este caso es que, tres años antes, había ido a casa de la Angélica para atenderla en el parto de su sexta hija. El parto venía lento y difícil y, después de horas de estar con ella escuchando sus gritos y lamentos, decidí llevarla a Motupe porque, en caso necesitara una cesárea, podrían contratar un colectivo que los llevara a Lambayeque. Nos acomodamos Angélica y yo en la parte de atrás de la station wagon con Manolo de chofer, y ya en la carretera tuvimos que parar porque nacía la criatura. En pleno sol y dentro de la camionetita hacía un calor insoportable. Tenía que secarme la frente continuamente porque el sudor me chorreaba e impedía ver con claridad. Ya con la bebe nacida y envuelta en una toalla, regresamos a la casa de la Roque, como se llamaba la señora, para terminar con los trabajos post parto y bañar y acomodar a las dos mujeres. Tras dejar todo en orden, salí a la ramada y me senté en un tronco a tomar un vaso de chicha con Manolo y el papá, quien había regresado de cumplir con ocuparse de la placenta —era responsabilidad de los padres el decidir si esta se quemaba o enterraba y llevar a cabo esta tarea.

-Cómo es la vida, señora -me dijo-, mi hija nació con usted en su camioneta y tres años después murió, también con usted y en la misma camioneta.

Generalmente yo iba a la casa de las pacientes a atender los partos, salvo una única vez en que llegó una paciente joven a pedirme que la sobara porque le dolía mucho la "madre" desde el día anterior. Estaba en sus días de dar a luz, y confirmé al revisarla que ya se había iniciado el proceso del parto y que no habría tiempo de regresar a su casa. Alisté una de las habitaciones que daban al patio y procedí a los preparativos para atenderla. Las contracciones se repetían cada vez con más intensidad y los gritos y gemidos de la mujer iban a la par. Ni modo, la mujer había optado por el parto con dolor, así que a armarse de paciencia. Al final nació el bebe, y yo tuve que salir al patio donde había un lavadero a lavarme las manos y brazos salpicados de sangre al cortar el cordón en medio de los movimientos de la doña, que había seguido gritando y retorciéndose hasta que le pegué un grito que al fin la dejó quieta y callada.

Mientras tanto, el Álvaro había estado jugando con sus carritos en el patio, impasible ante los gritos y mis entradas y salidas de la habitación. En eso llegó Manolo del campo y le preguntó: "¿Dónde está la mami?"

Álvaro, sin siquiera voltear a mirarlo, le respondió: "Está matando a una señora".

Después siguió muy tranquilo con su juego, como si su respuesta fuera lo más normal, quizá acostumbrado como estaba a que sacrificáramos cabritos o chanchos que nos traían de regalo o adquiríamos para algún festejo.

Un día se presentó un joven muy asustado rogándome que fuera a atender a su esposa que estaba sola y ya por dar a luz. Le pregunté por la familia y me contestó que no tenían a nadie. Saqué mi maletín que siempre estaba listo y nos fuimos en el carro hasta la Panamericana, y de allí hacia el norte unos tres kilómetros, poco antes de llegar al Caserío San Isidro. Dejamos el carro en la berma y caminamos unos metros más hacia el este, hasta un corral hecho con panca de maíz bajo un zapote. No había ninguna casa ni cabaña cerca, así que, intrigada, entré al corral, ¡y me di con la sorpresa que era la casa de estos dos jóvenes que no tenían ni veinte años!

No había ninguna cama, así que agarré un cuero de chivo, extendí sobre él la toalla que siempre llevaba, acomodé a la chiquilla y me puse a atenderla. ¡Había llegado con las justas! Dio a luz un hombrecito, sano y perfecto, y no había dicho ni una palabra ni proferido grito alguno. No tenían nada de ropita para ponerle, y después de bañarlo lo envolví con mi casaca. Sabía que iba a tener que regresar inmediatamente con algo de ropa para el bebe y con algunas otras cosas que iban a necesitar. Era la primera vez que atendía a alguien en condiciones de tanta pobreza y abandono. Ya caminando hacia la camioneta con el joven, este me contó que había robado a la chica porque estaba encinta. Ella era la nieta de una mujer muy importante en el caserío que la había criado desde bebe, y nadie, ni sus padres, habían querido hablar ni pedir el perdón por ellos para no enemistarse con la Rosa. Los padres de la chica se habían ido a vivir a Lima y venían muy rara vez. Los suyos no habían querido recibirlos en su casa, así que él había construido su "choza" lo mejor que podía y esperaba poder ponerle el techo antes que llegara el verano. Le dije que iba a regresar con algunas cosas y que no se preocupara, que yo me iba a ocupar de la tal Rosa y que las cosas iban a mejorar para ellos. Al regreso, y antes de ir donde los nuevos padres, me dirigí al caserío y encontré a la Rosa, a quien ya conocía por haberla atendido en el consultorio algunas veces. No recuerdo bien qué le dije, pero sí que ante su silencio e indiferencia fui subiendo el tono, y que dejé de apelar a su responsabilidad y a sus sentimientos para pasar a decirle algo así: "¿No te da vergüenza que tu nieta viva debajo de un árbol y que tenga depender de la caridad de gente mejor que tú hasta para vestir a su hijo? ¡Yo me voy a encargar de que esto se sepa por todos los caseríos y el pueblo!"

Ese fue el argumento ganador. A regañadientes subió al carro y partimos para la "casa" de la nieta. Antes de llegar, le dije que iba a estar al tanto de su comportamiento y trato a la pareja, así que más le valía hacer bien las cosas.

Felizmente todo fue bien de ahí en adelante. Rosa quedó encantada con el bebe, y ese mismo día se llevó a los tres a su casa. La vi una vez más en que llegó al Choloque llevándome un plato del cabrito estofado, ¡que había preparado para festejar el primer año de su biznieto!

52.   De finados.

Hacía apenas unos días que había estado comentando con el caporal de la hacienda un accidente ocurrido en el nuevo y primer restaurante campestre de nuestro caserío en la campiña.

Dos muchachos de Los Remolinos, uno de los caseríos vecinos, al salir de la fiesta de inauguración del restaurante, mientras que regresaban al pueblo de San José habían estrellado su moto contra uno de los muros del puente sobre el río del mismo nombre. Uno de ellos había fallecido y el otro había logrado salvarse, aunque, lamentablemente, había perdido una pierna.

La familia del sobreviviente había recurrido al apoyo de amigos y familiares para los gastos médicos del accidente, y, como si no hubiese sido suficiente, el hospital les planteó el dilema de qué hacer con la pierna en cuestión. Con la seriedad con que se toma en el monte todo lo relacionado con la muerte, y como la pierna definitivamente lo estaba, el tema había que tomarlo muy en serio

Primero, lo primero: las "deudas féminas" le consultarían al cura del pueblo si es que era necesario realizar una misa de pierna presente, para así asegurar un feliz encuentro de ambas partes cuando llegara el día de la partida del resto del cristiano. Hecha la consulta, el señor cura les manifestó que, puesto que el alma no estaba en la pierna, no sería necesaria ninguna ceremonia. ¡Gracias a Dios y a la Santísima Cruz! Se habían evitado no solo el gasto que implicaba el debido protocolo, sino también hacer tan extraña invitación a amigos y parientes mediante mensajes en los radios locales, tal como es la costumbre y necesidad en estos casos en que los periódicos se leen solo en los quioscos del pueblo los domingos, y en que el teléfono no existe ni en el vocabulario diario.

Finalmente, y con la situación ya más clara, se dirigieron a la Beneficencia, representante y guardiana de la digna muerte, para coordinar el extraño sepelio. Una vez explicada la situación se dieron con la ingrata sorpresa de que la cosa no era tan sencilla como esperaban. Como máxima autoridad en la materia, la Beneficencia dio la última palabra: primeramente, tendrían que traer un certificado de defunción, o algo parecido, del hospital. Y, definitivamente, la pierna tendría que ser enterrada tal y cual se tratara de un finado; es decir, con nicho, cajón y todo. Para remate, ante la pregunta de si podían utilizar un cajón de "parvulito", que por el tamaño era lo más apropiado, tanto para la pierna en cuestión, como para el bolsillo de la gastada familia, la respuesta fue terminante: ¡De ninguna manera! Si la pierna es de adulto, se tendrá que emplear el respectivo cajón para adulto.

No faltó pariente que preparara una pollada para ayudar a juntar lo necesario para el extraño entierro. Al fin, después de mil dudas y consultas sobre quiénes tendrían que acompañar a la pierna al cementerio, esta recibió cristiana sepultura de acuerdo a las exigencias de la Institución responsable del cumplimiento de las disposiciones legales para la digna muerte.

Lamentablemente, no había pasado un mes cuando nos llegó la noticia de la muerte del muchacho. No había podido sobrevivir a la infección resultante de las heridas, y los deudos se encontraban otra vez en medio del sufrimiento y preocupación sobre cuál sería el protocolo a seguir para este segundo velorio y entierro.

Nuevamente se dirigieron a la Beneficencia, esta vez a pedir autorización para abrir el nicho y llevar el cajón con la pierna a la casa donde sería el velorio, ahora con el cuerpo completo como mandaba Dios. Allí se dieron con la sorpresa de que, luego de consultar, nuevamente, con las normas legales bajo las cuales se rige la Institución, no había forma de "violar" un sepulcro. Al finado tenían que enterrarlo con todas las de la ley, con una sola pierna, en su propio cajón y en otro nicho.

De nada valieron los ruegos de los deudos. Con la muerte no se juega y hasta los finados tienen que cumplir las leyes. Al fin, agotadas las súplicas y resignados a iniciar nuevamente los trámites y actividades para reunir lo necesario, pidieron que le asignaran un nicho al lado del de la pierna, para que, al menos, estuvieran juntos.

"Imposible", sentenció la representante de los finados. En ese cuartel no había nicho disponible. Definitivamente, el finado no podría estar junto a su pierna.

Ya pasado el entierro, en el que una vez más colaboramos todos los amigos y vecinos, se siguió comentando con gran indignación la dura posición que había tenido la Beneficencia.

Los deudos tendrían siempre el temor de no haber hecho bien las cosas en este grave suceso, y no sabían si el finado estaría conforme con lo actuado. En adelante, cada vez que fueran al cementerio, tendrían que doblar el gasto de llevar flores a ambos nichos, y además pasar un tiempo en cada uno, pidiendo disculpas al finado que, definitivamente, no podría descansar en paz en dos nichos que ni siquiera estaban uno al lado del otro.

53.   El lagarto de Motupe.

En una esquina de la Plaza de Armas de Motupe, renovada totalmente en los años 1973 y 1974 por el Concejo Municipal, se puede ver un sector cercado con rejas de hierro sombreado por grandes árboles, en cuyo centro hay una poza llena de agua donde, casi sumergido, permanecía un viejo e inmenso lagarto semejante a un tronco seco por lo arrugado que era, y que, para decepción de todos los niños que iban a verlo, se pasaba inmóvil casi todo el tiempo.

De vez en cuando este imponente animal salía de su no tan fresca poza y se echaba sobre la grama que la rodeaba, bajo la sombra de la arboleda. Se quedaba inmóvil, con los ojos cerrados, absolutamente ajeno a los curiosos y a los chicos que no cesaban de arrojarle toda clase de cosas en un vano afán de verlo siquiera abrir la boca o mover la cola. Tan solo reaccionaba ante la presencia y los llamados a comer que le hacía su "guardián", quien diariamente llegaba en un triciclo lleno de sobras del camal, o con algunos peces que dejaban para él los choferes de los camiones frigoríficos; quienes llevando la pesca de Tumbes a Lima hacían pascana en el pueblo para degustar un buen y caliente caldo de gallina criolla, en cualquiera de los tantos restaurantes a la vera de la carretera Panamericana que cruzaba el pueblo.

Don Benito, el guardián del lagarto, era un hombre alegre y conversador, e hicimos amistad a lo largo de los años en que yo iba con frecuencia a visitar tanto al lagarto como a él, presionada por mis hijos que no querían perderse la oportunidad de verlo moverse algún día. Don Benito era manco. No tenía ningún empacho en contarle a quien le preguntara que su mascota le había arrancado el brazo. "En realidad, él no tuvo la culpa", decía.

Aparentemente, por una de esas lluvias muy fuertes que a veces se dan en la zona, la estructura del Camal quedó seriamente dañada y no se beneficiaron reses durante varios días. El pobre lagarto estuvo en ayuno forzoso y, cuando al fin llegó su comida, hizo saber su disconformidad atacando a su fiel guardián cuando este le alcanzó la cena. Al regresar del hospital, don Benito retomó su labor y se ocupó varios años más de cuidar al lagarto y su residencia con el mismo empeño de siempre.

Entre las anécdotas del lagarto de Motupe se cuenta una que dice que, en cierta oportunidad, este escapó de su encierro escondiéndose sabe Dios dónde. Por varios días no hubo cristiano que se atreviera a salir de su casa después de oscurecer por miedo a toparse con el temido animal. Al fin, tras varios días de búsqueda, alguien lo halló cómodamente dormido a las orillas de una acequia de regadío. Se formó un operativo liderado por don Benito y los escasos efectivos de la Comisaría, más unos pocos valientes voluntarios, con todo el pueblo a la retaguardia incluyendo al cura de la parroquia. El mayor que me contó esta historia mencionó, no sin pedir perdón a Dios antes de hacerlo, que la "procesión" que acompañó al lagarto a su residencia en el parque había superado a la de la Santísima Cruz de Chalpón.

Como suele suceder en las campiñas, había una antigua rivalidad entre los pueblos de Motupe y Olmos. Esta se manifestaba en todos los aspectos habidos y por haber, desde los partidos de fútbol hasta la discusión sobre cuál de las dos Cruces de Chalpón, la primera encontrada en Motupe y la segunda en Olmos, ambas en el Cerro Chalpón, era más milagrosa y había hecho más por un pueblo que por el otro.

El principal argumento de los olmanos era el milagro del Proyecto de Irrigación, cuya primera piedra se había colocado muchas veces y cuyo túnel ya lo habían inaugurado tres Presidentes. También se burlaban de los motupanos sobre el lagarto. Insistían en que el lagarto, al igual que varios conspicuos vecinos del pueblo, ¡era gay!

Entre las anécdotas sobre el lagarto, se cuenta que en otra oportunidad los ciudadanos de Motupe, preocupados porque al parecer el lagarto se hallaba triste y sin apetito, y creyendo que esto se debía a la larga y forzada abstinencia sexual del solitario animal, decidieron conseguirle una pareja. Después de largas disquisiciones y discusiones sobre si sería "el lagarto" o "la lagarta", triunfaron, como de costumbre, los machos del pueblo al declararlo de su sexo. De inmediato se nombró una comisión, y tras muchas gestiones y consultas llegó la ansiada pareja, que también fue escogida y determinada como "hembra" por democrática votación debido a la ausencia de especialistas en la materia y al femenino pudor del animal de no dejarse examinar. Con gran ceremonia la "novia" fue conducida a su nuevo hogar bajo el multitudinario jolgorio de todo el pueblo, feliz de haber encontrado la solución para la tristeza de su lagarto. El Concejo había organizado un concurso para ponerle nombre a la nueva habitante del parque, y todos iban a conocerla para inspirarse adecuadamente con miras a tan importante selección. Al fin llegó la noche, y la gente se fue retirando para dejar a los novios en paz especulando desde ya sobre cuántos lagartitos tendrían en el futuro, y sobre la cantidad de turistas que vendrían al pueblo para beneficio de todos.

Pero, a la mañana siguiente al casamiento, el primer curioso del pueblo se llevó una tremenda sorpresa al no encontrar a la novia por ningún lado: ni en la poza ni en el jardín que la rodeaba, donde tan solo tomaban el sol mañanero las tortugas y los pacazos que vivían en los árboles. La noticia corrió como reguero de pólvora por todo el pueblo y prácticamente nadie faltó alrededor de la poza nupcial. ¿Qué pasó con la consorte de nuestro lagarto? ¿Se habrá fugado? ¿No hubo entendimiento? Se preguntaban unos a otros. El hecho es que don Benito, el único que ingresaba a la residencia de los novios, tras observar detenidamente la poza, los jardines, buscar bajo las plantas y hasta en las ramas de los arbustos, informó a la población que el circunspecto novio, probablemente luego de una cariñosa discusión con su flamante media naranja, había llegado a la serena conclusión de que las responsabilidades del matrimonio no eran para él, y que la mejor manera de poner fin al compromiso era la de hacer de su pareja un buen bocadillo. Los hechos (los restos del cadáver de la novia hallados bajo una gran planta de cucarda) dieron lugar a otras tesis, una de las cuales fue la mayormente aceptada: resulta que la "novia" no había sido tal, sino que había habido un error de cálculo y que el lagarto, al descubrir que su novia era tan macho como él y bastante más pequeño, en señal de protesta y a falta de atenuantes, había optado por comérselo sin mayores trámites.

Meses después, cuando ya se habían acallado los comentarios, una mañana estalló el alboroto en Motupe: alineados a un lado del lagarto, ¡yacían cinco enormes huevos! El pueblo entero fue sacudido por la conmoción. Resulta que, a fin de cuentas, ¡el lagarto era hembra! Y también que antes del "matri-suicidio", el finado novio había cumplido su misión. Los huevos fueron enviados con todas las precauciones del caso a las autoridades competentes para su estudio y dictamen, a la vez que la noticia aparecía en todos los diarios y radios de las campiñas y pueblos aledaños. Todos esperaban ansiosos el resultado, sobre todo los machotes del pueblo y la famosa "Comisión", cuya "falta de ignorancia" había quedado expuesta públicamente.

No se cumplía la semana cuando al fin llegó el esperado veredicto: ¡los huevos no eran del lagarto! Se había salvado la Comisión, y los motupanos respiraron tranquilos. El honor y el machismo motupano se habían quedado a salvo. Los únicos que lamentaron el resultado fueron los olmanos, quienes se habían regodeado con la noticia burlándose a diestra y siniestra de los motupanos, diciendo que el único macho del pueblo había resultados ser hembra.

Luego de las averiguaciones, se descubrió que el chofer y los ayudantes de uno de los camiones frigoríficos que pasaba de Tumbes a Lima habían querido jugarle una broma al pueblo, trayendo los huevos de algún animal de la zona.

Me dio curiosidad saber por qué tanto interés en ponerle nombre a la finada novia del lagarto si él no lo tenía, y fue tema de una de mis conversaciones con don Benito. Resulta que uno de los "notables" de Motupe, don Expedito, era dueño de la única empresa de transporte público que unía a Motupe con los pueblos vecinos y Chiclayo. Don Expedito había tomado la costumbre de ordenar a sus choferes y cobradores que, en caso se malograra en ruta algunos de sus viejos y destartalados ómnibus, huyeran inmediatamente del lugar para no tener que devolver el valor de los pasajes. Como dicho accionar demostraba que este señor era todo un lagartón, el pueblo, sabiamente, había honrado a su lagarto poniéndole su nombre. De manera que lagarto sí tenía nombre, y portaba con orgullo el de Expedito.

Y así, después de presentar al héroe de la historia, llegamos a lo más importante de la misma: ¿De dónde vino el Lagarto?

Esta pregunta se la hice a un viejo y querido amigo, campesino del Caserío Cholocal, a quien conocí cuando andaba en sus 101 "años de vida y miserias", al ser solicitados mis servicios por su señora para inyectarle, diariamente, una serie de "ampollas para la vejez" recetadas por el boticario del pueblo.

En mi primera visita, sentados en una hermosa mesa de zapote y bajo la sombra de un algarrobo, me preguntó qué me parecía su mujer. Esta era una morena de Zaña bastante más joven que él, y mantenía su casa y alrededores bastante limpios y adornados con algunas plantas decorativas, rodeadas por cercos de palos para evitar que se las comieran las cabras que los mantenían a ambos y que aún llevaba a pastar el viejo. Sin esperar mi respuesta, me dijo que hacía ya un año había llevado a su anciana primera esposa a encargarla en casa de sus hijos, porque ya no podía cuidarlo ni ocuparse de las labores domésticas, ¡y que se había conseguido esta "pollita" de 50 años! Ahora todo iba bien, tanto para su ex señora como para él, que ya tenían quién los atendiera como Dios mandaba.

Volviendo al origen del lagarto, y ya en confianza después de varios hincones y bajadas de pantalón, le hice la esperada pregunta. "Verás, Gringa… -me dijo- …allá por el año 1925, desde muy temprano se vio que sería un buen año y que no iban a faltar esta vez las tan esperadas lluvias. Mi rodilla me estuvo doliendo por muchos días, y más fuerte aún en luna verde. Y en verdad empezó a llover, y llovió tanto como nunca antes. Llovió y llovió por varios meses sin parar. Los ríos bajaron desde las altas montañas cargados de su agua como chocolate, trayendo en sus furiosas torrenteras gran cantidad de piedras, animales, troncos desgarrados y quién sabe qué más."

Tras decir esto, mi amigo se quedó súbitamente callado, mirándome con una pícara sonrisa en su rostro, esperando la inevitable pregunta que sabía le haría.

-Y ¿qué más? –le pregunté.

-Pues… -continuó sonriendo- …entre estos animales vinieron cantidad de lagartos; a uno le gustó Motupe y aquí se quedó hasta ahora.

-¿Y los otros? -insistí.

-¿Los otros? Algunos se fueron a Piura, Tumbes y otros a Chiclayo y así por el estilo; pero todos llegaron a ocupar altos cargos –respondió.

-¿Cómo? -me asombré. Mi amigo respondió: "Sí, Gringa, algunos llegaron a ser jueces, otros alcaldes y comisarios, los más fueron abogados, ¡y hasta hubo algunos senadores y diputados…!"

182

Y luego de terminar su sabrosa historia, riéndose a mandíbula batiente, mi viejo amigo dio media vuelta y se alejó abruptamente, mientras que yo me quedé pensando en lo que me había contado y en el mensaje que había querido transmitir. ¿No es verdad que, en toda época de bonanza, como en este caso de las lluvias, aparecen los lagartos en todo nivel y en todas partes?

Lamentablemente, el lagarto de Motupe falleció en el año 1992, sesenta y siete años después de su llegada a Motupe. Al final se burló de todos nosotros, puesto que resultó que sí había sido una "lagarta". Días antes de su muerte, aparecieron nuevamente varios huevos en el jardín de su residencia. Esta vez, sin toda la fanfarria anterior, llegaron dos veterinarios "reptílólogos", quienes dieron fe de que sí, que definitivamente eran huevos de lagarto.

Don Expedito fue disecado por especialistas y se encuentra hoy en una urna de vidrio en la Plaza de Armas de Motupe, muy cerca a la poza donde pasó casi toda su vida.

54. El negro Muñante.

Conocí al Negro Muñante una mañana en que me hallaba sentada en la futura "terraza" de mi casa en la chacra, que en ese entonces consistía en dos sillones desvencijados de mimbre ubicados debajo de un algarrobo. Por el camino que llevaba al Tambo (una especie de "bodeguita" campesina) y que pasaba delante de la terraza, a unos cinco metros de donde me encontraba, venía el Negro Muñante, un robusto moreno, con una frente amplia brillante por el sudor del sol del mediodía. Venía inclinado, mirando al suelo y hablando solo, como era su costumbre. Detrás le seguía su mujer, quien, en contraste con él, era una blancota, flaca, huesuda y seca. Iba cargando la alforja vacía para las compras y llevando en la mano un poto o calabaza alargada y grande para comprar su aceite "suelto".

Ya había oído hablar de este nuevo guardián de una chacra "de ingenieros" al otro lado del río, y me había cruzado con él varias veces en el callejón de ingreso al Caserío Cholocal. Es raro encontrar gente morena por estos lares y la gente achacaba sus rarezas a su origen y raza, por no ser de la zona ni del color de los cristianos comunes. Se había tomado a pecho su trabajo y no permitía a nadie ingresar a la chacra a su cuidado, ni para llenar de agua sus bidones, ni para recuperar algún animalito pasadero que hubiera osado ingresar por los precarios cercos que el negro solo componía en invierno, ya que "el hombre no se ha hecho para trabajar al sol", según decía. El pobre Muñante nunca dejó de ser un "fuereño", y cuando partió para su Chincha, pocos años después, se fue sin pena ni gloria, llevándose dos hijas más de las tres que trajo consigo.

Cuentan sus vecinos que, en cierta oportunidad, el negro los invitó a merendar por ser su cumpleaños. Los invitados llegaron portando consigo, como es la costumbre, una o dos botellitas de chicha casera, cerveza o llonque, y Muñante los invitó a sentarse y les alcanzó el vaso para que tomaran al estilo campestre, uno a la vez y todos del mismo vaso. Una vez agotados los regalos y desconcertados porque el anfitrión no aportaba nada ni se sentían los olores esperados de la gallina mechada o el estofado de cabrito con loche, manjares con que se acostumbra homenajear a los invitados, supusieron, muy satisfechos, que seguramente se trataba de un "hornado" o "copús", que es una preparación similar a la pachamanca serrana. Convencidos de que el hornado estaba en proceso, se acomodaron en sus asientos, ya más tranquilos, decididos a esperar lo que fuera necesario. Claro que faltaba la cerveza, pero, a fin de cuentas, el Negro era "dizque" de Chincha, y vaya uno a saber las costumbres de esa remota tierra. Estaban en medio de estas disquisiciones cuando reapareció el Negro en medio del cuarto y, dirigiéndose a todos con su voz ronca, les dijo con la mayor naturalidad del mundo: "Amo, amo, t'os pa su casa, que'l Negro Muñante no come con cualquie cristiano". Asaltados por la sorpresa al ver que los echaban, no les quedó otra opción que retirarse a toda prisa, sin esperanzas de probar el tan esperado hornado mojadito con la cerveza que, estaban seguros, se había guardado para acompañar el festín.

Pero, volviendo al principio de la historia, seguía yo sentada en mi silla cuando, quince minutos después, regresó el Negro y su escuálida mujer. Venía él adelante, con su palo o bastón en una mano, y, unos pasos más atrás, lo seguía la mujer que cargaba la alforja llena de las compras adquiridas en el Tambo, casi doblada en dos por el peso, y sujetando en una mano el "poto" ya lleno de aceite.

-¡Oye, Muñante! -le grité- ¿No ves que tu mujer no puede ni caminar con el peso que trae?

El negro se paró, me miró, miró a su mujer y contestó aquiescente: "Ties razón, Gringa."

Y, retrocediendo hasta donde se hallaba su mujer, le entregó el palo que la pobre apenas logró sujetar con la mano ocupada por el poto de aceite. Hecho esto, muy ufano y contento por su buena acción me miró agachando la cabeza en forma de despedida, y prosiguió su displicente caminata mientras que la mujer, guardando la distancia establecida, le seguía con la misma carga anterior más el palo que graciosamente le había alcanzado el Negro para que no se fuera a caer por el peso de la carga.

Fui invitada a la casa de Muñante en dos oportunidades, y me quedé sorprendida por la limpieza, el orden y el trabajo que había puesto al construirla. Era de quincha y barro, perfectamente realizada, sin que se viera alguna rendija ni desigualdad en las paredes y el techo era de chante (cáscara seca del tallo de la planta de plátano) tejido con verdadero arte. Se había ingeniado en conseguir y labrar varios troncos de algarrobo y obero, dándoles forma de repisas, ganchos y trípodes como soporte de los cántaros de agua y chicha, y la cocina de leña era toda una obra de arte. Debía haber trabajado duramente todos los inviernos para lograr ese resultado. En ambas oportunidades, y cuando lo juzgó conveniente, me hizo, aunque en forma más amable, la misma invitación a retirarme y, al igual que con sus otros invitados, tampoco me ofreció ni un vaso de agua. Sin embargo, a su manera, sé que consideraba que ya éramos amigos y me lo demostró en una oportunidad en que nos cruzamos en el callejón de entrada al Choloque, mientras que yo caminaba de regreso luego de asistir a un parto.

Al verme sola dio media vuelta y, sin decir una palabra, me acompañó los casi dos kilómetros que faltaban hasta la entrada de la chacra.

Antes de dar la media vuelta y alejarse, me dijo que no saliera sola porque no todos por allí eran buenos cristianos.

55.   ¡¡La gallina negra, nooo!!

Los dos primeros años en el Choloque vivimos en medio de la construcción de la casa, que avanzaba de acuerdo a la cosecha y precios del plátano, nuestro principal cultivo. Todavía no teníamos la cocina lista y habíamos improvisado una con esteras, petates y un cilindro "encementado" para el agua que nos abastecía el tractor desde el pozo. La habíamos ubicado en la parte de atrás de la casa, donde estaban ya terminados un dormitorio y la oficina, con su correspondiente vereda que nos servía de comedor.

Me hallaba, pues, sentada en ese comedor contemplando los juegos de luz que se formaban al filtrarse el sol por las ramas de los algarrobos que rodeaban la construcción. Era una de esas mañanas maravillosas que se dan en estas tierras y que hacen sentir, sin necesidad de iglesias o imágenes, la presencia y existencia de un Dios en toda su majestad y poder. En eso sentí unos gritos de "Gringa, Gringa" que se acercaban, y alcancé a ver al Negro Muñante que resoplando corría hacia la casa.

El negro Muñante, nativo de Chincha, había llegado hacía cerca de un año traído por un agricultor limeño como caporal de su chacra, que quedaba a unos cuantos kilómetros del Choloque. Era el único negro en la zona, y se mantenía al margen del resto de habitantes de los caseríos vecinos porque se sentía un poco como gallina en corral ajeno.

Me paré para recibirlo y llegó sudando, sosteniendo y dando vueltas con sus arrugadas manos a su viejísimo sombrero de paja que ya casi era de su color.

-¡Ties que venir a mi casa, gringa, ahorita, que mi mujer está por parir! ¡Ta sola la vieja, gringa, tenemos que ir! —exclamó.

Tranquilicé al Negro asegurándole que iba y tomando mi maletín. Después de dejarle una nota a Manolo partimos "caminando a pie", ya que el río estaba cargado y no había forma de cruzar la camioneta. Cruzamos el río mojándonos hasta la cintura y seguimos cortando camino por las chacras de los Barragán, vecinos del caserío. Aproveché para decirle a doña Amalia Barragán, quien estaba despancando maíz a las puertas de su casa, que me alcanzara en cuanto pudiera en la casa del Negro. Le di algunos pormenores del caso, ya que sabía que el Negro estaba solo y esperaba pasarle una de las funciones de partera que detestaba: matar la gallina para hacer el caldo sustancioso que consumían las parturientas durante toda la duración del parto y después de parir, que reemplazaba al "suero" con que alimentan a las de la ciudad. Las otras funciones ya eran más sencillas: echar el agua del socorro al bebe después de bañarlo, hervir el agua para el bebe y la parturienta, atender el parto, y, lo más importante, ayudar al padre a decidir cómo deshacerse de la placenta: ¡o quemarla o enterrarla!

Media hora después, agitada y acalorada por ese implacable sol del verano en el norte, entré por primera vez en la choza del Negro. Me llevó atrás de una división hecha con bolsas de úrea abiertas y muy bien unidas que separaba el dormitorio del resto de la gran habitación, que comprendía comedor, despensa y estar, y hasta un pequeño corralito donde pernoctaban los pollitos, a salvo de los zorros que abundaban en la zona. Encontré a la señora Muñante, una mujer de la sierra norteña, de raza blanca, echada en un colchón en el suelo. Estaba en la última etapa del trabajo de parto. Había sufrido muchas horas sin avisarle al Negro, y se hallaba agotada y sin fuerzas para continuar. Las otras dos hijas de la pareja estaban en el colegio y no las llegué a conocer. Doña Amalia después me explicó que por falta de dinero y movilidad no habían podido contratar a la partera del pueblo, y que por vergüenza el Negro no había querido que ella me avisara antes. La mujer no abrió los ojos ni habló durante toda la labor de parto, que duró casi una hora más. Mandé al Negro a traer leña y reavivar el fuego, puse el agua a hervir, alisté mis cosas y me dispuse a esperar, sobándole la espalda, refrescándole la frente y hablándole sin lograr respuesta alguna. Yo ya estaba asustada, pues la verdad es que la tal señora ni se quejaba ni parpadeaba. Por fin, pasada cerca de una hora, nació una mujercita, con gran decepción del Negro, ¡que simplemente me dejó sola y se fue maldiciendo en voz alta su perra suerte y a la mujer de mierda que no sabía más que parir mujeres!

Terminé con los trabajos de post parto como pude, y después de lavar mis utensilios y a las dos mujeres me senté a descansar en un tronco a la sombra de un inmenso "huabo" (árbol del pacae) afuera de la casa. Tenía que esperar a que el Negro regresara de su rabieta para ver qué hacíamos con la placenta o, en todo caso, que llegara doña Amalia para dejarle este encargo y emprender el camino de regreso al Choloque. Recién entonces me puse a mirar la casa. Era una construcción de caña brava y barro, con horcones y vigas de algarrobo y techada en parte con lluvisol y en parte con panca de maíz. El único mueble de la habitación era una mesa, pero lo que me asombró fue la limpieza e inventiva para reemplazar los muebles, a los que no tenía acceso, con ramas y troncos y materiales de la zona. A un lado había tres troncos parados y enterrados parcialmente, de los cuales nacían tres ramas que formaban un soporte donde había tres vasijas de barro encajadas y tapadas con un tejido de palmera, que servían para contener el agua para cocinar, lavar y asearse. La cocina era una barbacoa revestida en barro, y de la pared colgaban de unos ganchos de rama de limón las pocas ollas y utensilios que tenían. En el suelo había unos cántaros chicheros tapados con tuzas o corontas de choclo, que amarradas con un alambre formaban una tapa perfecta. En ellas guardaban el arroz, la chicha y otros comestibles para librarlos de los animales. A manera de sala habían colocado dos hamacas de soguilla y un cajón de madera que hacía de mesa auxiliar. El piso de tierra estaba ya duro por acción del agua con que lo regaban a diario, y no se veía basura ni desperdicios o suciedad de animales por ninguna parte.

Finalmente, le eché una mirada a la madre, que seguía sin moverse ni hablar, y también a la bebe, que había puesto al lado de ella, y le dije que ya me iba y que iba a mandar a doña Amalia por si necesitaba algo. No podía hacer más. Ya Amalia se ocuparía de lo de la placenta cuando volviera el Negro, y al día siguiente vendría para ver como seguían ambas mujeres y trayendo algo de ropa para la bebita. No me había acordado de matar la gallina, ni me lo había pedido el Negro, así que al menos me había librado de hacerlo. No había avanzado mucho cuando escuché al Negro que me llamaba a los gritos: "¡Gringa, gringa, venga que se muere mi mujer!"

Tratando de disimular el pánico, regresé a la casa y me dirigí de frente donde la mujer, que efectivamente parecía muerta. Le abrí un ojo, le eché aire, la froté con alcohol, la santigüé y quién sabe qué más hice, pero no conseguí ninguna reacción. Al menos tenía pulso y no había hemorragia ni fiebre. En eso hizo su ingreso doña Amalia, quien al ver el cuadro lo primero que me preguntó fue si había tomado el dichoso caldo de gallina. Le dije que me había olvidado y que tampoco me habían dado ninguna gallina para hacerlo. Muy segura, doña Amalia me explicó que lo que tenía era debilidad. "Tiene que tomarse un buen caldo de gallina con enjundia y se le pasa todo", dijo.

Salimos al patio a corretear a las gallinas y pescar a la primera que cayera, hasta que logré agarrar una. Mientras que me dirigía a la cocina, le grité a doña Amalia que ya tenía una gorda gallina negra. Se la pasé a doña Amalia y cuando ella se disponía a torcerle el pescuezo, de pronto la "muerta" se sentó en su cama y, con los ojos bien cerrados y con voz demasiado fuerte y clara como para ser de ultratumba, nos dijo: "¡La gallina negra no, que está poniendo!"

Fue tal el alivio que sentí, que casi llegué a besar al Negro, que se rascaba la cabeza en medio de los cacareos de la gallina negra, de los gritos de la mujer y de las risas de doña Amalia y las mías.

Doña Amalia me explicó que todo el extraño comportamiento de la mujer, había sido porque estaba avergonzada de que yo la hubiera atendido y no quería ni mirarme. Esa experiencia fue de mucha utilidad en otras oportunidades similares que se presentaron en los años sucesivos y que aprendí, a Dios gracias, a manejar mejor.

## 56.	Anécdotas escolares.

En esos años escolares en una realidad tan diferente de la que veníamos, no faltaron sucesos y anécdotas que nos alegraron la vida, que cambiaron conceptos y costumbres, y que compartimos muchas veces en esas tertulias tan agradables con amigos o familia, en un Choloque sin televisión ni buena luz para leer.

Un día llegó Santiago de regreso de su colegio de Escusa Baraja y se vino de frente a la oficina donde estábamos Manolo y yo conversando con el caporal. Sus compañeros venían atrás y se quedaron afuera, observando por la ventana para no perderse la segura tunda que le iba a propinar el Ingeniero a Santiago cuando viera la pinta que traía. Efectivamente, Santiago estaba con la camisa rota, embarrado, el labio que le sangraba y con una expresión de enojado que, a sus cuatro años, en vez de asustar, nos obligó a disimular la sonrisa que era imposible evitar.

-¡Santiago, qué te pasó! -le preguntó Manolo ciertamente sorprendido al verlo.

-¡Me he tenido que trompear con el negro Vílchez que es un malo y más grande que yo! -dijo mientras se le salían las lágrimas de la cólera y humillación por llegar, obviamente tan golpeado, aunque sobre todo en su orgullo.

Al pedirle que se calmara y nos explicara el porqué de la pelea, nos dijo que no había tenido más remedio que pegarle porque el tal negro le había "aumentado a la madre".

Ya en la escuela de Anchovira, donde Cali, Álvaro y Santiago estudiaron su primaria, Santiago no tuvo que volver a defender mi honor y no hubo más peleas tan serias; salvo otra vez que regresando del colegio, fue también de frente a la oficina a presentarnos las quejas. Esta vez se había tenido que trompear con el "Mono" porque le estaba pegando al Álvaro, que aguantaba estoico la paliza sin siquiera intentar defenderse. Esto lo contaba indignado, mostrando las pruebas en el bolsillo roto y las rodillas raspadas. Resulta que el Mono, que era más grande, fastidiaba al Álvaro, quien le había dicho que ya no lo molestara. El Mono le había propuesto un acuerdo de "caballeros": este año no lo fastidiaría, pero sí le podía pegar, y el próximo año le tocaría al Álvaro pegarle a él, quien se dejaría pegar sin defenderse. Álvaro, con tal de librarse de los insultos y apodos que le ponía y que lo tenían seco, había decidido aceptar el acuerdo y esperar pacientemente a que le llegara su turno.

Ya en Chiclayo, Santiago y Álvaro fueron a su primer día en el Colegio San Agustín. Esperábamos ansiosos el regreso para saber su impresión de ese tremendo cambio que iban a experimentar. Cuando llegaron, les faltaban palabras para contarnos que "¡cada año tenía su salón propio!" Y también que, además, en el salón cada uno tenía su propia carpeta y un maestro para ellos solos. Los profesores estaban bien excepto, según el Álvaro, el Papa vestido de negro que se paseaba por los corredores con un chicote. Después supimos que se trataba de uno de los padres del colegio, quien con los años se convertiría en un gran amigo y visitante frecuente del Choloque.

Santiago había pasado su mal rato cuando, en medio del recreo, un grupo de su clase le preguntó si quería jugar fútbol con ellos. Él, que los había estado mirando sentado en la vereda sin atreverse a intervenir, les gritó que sí, y procedió a quitarse los zapatos y las medias y se fue corriendo sobre el cemento para unirse a ellos. Ni qué decir de las bromas y risas de todos al verlo de "a pie", lo que felizmente terminó con la intervención del "Papa", que le explicó que podía jugar con zapatos. Las bromas pararon cuando se dieron cuenta de que era un excelente jugador y que era una suerte que se hubiera unido al equipo de su año, en el que jugó hasta que se graduó.

La Cali y Lani estudiaron parte de su primaria y secundaria en el Colegio Santa Ángela, que quedaba casi frente a nuestra casa. Cali nos sorprendió en una oportunidad en que asistimos a un evento deportivo. Había estado entrenando gimnasia rítmica, y nos dejó estupefactos con la excelente presentación que había preparado y que le ganó aplausos de toda la concurrencia. Solo una vez me llamaron a la Dirección por una situación "especial" relacionada con Cali. Habían hecho llenar a las chicas un cuestionario, en el que tenían que poner una palabra que se relacionara con otras ya impresas. Me dieron el cuestionario a leer y había palabras como "animal", junto a la cual ella había puesto "perro", y así varias que me parecieron de lo más acertadas. El tema era que también había la palabra "mamá", y que Cali había puesto "sargento".

Me dieron toda una clase de psicología infantil para ver si el próximo año lograba un convencional "amor", "paciencia", "bondad" o algo por estilo.

Lani también tuvo una destacada anécdota. La habían escogido para la Gran Velada Musical Anual que se presentaba en el Teatro con la asistencia de maestros, padres, amigos, en un lleno total. Me mandaron la foto del disfraz que Lani tenía que llevar, y ese mismo día salí a comprar lo necesario para coserlo en El Choloque y tenerlo listo con tiempo. Resulta que, faltando dos semanas para la velada, habían decidido cambiar el color del disfraz: en vez de rojo con negro, ¡sería verde! Ni modo que yo iba a hacer otro, así que, entendiéndolo así la maestra, decidió modificar el número. Lani saldría primero bailando, seguida de sus compañeras. Bailaría solo un minuto, luego una de sus compañeras le tiraría una flecha y ella caería al suelo muerta, quedándose allí todo el resto del número con todas sus compañeras bailando alrededor. Todo esto lo supimos después por la maestra, cuando tuve que ir por segunda vez a la Dirección, esta vez por la "rebeldía" de Lani. Resulta que Lani salió la primera, hizo su baile, le tiraron la flecha, cayó al suelo herida pero no muerta (según ella), y que luego se paró y bailó con todas sus compañeras el resto del número, ¡feliz de la vida de saber que con su vestido rojo era la estrella del show!

57.   Los vecinos y amigos.

Manolo había hecho amistad con varios agricultores de Motupe. Una vez instalados en El Choloque, con la casa ya terminada y el jardín dejando ver lo hermoso que llegaría a ser gracias al tiempo, el cuidado y la paciencia (que era para mí lo más difícil de manejar), empezamos a recibir a estos otros pioneros del desierto, y a compartir con ellos gratos momentos de tertulia y música que nos sacaban de la monotonía y soledad de la vida de campo.

Casi todos ellos vivían en Chiclayo, aunque algunos tenían casa en la chacra y pernoctaban uno que otro día, especialmente en épocas de siembra o cosecha. El valle de Motupe, alimentado por los ríos Chotoque y Motupe, era bastante pequeño. Ambos ríos permanecían secos la mayor parte del año, lo que favorecía la siembra de cultivos de "campaña", tal como se denominaba al maíz, algodón, ají y otras hortalizas. El resto del valle tenía, en algunas zonas, agua de subsuelo de buena a pésima calidad por el exceso de sales. Las chacras estaban repartidas en este gran valle, y era común no tener ningún vecino cerca.

Manolo era muy querido y respetado, y en muchas oportunidades lo buscaban para resolver litigios de campesinos o recibir consejos y ayuda con el tractor, la camioneta, cañas de Guayaquil para los techos y mil necesidades que surgían en el campo. Siempre encontraron al Ingeniero Santa María dispuesto a brindarles apoyo, y su buen juicio y honestidad lo convirtieron en uno de los "notables" del valle. Inclusive aceptó un cargo en el Concejo a pedido de nuestro panadero de los domingos, y nos llegó el nombramiento en un documento oficial lleno de sellos y firmas, en el que se le informaba que había sido nombrado Concejal de Jardines y Asuntos "Cadenciosos".

Intrigado por este último cargo, no tardó Manolo en ir a informarse de sus obligaciones, resultando que se habían equivocado porque el Cargo era para los Asuntos "Contenciosos" civiles, que no faltaban en el pueblo. Manolo dedicó mucho de su tiempo a "hermosear" la Plaza de Armas de Motupe, y hasta ahora se pueden ver la antigua piedra de molino, la carreta con macetas de flores, y algunos árboles que se salvaron de las "remodelaciones" de la Plaza de Armas que cada Alcalde, indefectiblemente, llevaba a cabo.

Hicimos muy buenos amigos entre los agricultores "medianos" que, al igual que nosotros, habían tenido la suerte de encontrar agua en sus parcelas. Estaba un griego de lo más alegre y sufrido por lo difícil que le era adaptarse a una actividad que no conocía. Se apellidaba Papadopoulus, pero los motupanos, al no poder pronuciar tan rara palabra, lo bautizaron como Marco Polo. También estaban los dos ingenieros mayores, Barrios y Zavala, que habían sido de los primeros en llegar y revolucionar el agro con la siembra de paltos y limones, así como también el alemán Schindler, quien trajo desde Hawaii las variedades de mango que ahora se exportan y consumen en Perú.

Unos años después vendría la empresa Backus a poner una Planta de Cerveza en Motupe, gracias a la excelente calidad de agua que encontraron en el pozo del fundo San José que le compraron a la familia Olcese, dueños de los primeros supermercados de Lima. Con ella llegaron varios ingenieros y técnicos, que no tardaron en ser parte de los amigos con quienes compartimos muchas veces agradables momentos en El Choloque. Los primeros que llegaron fueron Manolo y Judy Salas, una pareja cuzqueña, con quienes de inmediato tanto mis padres como nosotros hicimos una gran amistad que continúa hasta ahora.

A poco tiempo de llegar la plana mayor de la nueva empresa, el flamante Gerente de Backus nos propuso trabajar para ellos en el desarrollo agrícola del fundo, y encargarnos de diseñar, sembrar y mantener las seis hectáreas que habían destinado a los futuros jardines de la Planta. Así iniciamos una nueva empresa de servicios, con la que nos ocupamos, además de lo nombrado, de construir el haras de Caballos de Paso que con el tiempo participó en concursos y desfiles, lo que acabó siendo un verdadero aporte al turismo y prestigio de Lambayeque.

Fueron innumerables los diferentes servicios que fuimos prestando a la empresa. Resolvimos problemas de todo tipo que se presentaban tanto en el área industrial como el agrícola y los jardines, que se iban reduciendo conforme se ampliaba la fábrica. Trabajamos así por veintidós años de excelente relación y mejores amigos, y con la satisfacción, hasta ahora, de saber que fuimos parte de la formación y desarrollo de esa empresa que tanto bienestar trajo al pueblo de Motupe.

También en Motupe conocimos e hicimos amistad con gente de primera, con quienes pasamos muy buenos momentos y cuya amistad sigue hasta ahora. Uno de ellos, proveedor de ganado que además con su esposa tiene un puesto de venta de carne en el mercado, construyó un hotel en plena Plaza de Armas, y es hasta ahora un exitoso hotelero. Nuestro amigo, César Ramos, dueño de los principales grifos de Motupe, nos ayudó muchas veces "fiándonos" el petróleo para el motor del pozo sin el cual no podíamos regar la chacra. Y Juano Morales, quien invirtió en una granja de camarones en Motupe y puso un restaurante, para beneplácito de todos los comelones del pueblo y visitantes. Juan Manayay, el joven más emprendedor y exitoso que he conocido. Trabajó como jefe del Vivero de la Asociación de Agricultores y terminó, unos años después, comprando ese terreno y poniendo su propio vivero y logrando su sueño de casa propia, carro y un cargo en el Concejo.

58.   Metas cumplidas.

Para 1981 ya habíamos cumplido nuestra meta de llegar a las cincuenta hectáreas oleadas y sacramentadas, es decir: ¡pagadas! Y, además, ya habíamos cancelado el último el último lote de diez hectáreas que le habíamos comprado a una vecina del otro lado del río, que las tenía abandonadas por no tener pozo ni los medios para hacerlo. Lo nombramos "Huásimo" por un árbol inmenso de este nombre que crecía en el límite con el Choloque, que tenía hojas de un verde brillante y frutos negros que se parecían a las piñitas de los pinos y tenían un extraño olor a especias parecido a la canela.

¡Quién nos iba a decir que este árbol iba a ser lo único que quedó de las diez hectáreas después del Niño de 1983!

Para ese entonces, ya el Choloque era un fundo frutícola. Teníamos más de la mitad sembrado de limones y el resto era maracuyá, que inicialmente vendíamos a una empresa que lo transportaba a una agroindustria en el valle de Chanchamayo y lo mezclaban con la producción de esa zona para mejorar la calidad en lo que a grados Brix se refería, ya que el del norte era mucho más dulce debido en parte a la ausencia de lluvias y mayor cantidad de horas de luz. Unos años después, la empresa Backus instaló una agroindustria para procesar concentrado de maracuyá, y aceite y otros subproductos de limón, lo que resolvió parcialmente uno de los principales problemas de los pequeños y medianos agricultores: la comercialización de sus productos. Al poco tiempo de iniciarse el proceso del maracuyá en esta agroindustria local, el área sembrada de esta fruta se incrementó más de diez veces, y aun con altas y bajas en los precios fue uno de los aportes más significativos al desarrollo agrícola de la zona.

La única manera de que nos alcanzara el agua del pozo para poder cultivar esa nueva tierra, era instalando riego tecnificado; de manera que acudimos nuevamente a nuestro Banco Agrario e iniciamos la siembra de limón asociado con maracuyá, aunque esto implicaba un costo mayor por el doble sistema de goteo en el maracuyá y micro aspersión para el limón. Ya habíamos probado con éxito la "asociación" de cultivos, que nos daba ingresos del maracuyá a partir del décimo mes de siembra, mientras que teníamos que esperar de dos a tres años para la primera cosecha del limón. Sembrábamos inicialmente dos líneas de maracuyá aprovechando el necesario distanciamiento entre los limones, que en pocos años llenarían ese espacio. Después de dos años de cosecha eliminábamos una línea y sembrábamos solo una, que nos ayudaba otros dos a tres años, hasta que el limón reclamaba su espacio.

Fueron años de arduo trabajo, con la excepción de pequeñas escapadas a Lima en Navidad y las visitas de la familia, que, aunque espaciadas, nos llenaban de felicidad. Ya habíamos implantado la costumbre de festejar las fiestas patrias con un "puertas abiertas", a las que venían desde Motupe y Chiclayo amigos nuestros y de los chicos a pasar el día y a gozar del clásico "hornado", que preparábamos en esa fecha. Algunos de los comensales se quedaban a pasar la noche en los sillones y camas improvisadas en la sala, en la terraza y hasta en el camión de la cerveza, que tenía, al menos, techo y paredes, y al que le colocábamos en el piso paja de arroz y almohadas y cojines para los durmientes.

La preparación del hornado era como la pachamanca de la sierra. Desde la víspera se reunía toda la gente para gozar de los preparativos, piqueos y cerveza con la que se iba brindando por el éxito del hornado. Se hacía un hoyo de algo más de un metro de profundidad y de diámetro. A la media noche se ponían troncos gruesos de algarrobo en el hoyo, se encendían para que se quemara la madera hasta el amanecer, en que ya la leña era carbón. Se bajaba el chancho adobado desde la víspera y se colocaba sobre el carbón en una gran cayana u olla de barro. Luego se acomodaban al fondo otras cayanas más pequeñas con carne de cabrito macerado en chicha con loche, y los acompañamientos de plátanos, yucas, papas y camotes. Todo esto se tapaba con hojas de plátano y tierra, y no se abría hasta las dos o tres de la tarde, con todos los invitados alrededor, atraídos por los olores que iban saliendo conforme se retiraban las hojas que lo tapaban. Todo se llevaba a una gran mesa, donde ya estaban la morcilla y el chicharrón del chancho y la sangrecita y el chirimpico de cabritos, y todas las salsas y ajíes que se habían preparado desde el día anterior.

Un año antes, en 1981, decidimos cerrar el establo. Las reglas del juego habían cambiado con el nuevo gobierno de don Fernando Belaúnde, y ahora había libre importación de carne que llegaba de Argentina y que llenaba los mercados y tiendas especializadas a precios bastante bajos. Fue una triste pero muy buena decisión, ya que hubiésemos enfrentado toda clase de problemas con el ganado estabulado durante los meses de las intensas lluvias que soportamos en 1983.

En esos años, Manolo investigó y ensayó diferentes cultivos, y, si bien tenía un costo, lo considerábamos indispensable ya que el Ministerio de Agricultura no realizaba esta labor tan necesaria en el desarrollo del agro. Sembramos tuna para cochinilla y la primera infestación no dio buenos resultados. Decidimos dejarla desarrollar para vender la fruta cuya producción sí resultó muy buena, pero después de la primera cosecha la gente se rehusó a volver a ingresar al campo por las espinas que se les pegaban en la ropa y hasta en el pelo. Por otro lado, en el norte no había demanda y el costo de enviarla a

Lima era tan alto que no podíamos competir con la tuna de la sierra central. Fue una lástima tener que matar una plantación tan hermosa, pero generalmente ganan "los números", y de la tuna solo nos quedó el nombre que llevó ese campo, al que luego sembramos de maracuyá y años después de mango.

El año 1982 fue un hermoso año. Disfrutamos sembrando y viendo crecer las siembras en los nuevos campos, y logramos, ayudados por el cierre del establo, comprar un departamento en Miraflores ya pensando en los hijos, que tal vez tendrían que estudiar en alguna Universidad de Lima, y también en que ya éramos demasiados para que alguien de la familia nos pudiera alojar a todos. Ya habíamos dejado de ir a Lima en las últimas Navidades, y ahora ya podríamos ir siempre y estar algo más cerca de la familia.

También ese año tomamos las primeras vacaciones en familia. Habíamos comprado una Van Volkswagen, y acompañados por nuestros queridos amigos, Nils Ericsson, su esposa y dos hijos, realizamos un lindo viaje a Cajamarca. Éramos cuatro adultos y siete jóvenes y chicos, y nos organizamos reservando un buen hotel con tiempo y planeando todos los tours que íbamos a hacer. Llegamos a Cajamarca ya anocheciendo y emocionados por conocer el hotel del que tanto nos habían hablado.

¡Cuál no sería nuestra sorpresa al encontrarnos con que el hotel había ya ocupado con otros huéspedes nuestras habitaciones! Llamaron a todos los hoteles de Cajamarca y no había espacio en ninguno. Al fin, ante la furia de Manolo y Nils, y al ver tantos niños que no tendrían dónde dormir, nos dieron, por esa noche, una habitación que hacía las veces de depósito de mesas y sillas rotas, donde además guardaban la ropa blanca del hotel. Nos pusieron los únicos diez colchones que tenían y unos almohadones que sacaron de las perezosas que había al lado de la piscina, y allí dormimos esa noche, cubriéndonos con manteles y sábanas del frío de las noches serranas. Al día siguiente iniciamos el recorrido buscando hospedaje sin suerte alguna. Estábamos sentados en el parque, cansados y listos para tirar la toalla y regresarnos a Chiclayo, cuando se nos acercó un joven preguntándonos si estábamos buscando alojamiento. Resultó que conocía a un señor que había comprado un convento que después fue un orfanato, y que lo estaba transformando en hotel. Todavía no lo había inaugurado, pero estaba seguro de que nos podía alojar. Además, quedaba en un hermoso lugar en medio de la campiña. Lo subimos a la camioneta y nos fue guiando por unos quince a veinte minutos, fuera del centro de la ciudad. Efectivamente, en medio de árboles y pastizales, se erigía el viejo convento con sus arcos e infaltable campanario. De lo más entusiasmados nos quedamos esperando a que nuestro guía fuera por el dueño, y al fin encontráramos dónde quedarnos.

Y así fue. Don Guzmán nos hizo subir a una terraza techada bastante grande, con una vista impresionante del valle y con una gran mesa y sillas que debieron haber visto mejores años, en donde podían sentarse más de veinte comensales. Allí nos sentamos a gustar un refresco mientras nos alistaban un dormitorio para quince huéspedes. El dueño ya había comprado camas, colchones, almohadas y ropa de cama para los cincuenta huéspedes que pensaba llegar a alojar, y las once camas que necesitábamos ya estaban dispuestas una al lado de la otra, con sus respectivas ropas de cama y almohadas encima para que nosotros las tendiéramos. La habitación estaba limpia, todo era nuevo, la vista a través de las ventanas era hermosa, había electricidad y nos podían preparar el desayuno para todos. ¿Qué más podría uno pedir? ¡Un Baño!

Lamentablemente, el dueño todavía no había pensado en ello.

Pero, con una gran sonrisa, nos dijo que sí había una solución. En medio del jardín interior al que rodeaban los arcos de los corredores adonde daban las habitaciones, había una pileta de agua pura, cristalina... ¡y helada! Allí nos podríamos lavar, pues el agua era abundante. En cuanto a lo demás, nos llevó por una puerta al que antaño fuera un corral de aves, donde había habilitado un baño "turco" que, al menos, ¡tenía puerta! De manera que se solucionó el problema, y don Guzmán nos dejó feliz y se fue a cumplir sus tareas.

Ni qué decir que la pasamos de maravilla. Lo mejor de todo fueron los desayunos con leche fresca de las vacas de don Guzmán, acompañada de unos panes serranos recién hechos, con queso y mantequilla artesanal que nos esperaban cada mañana en la gran mesa, y con esa vista tan hermosa que nos alimentaba a la vez el alma.

Y así, después de visitar el jardín de hortensias, bañarnos en las aguas termales, visitar a las vacas a las que se llamaba por su nombre, y de conocer muchos sitios hermosos, además de comer riquísimos choclos, chupes y tantos platillos serranos nuevos para nosotros, emprendimos el regreso a Chiclayo haciéndonos la promesa de realizar al menos un viaje al año con toda la familia.

59.   De santos, brujos y curas.

Años más tarde, y ya viviendo en Motupe, Manolo y yo nos involucramos en varias oportunidades con las actividades y algunos problemas que se suscitaron en el pueblo, y que tuvieron consecuencias en la vida de Motupe y en el culto a la Santísima Cruz de Chalpón.

Uno de los más antiguos agricultores pioneros de Motupe, muy querido por su participación en diferentes proyectos y programas en beneficio del pueblo, era el Ing. Julio Zavala. Su fundo quedaba unos kilómetros al sur de El Choloque, y Manolo y él eran grandes amigos. Una tarde vino a buscarnos para pedirnos que lo acompañáramos a Motupe, a una reunión con un grupo de personajes del pueblo que querían nuestro consejo y apoyo en unos problemas relacionados con la Cruz de Chalpón.

Resulta que, desde hacía varios años, un grupo de personas de Motupe y el cura dirigían y organizaban las fiestas de la Cruz de Chalpón, lo que incluía la recolección y conteo de las limosnas que dejaban los peregrinos durante todo el año, en especial en las fiestas de febrero y agosto. Con el dinero que se recolectaba habían iniciado la construcción de la iglesia del pueblo, que ya llevaba años sin terminarse, y apenas habían hecho algunas obras en el camino a la Cruz.

Las cuentas que rendían anualmente, descontados los gastos de las bandas de otros pueblos que contrataban por dos semanas, los coros y adornos y flores de los servicios religiosos, etc., etc., daban como resultado una utilidad de nunca más de cuarenta a cincuenta mil soles al año. Pero, según los cálculos de quienes nos habían pedido ayuda, basados en los más de cien mil peregrinos que visitaban Motupe en las fiestas y en otras fechas, la utilidad debía por lo menos triplicar esa cantidad.

En cuanto a los regalos en joyas, siempre respondían que el oro se estaba fundiendo para el segundo cáliz que debía tener la Iglesia. También habían investigado a los dirigentes de la cofradía, y resultaba que todos tenían automóviles y otros signos de riqueza, y que además el cura era dueño de cuatro de los colectivos que transportaban a los motupanos hacia y desde Chiclayo. También sabían que organizaban fiestas a puerta cerrada y habían conseguido una foto del cura con dos señoritas en las rodillas. Ya no podían seguir permitiendo todo eso, menos aun cuando, apoyados por el cura, los de la cofradía se habían negado a convocar elecciones y a dejar sus cargos.

Era claro, pues, que al grupo le correspondía actuar para terminar con los abusos. El grupo o Comisión estaba conformado por maestros y maestras, un Director de colegio, un par de comerciantes importantes y uno de los médicos del pueblo. Uno de los maestros, el más radical, quería darles una lección acudiendo a las rondas y sacando al cura del pueblo arrojándole huevos o cualquier otra cosa. Los más ecuánimes hablaban de denunciarlo ante la ley, pero no estaban seguros de lograr algún resultado, ni tenían los medios para costear un juicio de Dios sabe cuántos meses.

El asunto es que les propusimos que iríamos los tres a hablar con el Obispo de Chiclayo para explicarle el caso con todas las pruebas que tuvieran, y que trataríamos de que retirara al cura y luego nombrara otro, con el que sí podríamos sacar a los actuales dirigentes tras convocar elecciones en las que el pueblo elegiría a los nuevos.

Marcos, que contaba con amigos que frecuentaban al Obispo, nos consiguió la cita, y seguros de que tendríamos éxito en nuestra misión nos dirigimos al Obispado. El Obispo nos recibió amablemente e iniciamos el relato del problema. Conforme le íbamos entregando las evidencias que nos habían proporcionado los de la Comisión, vimos cómo le iba cambiando el gesto. Guardamos la foto para el final, como prueba innegable del mal comportamiento del cura, así como también copias de algunas de las tarjetas de propiedad de los vehículos que aparecían a su nombre. El Obispo no habló durante todo el relato y, al finalizar, simplemente nos dijo que nada de eso podía probarse, que la foto podía ser trucada, que seguramente queríamos que nos enviara un cura extranjero porque "de este pueblo de ignorantes nada mejor podía salir que el cura que tenéis", y que, por último, no nos metiéramos con este pueblo que no conocíamos porque éramos de Lima, y que no volviéramos a molestarlo con temas en los que no teníamos nada que ver.

Comprendiendo que decir más era perder el tiempo, salimos decepcionados y furiosos del Obispado a dar cuenta a la Comisión del fracaso de nuestra misión.

Pasaron unos días y nos enteramos de que habían decidido no involucrarnos en las acciones que iban a tomar, puesto que sabían que no las aprobaríamos. Resulta que irrumpieron una tarde en la iglesia, y que entrando hasta la sacristía donde estaba el cura lo sacaron de allí montándolo en un burro, para luego llevarlo en procesión por toda la avenida principal hasta la Panamericana. Allí el burro se lanzó a correr con el cura a cuestas, hasta que algunos vecinos, apiadándose de él, lo llevaron en colectivo hasta Chiclayo, de donde jamás regresó.

Hecho esto, hicieron un inventario detallado de todo lo que encontraron de valor en la iglesia: joyas de oro y plata y un manto impresionante de filigrana de plata sobre terciopelo, escondido en un baúl en el dormitorio del cura, todo lo cual guardaron bajo llave y teniendo por testigos a la policía, al alcalde y a otros notables.

60.   El Obispo.

Se acercaban las fiestas de la Cruz y era necesario conseguir que el Obispado enviara un reemplazo para realizar las misas y ceremonias propias de la fiesta. Con esa preocupación en mente nos buscaron de nuevo, aunque esta vez solo a Manolo y a mí, ya que el Ing. Zavala estaba en Lima y no iba a regresar en más de un mes.

Había que reunirse con el Obispo y plantear un arreglo. Se formaría otra Comisión presidida por el nuevo cura, y como siempre organizarían la fiesta. Lo único que cambiaría es que el dinero sería contado en público en medio de la Plaza de Armas, donde se instalaría una especie de plataforma elevada cuidada por policías, y donde además habría una mesa grande en la que se irían vaciando las alcancías de las iglesias de Motupe, El Zapote, Salitral y la Capilla arriba en la cueva de la Cruz. Algunos motupanos se habían ofrecido a llevar en sus camionetas a un miembro de la Comisión y un policía para hacer este acarreo desde los lugares más alejados. El dinero sería contado por todo cristiano que quisiera subir a la plataforma y sentarse por una o más horas a realizar este trabajo, supervisado por la Comisión y bajo la vigilancia de los policías. El dinero contado se llevaría a la tesorería de la Iglesia hasta su traslado al Banco, a una nueva cuenta que se abriría con este propósito. También se colocaría una pizarra grande a la vista de todos, en la que a las seis de la tarde se pondría el monto recaudado en el día.

Habían acordado, lo que no se había hecho jamás, entregar al Obispado el 10% e incluso el 20% de toda la recaudación para ayudar a la Iglesia con su trabajo en los pueblos menos favorecidos. La diferencia sería utilizada en terminar la iglesia, en arreglar el camino a la Cruz y, de ser posible, en iluminar la subida para beneficio de los peregrinos. Todos estos acuerdos serían tomados siempre con la participación y anuencia del cura.

Para celebrar la propuesta invitamos a la Comisión a cenar a El Choloque, y esa noche pasamos momentos muy agradables escuchando sus historias y compartiendo gratos momentos de música y canciones, pues algunos tocábamos la guitarra y todos cantaban y hasta bailaron uno que otro vals. Estábamos seguros de que se arreglaría el problema, y con ese espíritu nos presentamos una semana después seis miembros de la Comisión incluyendo a Manolo y a mí.

La reunión fue un total fracaso. Nos sentamos alrededor de una mesa, con el Obispo y tres curas del Obispado. Tomó la palabra el Presidente de la Comisión, quien primero pidió disculpas por la manera en que había terminado el problema suscitado en Motupe y luego planteó lo acordado, muy seguro de que el Obispo comprendería nuestras razones y que vería que no existía un interés personal por parte de los miembros.

Al terminar, el Obispo desechó nuestra propuesta en su totalidad y aceptó enviar a un nuevo cura solamente si el íntegro del dinero se entregaba al Obispado. Se armó una gran discusión, y con los ánimos caldeados por la respuesta del Obispo todos hablaban a la vez. Decidí intervenir y los hice callar para que el Obispo pudiera escucharme.

"¿Acaso el Obispo de Lima recibía el dinero recaudado por las celebraciones del Señor de los Milagros o Santa Rosa de Lima?", le pregunté. "Y aquí en el departamento, ¿acaso los fieles de San Pablito de Pacora u otros santos de otros pueblos le entregaban el dinero a su Obispado? ¿Qué derecho tenía a reclamar lo que se recaudaba en Motupe?"

El Obispo se puso rojo de cólera, y dijo que la condición de la entrega del dinero al Obispado no era negociable y que ellos verían cuánto de ese dinero regresaba a Motupe. Luego se dirigió a mí, y, mientras trataba de disimular su cólera sin lograrlo, me dijo que yo no tenía nada que hacer allí porque no había sido invitada a la reunión, y que me fuera inmediatamente; a lo que le contesté que él no era el dueño de casa para botarme, que ese era el Obispado, o la casa de todos los católicos y no la suya, y que yo "todavía" era católica, que él era tan solo un huésped transitorio mientras que todos nosotros, y también Motupe, ¡seguiríamos allí cuando él se fuera!

Hubo algo más de bulla y resuellos por parte de los curas, y al final el Obispo me dijo que recordara que podía excomulgarme.

-Puede hacerlo -le contesté-, ¡pero eso no implica que yo me sienta excomulgada! ¿Por usted? ¡Qué bah! ¡Excomúlgueme si quiere!

Total, que allí terminó la reunión y nos regresamos a Motupe, decididos a resolver de alguna manera lo de la fiesta, y también decididos a tratar de hacerle llegar al Nuncio, o representante del Papa, nuestra queja por su actitud.

Esperar fue una sabia decisión, ya que a los pocos días nos enteramos de que el Obispo había mandado una orden escrita a todos los curas de los pueblos de Lambayeque en la que les prohibía oficiar los matrimonios, realizar los bautizos, dar la extremaunción y cualquier otro sacramento a ningún motupano o residente en Motupe. La orden se cumplió inmediatamente, y la idea de invitar a algún otro cura para las fiestas quedó en nada, pero fortaleció y legitimó la queja que íbamos a presentar en Lima.

La fiesta se organizó y todos participamos en ella. Yo cumplí varios turnos como encargada de recolectar los "milagros" y mantos que los fieles dejaban en ofrenda las veinticuatro horas al día durante la primera semana, y durante doce horas en la segunda, al final de la cual la Cruz regresó a la Cueva del cerro Chalpón. Hasta hubo voluntarios que diariamente rascaban la cera que chorreaban los cientos de velas y cirios que la gente había colocado en la escalera y plataforma de la cueva, y también adentro y fuera de las iglesias. Manolo fue varias veces a supervisar el dinero que los voluntarios contaban en la plataforma montada para ese fin frente a la Iglesia. Todo el pueblo se tomó un tiempo para realizar esta tarea, orgullosos de escuchar a los peregrinos aprobar este original método participativo y felicitar al pueblo por tan sabia decisión.

No hubo ni una misa en todo ese periodo. Se organizaron rosarios, sermones, discursos y se contrató a los mejores rezadores de la campiña y de otros pueblos, quienes venían tan felices como las bandas y los hacedores de los castillos o fuegos artificiales que se quemaban cada noche, ya que se les pagaba las comidas y alguien del pueblo les daba alojamiento.

En el atrio delante de la Iglesia colocaban sus toldos los vendedores de velas y cirios, imágenes y réplicas de la Cruz y los infaltables milagros. Estos consistían en dijes de todo tipo que representaban partes del cuerpo humano, había piernas, senos, corazones, etcétera, pero también botes, camiones, casas, animales de corral, carros, lentes. Los milagros podían ser de oro, plata, bronce o una mezcla de plomo y sabe Dios qué. Cada feligrés compraba un milagro de acuerdo al mal que lo acosaba, al milagro que quería pedir o al milagro ya concedido que agradecía de esa forma, y cuando por fin llegaba a adorar la cruz y tocarla después de horas de espera en las interminables colas, una para hombres y otra para mujeres, colocaba el milagro al pie de la Cruz.

Otros preferían dejar mantos. Estos podían ser de seda o terciopelo, con el nombre de la familia donante y el año de la ofrenda bordados en hilos dorados, y adornados con piedras brillantes y perlas; o eran de telas y bordados más sencillos, pero en mayor cantidad. En realidad, ese año contamos cerca de ochocientos mantos de todos los tamaños y colores.

Al finalizar las celebraciones de la primera fiesta sin cura y a cargo de la flamante Comisión, en lo alto de la plataforma donde se contó el dinero pusimos una banderola encima de la pizarra en la que esta vez figuraba la suma total de lo recaudado: ¡¡más de DOSCIENTOS MIL SOLES!! Este dinero fue empleado tal como se había dicho. Avanzamos la construcción de la Iglesia, compramos un volquete para el recojo de basura en el pueblo, y otra parte la gastamos en mejorar el camino de ingreso y la subida al santuario de la Cruz. Los milagros de plomo fueron revendidos por kilos a los mismos comerciantes para su venta el siguiente año, y los de valor se inventariaron y guardaron con la idea de hacer un Museo de la Cruz para exhibirlos junto con los hermosos y valiosos mantos que dejaron ese año los peregrinos.

Pero, ¿y los cientos de mantos de menor valor? Pues me los llevé a mi casa y me pasé buen tiempo cortando camisas y pijamas y vestidos, blusas, baberos, pañales y mil prendas para niños y ancianos y los más necesitados. Luego hallé en el monte cerca de diez señoras que tenían máquinas de coser, y les propuse entregarles un lote de estas prendas, más el hilo necesario para que ellas las cosieran. En pago por su trabajo se les daría cinco de los mantos más grandes que había separado para este fin, que ellas podrían emplear en coser algo para su familia. Fue todo un éxito, y entre todas cosimos en dos meses cientos de prendas de vestir que fueron entregadas a la Comisión y que en su momento se fueron distribuyendo de acuerdo a lo planeado.

Lo que más me llamó la atención fue el recojo de la cera. Esta fue vendida al peso al finalizar la fiesta a los "veleros" que venían de otros pueblos, quienes raspaban toda la cera del piso y los veleros grandes, la derretían, coloreaban y convertían nuevamente en velas que volvían a vender en los pueblos en las festividades religiosas.

Y terminó la fiesta sin mayores problemas. No faltaron peregrinos decepcionados por la falta del cura y de una verdadera Misa, pero tampoco faltaron los motupanos indignados con la actitud del Obispo, quienes se encargaron de explicar las razones y ganarse las simpatías de todos.

Pero llegó el momento de presentar la queja formal. Enviamos un escrito con un propio de la Comisión a Lima y no quisieron recibirlo. Dijeron que tenía que ser entregado en la misma Nunciatura y no hubo forma de lograr una cita con el Nuncio, porque estaba siempre ocupado y nuestro enviado no podía quedarse indefinidamente. Regresó sin lograr nada, pero enterado de que en dos semanas iba a haber un matrimonio masivo a cargo del Nuncio, y luego una champañada en la que este participaría en persona. Ni corto ni perezoso había dado su nombre y el de una maestra de la Comisión, los inscribieron como una pareja más y quedaron en llevar todos los papeles el día del matrimonio para no hacer otro viaje por el costo. Llegó el día del casamiento y la pareja ingresó junto con las otras cincuenta que se casaban ese día. Ya en la champañada, y tomándose una foto con el Nuncio, le hicieron entrega de la carta de queja, que, según nos informaron después, fue enviada a Roma. Meses más tarde vino la orden de retirar la muy especial "excomunión" de todo un pueblo ordenada por el Obispo, y, casi dos años después, llegó el nuevo sacerdote, un hombre excelente que trabajó arduamente por sus feligreses y por el pueblo, y que nos devolvió a todos la fe en la Iglesia.

61.   Apurlec.

A unos tres o cuatro kilómetros al sur de la entrada al Choloque, al pie de la Panamericana, se encuentra el caserío Apurlec, que debe su nombre a un asentamiento o cacicazgo mochica. Unos trescientos metros al este de la carretera se puede ver un cerro con dos torres de piedra, que eran miradores de vigilancia del lugar, y varias huacas, con vestigios de un templo y otras construcciones ya casi borradas por los vientos, las lluvias y el tiempo.

Los habitantes de Apurlec fueron agricultores emprendedores, y aún es posible ver los restos de lo que fue una red de canales de piedra que conducía el agua traída del río La Leche, en Jayanca, que está entre quince y veinte kilómetros al sur. Según los arqueólogos, esta civilización llegó a irrigar veinte mil hectáreas de lo que ahora es tan solo otro bosque seco, con muy escasos árboles debido a la depredación por la gente y las cabras. Frente al caserío está el único Centro Educativo de Secundaria que hay en el monte. Debido a la dificultad que tenían los habitantes de la zona para trasladarse a Motupe, lo que resultaba en que muy pocos niños estudiaran secundaria, junto con Manolo logramos convencer al Gobernador del departamento de que lo construyera. Nos tomó casi un año de gestiones, pero al fin lo conseguimos. Ahora estudian allí cerca de doscientos alumnos de los caseríos cercanos. También hay un parque y una pequeña capilla de la Virgen del Carmen.

Antes de que se construyera la escuela, acostumbraba ir con cierta frecuencia a Apurlec. Al pie del cerro con el mirador estaban los restos de un reservorio de piedra, con una serie de exclusas y canales que distribuían el agua que llegaba al reservorio. Cuentan los vivientes de la zona que el lugar era una especie de balneario donde se bañaba el cacique de la zona, y donde recibía a jovencitos que le traían como ofrenda de los caseríos cercanos para amenizar su estadía. Era un hermoso y tranquilo lugar, y muchas veces después de recoger a los chicos del colegio de Anchovira, que estaba a un kilómetro al sur, entrábamos a las ruinas para felicidad de los chicos, que jugaban y trepaban el cerro mientras yo me sentaba a ver la puesta del sol.

En una oportunidad fue a buscarme un grupo de miembros del Comité de la Virgen para decirme que me habían elegido Madrina de una corona de plata para la Virgen, que habían comprado con gran esfuerzo mediante rifas y polladas realizadas a lo largo de casi un año, y para invitarme a la ceremonia de su inauguración. Yo solo debía ponerle la corona a la Virgen y pagar por los servicios del rezador, que habían contratado en vez del cura, quien habría salido más caro.

Acepté el madrinazgo y el aporte solicitado, y el día de la ceremonia llegué con los chicos a asumir mi responsabilidad. Habían pintado y llenado de flores y ramas la capilla y estaba presente todo el Caserío. Mientras los chicos jugaban afuera con algunos amigos del colegio que eran de Apurlec, se dio inicio a la ceremonia. El rezador era un hombre de unos cuarenta años, que llevaba en las manos un bastón ceremonial y un libro de oraciones. Empezó entonces una especie de misa, que pasó por todas las etapas y rezos de la misma excepto la comunión, adornada con algunas palabras de su creación que no pude entender, aunque parecían un "latín amochicado". Finalmente me hizo señas de que me acercara y, bendiciendo la corona con agua que sacó de una botellita y que provenía del manantial de la Santísima Cruz de Chalpón, habló unas palabras explicando que esta Virgen había sido la que ayudó a los Reyes de España a ganar la guerra contra sus enemigos, los comunistas que en esa época se llamaban moros. Todo esto mientras yo colocaba la corona a la virgen tratando de mantener la seriedad que tal evento requería.

Hice muy buenos amigos en Apurlec, especialmente la familia Maza. Lamentablemente, Apurlec no volvió a ser una zona agrícola. Estaba muy lejos del lecho del río, por lo que tampoco había agua en el subsuelo, y de los canales solo quedaban vestigios que se podían distinguir desde lo alto del cerro. Los habitantes eran pastores u operarios agrícolas itinerantes que trabajaban en las haciendas vecinas en las cosechas u otros menesteres. Los Maza eran varios hermanos que habían demostrado su habilidad para hacer dulces. Trabajaban con sus esposas en la fabricación de aquellos dulces norteños que se ven en los mercados y ferias, como naranjas rellenas, cuñas, galletas, higos en almíbar y alfajores, entre otros. Tenían el calendario de las fiestas de los pueblos y caseríos de la zona, y se turnaban entre todos el viaje al lugar de los festejos, a los que llevaban los dulces a vender, para luego repartir las ganancias a su regreso, que generalmente era a los siete días, salvo las fiestas de la Cruz de Chalpón en que se duplicaba la estadía al igual que los ingresos.

Juan Maza fue a buscarme en una oportunidad solicitando mi ayuda. Su hija Derly de dos años, que recién estaba caminando, se había caído y apoyado sus manos en las brasas de una hoguera preparada en el suelo para hacer chicha. La habían llevado al hospital de Chiclayo y gastado ya todo lo que tenían en antibióticos y otros remedios, y la bebe estaba peor. Me entregó un papel que le habían dado a firmar, en el cual autorizaba a que le amputaran ambas manos porque estaban con gangrena, que podía avanzar y causarle la muerte. Por chismes de parientes de otros pacientes con quienes conversé ese mismo día en que me fui con Juan al hospital, me enteré de que allí todos pedían remedios y que, en vez de aplicárselos al paciente, los vendían haciendo el gran negocio. El caso es que llamé por teléfono al Dr. Carlos Aservi, muy amigo de la familia, quien era el Director del Hospital del Niño en Lima, y me dijo que enviara inmediatamente a la bebe al hospital. Al día siguiente, Juan viajó a Lima con Derly, y fueron recibidos en la estación del bus por el chofer del doctor, quien lo llevó directo al hospital. Derly se quedó más de un año en Lima sometida a tratamientos y trasplantes que lograron salvarle las manos, aunque perdió dos falanges en tres dedos en la mano izquierda y cuatro en la derecha. Felizmente conservó sus pulgares e increíblemente pudo utilizar, años después, la computadora y aprender a tejer a crochet, que era un oficio que dominaban las mujeres Maza.

Derly estudió para maestra y sigue trabajando en la campiña. Ella y sus hermanas tejieron a crochet muchas prendas, como manteles individuales y hasta una cortina, y todas esas prendas aún las tengo y uso recordando siempre que provienen de una familia ejemplar. Les di un modelo de individuales para que tejieran un juego igual para mí, y un tiempo después una señora de Chiclayo les solicitó varios de estos para exportación y todavía siguen trabajando en ello. Juan llega cada semana al Choloque y pasa dos o tres días con nosotros mientras dura la selección de limón, siempre ayudando en lo que puede mientras selecciona para él algunas cajas de limón y otras frutas que compra y luego lleva a vender a Chiclayo.

62.   La feria agropecuaria.

Al año siguiente, en agosto, seguíamos con el problema de que no había cura en la Iglesia, y habiéndonos ganado ya la simpatía del pueblo y de muchos de los peregrinos que conocían la historia, más la experiencia adquirida el año anterior, la Comisión inició los preparativos para la gran fiesta anual meses antes del día central, 5 de agosto.

Esta vez nuestra participación fue mucho más activa y difícil. Nos propusieron que organizáramos una Feria Agropecuaria, con stands para exhibir los diferentes productos agrícolas de la zona, un área de corrales con ganado vacuno lechero, de engorde y de diferentes razas; también habría un sector de ganado caprino y ovino, y, por qué no, cerdos y gallos de pelea de los varios criadores de Motupe.

Meses antes de la inauguración de la feria ya habíamos conseguido el local: el patio de un colegio, que además nos daría tres aulas para exhibir las piezas del Museo de Historia Natural de la Universidad estatal de Chiclayo, y otra aula en la que funcionaría la oficina de la Feria. También acordamos que la Comisión nos enviaría diariamente una de las bandas, que vendrían de los pueblos y que tocarían en la feria una hora en la mañana y otra en la tarde. El último día en la mañana haríamos la rifa de quinientos soles, de un cabrito y de una réplica de la Santísima Cruz, en la que participarían con el número de su boleto de entrada, pero antes habría un concurso de Marinera con un premio de cien soles a la pareja ganadora. Decidimos no vender comida dentro de la feria, pues no faltarían los consabidos restaurantes itinerantes que se instalaban en todas las ferias de los pueblos del departamento y que se distribuían por todas las calles previo pago por uso del piso. Solo autorizamos un puesto de bebidas y venta de galletas, de algunos dulces típicos, y los famosos "marcianos", helados de agua y fruta que eran de gran demanda por el calor en esta tierra bendita donde el sol nos acompañaba siempre.

Manolo se encargó del sector ganadero, y construyó con nuestra gente el área de corrales donde estaría el ganado. Varios campesinos nos prestaron sus canoas o bebederos hechos de troncos de zapote. Manolo contrató al camión cisterna del pueblo para que llevara agua diariamente, cuyo propietario contribuyó cobrando tan solo la mitad de la tarifa. Cada expositor se ocuparía de la alimentación, pero colaboraríamos con una camionada diaria de paja de arroz que traerían los Barragán desde Pacora o Jayanca, felices de formar parte activa de la feria.

También Manolo, con la participación de dos de los miembros de la Comisión, Adán y Marcos Antonio, se ocupó de traer desde Lambayeque todos los animales disecados del Museo de Historia Natural. En las tres habitaciones con que contábamos armaron y ambientaron el hábitat de las especies utilizando todo tipo de hojas de palmera, ramas, troncos de árboles y cuánta cosa se les ocurría que sería útil.

A mí me tocó la parte agrícola. Lo más difícil fue convencer a los agricultores que participaran. Finalmente logramos convencer a varios y llenamos el cupo necesario, pero con la condición de que nosotros les entregaríamos los stands hechos y ellos se ocuparían solo de llenarlos. También insistieron en vender sus productos al público, y en que la Comisión pusiera guardianía nocturna. Construimos veinte stands utilizando caña de Guayaquil y esteras, y los dos días anteriores nos la pasamos llenando y decorando los stands conforme llegaban los expositores con sus animales y productos. Había toda clase de frutas –limones, papayas, maracuyá, naranjas, paltas, pacaes y yuca, maíz, frijoles, ajíes, camotes y hasta alfalfa-, que ni bien eran puestas a la venta los mismos expositores las compraban para sus animales.

¡Pero la verdadera atracción de la feria fue un burro de cinco patas y una cabra de tres!, prestados por un campesino de Tongorrape, un Caserío al Norte de Motupe.

¡Claro que El Choloque estuvo presente, con un stand agrícola y un corral en la zona de ganado! El stand agrícola era el más bonito de la feria porque estaba adornado con mis macetas con helechos, con otras plantas ornamentales y además con las cayanas llenas de flores, como las strelitzias, llamadas también aves del paraíso, que traíamos diariamente. Expusimos toda clase de frutas del Choloque, algunas diferentes como tunas, tumbos, achiote y ciruelas del fraile. En el corral pusimos cuatro toros de los más grandes y gordos y hasta llevamos a Palomo, un cebú blanco tan hermoso que se había quedado como huésped en el establo porque no nos animábamos a venderlo. Además, debido a que yo tendría que estar todos los días desde las diez de la mañana en que abría la Feria hasta las cinco de la tarde en que cerraba, en nuestro stand dejamos un espacio al fondo tapado parcialmente por una estera, y cubrimos el piso de tierra con petates comprados en la Feria. Nos trajimos del Choloque una colchoneta y algunos cojines donde podrían dormir los chicos, y hasta improvisamos una cocina de ladrillos a carbón para calentar la comida. Nuestro stand colindaba por atrás con la puerta falsa de la casa de don Prostacio, quien amablemente nos dejaba la puerta abierta para que pudiéramos utilizar su baño. Como Manolo y yo éramos los últimos en salir después de chequear los corrales, stands, museo, etc., y de contar y entregar a la Comisión el dinero recaudado, así como también después de guardar los talonarios de entradas que se utilizarían para la rifa del último día y apagar las luces, nunca nos íbamos antes de las nueve de la noche. Los dos o tres días que hubo quema de castillos, comíamos algo en la feria y despertábamos a los chicos que felices gozaban de las bandas, el gentío y los fuegos artificiales. Ellos paraban en la feria en la mañana, y en las tardes un miembro de la Comisión me reemplazaba y los llevaba al parque, donde alquilaban chistes o revistas pues eran afanados lectores desde chiquitos y fácilmente se pasaban una hora o más leyendo; también alquilábamos bicicletas que utilizaban alrededor de nuestra Feria, que estaba algo alejada del bullicio del centro.

Finalmente, imprimimos los boletos, construimos con palos un ingreso apropiado, colocamos a la entrada una gran pancarta anunciando la Feria y una serie de banderas de los países vecinos, pues sabíamos que vendrían peregrinos de esas tierras a visitarnos, y finalmente llegó la banda que tocaría por una hora anunciando la apertura de la feria.

Fue una experiencia divertida y gratificante para todos. Algunos agricultores hicieron negocio con la venta de sus productos, y todos disfrutaron esa camaradería que nace entre los que comparten algo especial. Se organizaron, previo permiso, algunas peleas de gallos entre los expositores, el Museo fue un éxito por los niños, ya que en realidad en la fiesta no había muchas atracciones para ellos, y varias familias regresaban todos los días aprovechando que los niños no pagaban entrada. El concurso de marinera sí que fue todo un dolor de cabeza. Llegó el día y simplemente no teníamos participantes. Felizmente Manolo había llevado a los trabajadores más jóvenes del Choloque, y logramos convencer a tres de ellos de que concursaran. Julio Antonio, que era Director del único colegio particular de Motupe, nos consiguió las tres bailonas y armamos finalmente el concurso que ganó Coleta, más por la linda chica que le tocó de pareja que por el baile, pues ninguno de los seis sabía bailar marinera y tan solo los pañuelos que agitaban enérgicamente al aire, y el entusiasmo de la banda que tocaba la marinera a todo volumen, nos hacían pensar en el concurso.

De acuerdo a las entradas vendidas, la Feria Agropecuaria fue visitada por más de veinte mil personas en los cinco días que estuvo abierta al público. Fue todo un éxito, y aunque realmente disfrutamos desde su planificación hasta la clausura, no volvimos a organizar otra. En realidad, ese año se inició la ampliación del Colegio, y nos quedamos sin ese local tan estratégicamente bien ubicado.

63.   Vida social en Motupe.

Por los años 70 empezó la producción de la nueva planta cervecera de BACKUS en Motupe, con su primera marca, Garza Blanca, a la que después de unirían las demás marcas. Manolo había solicitado una distribuidora en la zona y estábamos listos, al menos Manolo, para empezar. La nueva empresa se llamó "Comercial Chalpón" y teníamos ya una oficina y depósito en la entrada del mercado, amoblados y equipados con todo lo necesario, un camión grande y otro más pequeño para los repartos en Motupe y su campiña. Nuestra zona comprendía Motupe, Salas, Tongorrape y Olmos.

Fue toda una experiencia en la que tuvimos que luchar contra el rechazo de los Olmanos, que fieles a la rivalidad con Motupe se rehusaban a comprar la Garza Blanca, a la que llamaban "la maricona" por la reputación que tenía el pueblo de tener una gran población de homosexuales. También decían que solo la compraban para lavar los vasos en que tomaban la Cristal o Pilsen.

Como la reforma agraria exigía que, para ser adjudicatario, la mayor parte de los ingresos debían proceder de la actividad agrícola, tuve que figurar yo como Gerente, lo que trajo consigo la obligación de asistir a diferentes reuniones y eventos.

Un día recibí una citación del Concejo para hablar sobre la venta de cerveza en Motupe. Estaba dirigida a todos los dueños de los bares y cuanta chingana había en Motupe, y ya me imaginaba que iba a estar rodeada sabe Dios de qué clase de gente. ¡Fue grande mi sorpresa al ver que, excepto un conocido gay, todos los demás éramos mujeres! Así que todo el negocio del alcohol estaba en nuestras manos. La pasé muy bien en todas las reuniones, aunque nunca me animé a visitar los bares, excepto en las mañanas para negociar con las dueñas que además ya eran amigas.

Un cliente de Olmos, quien nos había solicitado le dejáramos a consignación quinientas cajas de cerveza para la fiesta de la Cruz de Chalpón, simplemente se negó a pagarnos, y se quedó con más de cien cajas que, entre caja y envase, valían más que lo que le restaba por pagar de la cerveza. Me fui en el camión hasta Olmos, y con mi gente logramos sacar casi todos los envases que nos debía. Pero se rehusó a pagarnos, así que lo denunciamos como ejemplo a nuestros otros clientes y días después tuve que asistir a la primera audiencia.

Como tenía un contrato donde figuraba su camión como garantía, estaba segura de que nos pagaría antes de perder el camión, así que me presenté en la audiencia con mi abogado motupano. El acusado llegó solo, muy sonriente y saludando a todos los curiosos, que no se querían perder el juicio. La jueza había venido de Lambayeque y abrió la sesión pidiéndome que hablara, así que le expliqué todo el caso y le alcancé las pruebas del delito, incluido el contrato. Leídos los papeles, la Jueza se dirigió al acusado para que hablara en su defensa.

El viejo y flaco comerciante saludó a todos atentamente y le dijo a la jueza que no tenía el honor de conocerme, y aunque se veía que yo era una digna señora, era la primera vez que me veía. Además, él no tenía ningún camión, y por lo tanto no podría haberlo dado en garantía. Al mostrarle a la Jueza el documento, dijo que, si bien era su nombre, se trataba de su hermano, quien sí tenía un camión, que los dos se llamaban igual, pero que esa no era su firma. El caso es que la Jueza, comprendiendo el engaño, ordenó que el acusado entregara en pago de la deuda los bienes que tuviera en su residencia hasta cubrir el monto adeudado, lo cual se haría inmediatamente terminado el juicio a fin de que no mudara sus pertenencias. Dictada la sentencia nos dirigimos a Olmos con un secretario del juzgado y un policía, y logramos sacar un refrigerador que no funcionaba, un radio viejísimo y una máquina Singer de las primeras que llegaron al Perú, y cuyo valor fue más por antigua que por útil.

Poco después me enteré que contaba a cuanto cristiano lo, escuchaba que yo le había ganado el juicio porque la jueza era gay, y que como yo era una hermosa mujer esta se había encaprichado conmigo.

64.   Los padrinos.

Ni Manolo ni yo aceptábamos ser padrinos de bautizos o matrimonios, pero no nos pudimos negar a apadrinar las promociones de los colegios, ni a los alumnos que nos escogían como padrinos. En los pueblos cada alumno que se gradúa escoge un padrino o madrina, que lo ayuda con los gastos del vestido o terno para la ceremonia y que tiene que bailar con el ahijado o la ahijada en la fiesta. Además, los padrinos de una promoción tienen que donar algo para el Colegio, o bien para cada uno de los alumnos de la promoción, y ayudar a cubrir parte de los gastos de la fiesta y salir al ruedo, solos, a bailar el primer vals.

Manolo fue el primero a quien invitaron como padrino de una promoción, y la madrina, su pareja, fue nada menos que la esposa del Prefecto de Lambayeque. Era la primera invitación que recibíamos en Motupe, ¡así que yo estaba feliz de ir a una fiesta, mi primera salida nocturna en años!

El local había sido el antiguo mercado, y estaba de lo más bien decorado con mesas y sillas que rodeaban la pista de baile. Una vez pasada la entrada de los padrinos de la promoción y notables, vino la de los padres y demás invitados, y finalmente la de los alumnos del brazo de sus padrinos. Luego de los discursos salieron los padrinos a bailar el consabido vals para luego dar inicio a la jarana. Todo era buenísimo, la música, la orquesta, las luces y la alegría de jóvenes y viejos. El Prefecto y la Madrina se fueron pronto y yo moría por bailar, gusto que Manolo no compartía, así que estábamos conversando con el Director del colegio y otros señorones cuando en eso se acercó uno de los profesores al grupo y le preguntó a Manolo si podía invitarme a bailar. Manolo le dijo que por supuesto. Muy serio el profe me pidió "que le hiciera el honor", y me llevó a la pista de baile. Era uno de los mejores bailones que he conocido, y me divertí como hacía mucho tiempo no lo hacía bailando pieza tras pieza mientras que Manolo, quien me miraba y hacía señas de que siguiera jaraneándome, seguía conversando con varios amigos que había hecho en el pueblo.

Ya de regreso al Choloque le dije medio picada que me había divertido muchísimo, pero que me extrañaba que no le había importado que solo bailara con el maestro, ¡y por casi una hora!

Riéndose me contestó que sabía que la estaba pasando bien con el maestro, lo que más bien le alegraba porque, siendo este gay, no tenía de qué preocuparse.

En realidad, varias fiestas después, no necesariamente de colegios, nos acostumbramos a ver que efectivamente había una población gay y que era aceptada por el pueblo, tanto así, que en las fiestas bailaban y se unían a los trencitos y juegos en pareja sin que a nadie le llamara la atención.

¡O sea que Motupe y Suecia eran los países más liberales en cuanto a este tema, lo que nos parecía muy bien!

En una oportunidad se presentó en la chacra una bonita chica de Motupe, quien me pidió que por favor le cosiera su vestido de promoción porque no tenía cómo pagarle a la costurera. Era hija de una pareja a la que conocíamos bastante, ya que el papá era un excelente mecánico y Manolo lo ocupaba cada vez que teníamos algún problema con los motores, camiones, etc. Acepté el encargo y me entregó la tela y una fotografía del modelo que había escogido en una revista de novias. Ese mismo día inicié el proyecto, y una semana después vino a recogerlo agradeciéndome por lo lindo que había quedado. Unos días antes de la fiesta me contó Manolo que la joven lo había visitado en la oficina de Comercial Chalpón en Motupe, pidiéndole que fuera su padrino de promoción y pareja en el baile de Graduación. Al igual que yo, se había sentido obligado a aceptar, y así fue que el día de la fiesta el viejo se fue de jarana y yo me quedé en casa repasando el dicho: "Nadie sabe para quién trabaja"

Mi primera fiesta como madrina de la promoción me presentó algunos problemas. Tenía que ir con vestido largo, y, por supuesto, no lo tenía. A los pocos días nos visitaron unos amigos de Chiclayo, quienes pasarían el domingo en El Choloque. En medio de la conversación le conté mi problema a mi amiga. Le dije que iba a tener que declinar, ya que no había tiempo (ni plata) para mandar hacerme el tal vestido. Inmediatamente se ofreció a prestarme uno de los que tenía, y terminé aceptando su oferta y viajando esa semana a Chiclayo para recoger el que me quedara mejor; de paso, traería el dinero para el pago de la planilla y así le ahorraría el viaje a Manolo, y también calmaría en algo mi conciencia por irme sola a la fiesta.

Esta vez no me fue tan bien. Mi maestro favorito no asistió, y solo bailé una que otra pieza con los notables que estaban en la mesa, quienes, fuera del vals no daban pie con bola. Además, todavía estaba traumada por las recientes palabras que había soltado el animador mientras que yo bailaba con el Alcalde el vals inicial; pero antes debo explicar que el Alcalde era un hombre mayor, gordito, bajito y narigón que usaba un tupé medio anaranjado, y que como no me llegaba ni a los hombros, no podía dejar de mirarlo rogando que, al menos, ¡la peluca no se le fuera a despegar y caer! El caso es que, tomando el micro, el animador anunció a todo pulmón que se iniciaba el baile con la participación del Alcalde y su digna esposa, ¡¡la señora Nitty!!

Esto, más oír la música sin bailarla y algo de la conciencia sucia por haber ido sola a la fiesta, hizo que me despidiera temprano sin tener que dar explicaciones, menos aun cuando todos me decían que comprendían que me tenía que ir porque no estaba presente mi esposo. Años más tarde el ex Alcalde, que era dueño de la mejor panadería que había en Motupe, me regaló un cenicero hecho con monedas de plata un día que fui a comprar buen pan para unos huéspedes de El Choloque. Me dijo que lo aceptara porque era una señora muy digna y buena cristiana, ya que había respetado la memoria de mi esposo, ¡y no me había vuelto a casar!

65. Cambios en El Choloque (1981).

El Choloque había ido creciendo en área conforme fuimos comprando pequeños lotes a los pocos agricultores propietarios de sus tierras. Casi todas las tierras de Motupe, al igual que las de Olmos, pertenecían a las comunidades campesinas y de acuerdo a la Constitución éstas no podían ser vendidas. Con el fin de evitar que las comunidades indígenas, sobre todo en la sierra, perdieran sus tierras al vendérselas a las mineras y otros empresarios, en el año 1925 se dio la norma constitucional que rige hasta ahora: solo pueden venderse aquellas tierras de las comunidades que hubieran sido vendidas con anterioridad al año 1925. Felizmente, los lotes de diez, doce, seis y cinco hectáreas que habíamos ido comprando tenían, al igual que el Choloque inicial, sus títulos saneados y ya registrados legalmente.

Un amigo de Manolo nos convenció de sembrar strelitzias o aves del paraíso en uno de los terrenos recién adquiridos. Por él nos enteramos de que el Obispo de Lima tenía un campo de estas flores por Lurín. Allí compramos los plantones para sembrar una hectárea. Fue otro más de nuestros experimentos fallidos, pues las plantas no resistieron el sol del verano. Las pocas que quedaron las trasplantamos bajo la sombra del huerto de paltos y de los algarrobos que habían quedado en el jardín de la casa hacienda, y se lucieron muchas veces en la iglesia del pueblo, especialmente en los días de fiesta. Posteriormente, animados por la fiebre de la jojoba, que ya se estaba cultivando en Ica, y cuyo atractivo principal era su bajo requerimiento de agua, sembramos en el mismo campo un par de hectáreas. El cultivo tuvo un desarrollo extraordinario, pero no llegó a dar frutos debido al clima, que era caluroso todo el año. Pese a que las temperaturas altas son similares a las de su hábitat natural, la costa oeste de Estados Unidos y México, la diferencia entre temperaturas máximas y mínimas es mucho mayor que la de acá, y el frío de hasta 0° que se da en los inviernos de esos desiertos no los tenemos en los nuestros. Ya cansados de tanto fracaso, decidimos por lo conocido y sembramos limón asociado con maracuyá, lo que era un éxito seguro. Ya habíamos cancelado el préstamo anterior del Banco Agrario, así que nos volvimos a endeudar para comprar el sistema de riego y sembrar las doce hectáreas que tenía el terreno.

A Manolo le encantaba la agricultura tanto como construir. Para 1982 ya había diseñado y dirigido la construcción del establo y sus almacenes, el reservorio de agua y melaza y, por supuesto, los corrales, comederos y bebederos. También teníamos ya un almacén para insumos agrícolas y otro para herramientas y equipo. Las casitas de los trabajadores habían ido hermoseando el Choloque, todas con sus paredes blancas, techo rojo y zócalos, ventanas y puertas azules. Ya teníamos nueve familias viviendo en su propia casa y una extra para "solteros y abandonados", tal como la gente decía en broma. Debido a las frecuentes visitas de amigos y parientes, Manolo finalmente se animó a construir una casa de huéspedes con baño y dos dormitorios, uno de los cuales sería nuestra nueva oficina, lo que nos permitió mudar a Lani y Cali a la antigua oficina y dejar a los tres hombres en el "cuarto grande", que era como lo llamábamos. Mi hermano Óscar vivía en la hacienda que administraba cerca de Huancayo, y todas sus vacaciones las pasaba en El Choloque con su familia, así que fueron ellos los que inauguraron y más disfrutaron el nuevo bungalow, felices de contar con mayores comodidades y total independencia de la Casa Hacienda.

Nuestra producción de limón había aumentado y el tema de selección manual era deficiente y costoso. Uno de los técnicos israelitas que había instalado el sistema de riego se ofreció a conseguirnos una seleccionadora en Israel, y así llegó la nuestra, que además de reducir la mano de obra era tan eficiente que pronto el limón con nuestra marca, la "CH", fue el más conocido y mejor pagado en el mercado mayorista de Lima. Con algo de "creatividad" y poco de dinero, también se nos ocurrió transformar una vieja mesa de ping-pong en una seleccionadora de maracuyá, que resultó siendo excelente porque logramos reducir a la mitad el tiempo y la mano de obra.

En la familia también hubo cambios en esos años previos a EL NIÑO. Mi padre había renunciado a Backus y ya no tenían casa en Chiclayo. Construimos para ellos una habitación con su baño en el segundo piso de nuestra casa en Chiclayo, y así pudieron venir a quedarse el tiempo que quisieron para alegría de toda la familia. A principios de 1982, Cali se fue a Piura a prepararse para su ingreso a la Universidad. Aunque no muy feliz, aceptó quedarse en la pensión del OPUS en Piura solo hasta que ingresara. Efectivamente ingresó, y después ella y su querida amiga Gilda, con la que convivió durante todo el periodo universitario, encontraron una pensión donde alojarse. Las dos nos convencieron a los padres de comprarles una motoneta para trasladarse de la pensión a la Universidad, y no se cambiaban por nadie, felices de sentirse tan independientes.

La Universidad de Piura decidió dictar un curso intensivo sobre Administración de Empresas para Ejecutivos chiclayanos. Las clases serían en Piura, de viernes a domingo, durante cuatro meses. Nils, nuestro amigo y vecino, quien ya se había inscrito, trató de animar a Manolo, pero Manolo decidió que era más indicado para mí y que era yo quien debía ir. No tuvo que rogarme mucho y al día siguiente fui a inscribirme. Solo faltaba un alumno para cubrir el cupo, así que regresé feliz y segura de que ya estaba inscrita. El caso es que, al día siguiente, me informaron que no iban a poder aceptar mi matrícula, aunque no fueron muy claros en el porqué. Después me enteré por Nils de que no les hacía gracia que hubiera una mujer entre treinta hombres, ¡porque podía ser un elemento de "distracción"! Como casi todos los alumnos eran amigos, hicieron cargamontón y terminaron aceptándome. Nils se tuvo que retirar a la segunda semana, pues el Presidente Belaúnde lo nombró Ministro de Agricultura. Yo seguí feliz y disfrutando las horas de clase, y también disfrutaba hacer las tareas, aunque largas y difíciles, sentada en la mesa del comedor con mis hijos, cada cual ocupado en los suyo.

66.   El cerro La Vieja.

Ese verano, que se presentó con más calor de lo usual, no tenía cuándo terminar. También tuvimos algo de lluvias y el río bajó e interrumpió el camino de ingreso de la Panamericana al fundo. Pero su caudal no excedía el límite de lo normal, y pese a los inconvenientes del ingreso todos gozamos del río haciendo paseos y bañándonos en él, los chicos todo el santo día y nosotros acompañándolos en las tardes.

Hasta la complicación para ingresar al Choloque por el camino Real era un placer por lo hermoso de los cerros vecinos y el verdor del paisaje. Los últimos dos años habían sido bastante buenos y Manolo, feliz, ya tenía su camioneta Toyota pick-up, en la que podía cargar materiales, insumos y cuanta cosa era necesario trasladar. Hasta la usábamos para el acarreo interno de las cosechas cuando el tractor no se daba abasto, así como también para llevar cajas de fruta de temporada a la casa de Chiclayo. También habíamos comprado un camioncito de tolva larga para llevar el maracuyá recién cosechado, para que llegara con todo su peso. Con los envíos del maracuyá "extra" al mercado mayorista de Lima, habíamos aprendido que esta fruta perdía hasta un 5% de peso en las primeras veinticuatro horas después de la cosecha.

Ya con los chicos estudiando en Piura y Chiclayo, nuestra rutina cambió totalmente. Íbamos a la chacra los martes en la mañana y nos quedábamos hasta el jueves, en que uno de los dos regresaba a Chiclayo para ver a los chicos y regresar en la tarde con el dinero de la planilla del sábado. Una vez cerrada la planilla, emprendíamos el viaje a Chiclayo hasta el siguiente martes. Cuando los chicos no tenían actividades escolares o sociales para el fin de semana, Manolo iba los viernes y regresaban todos para pasar juntos el fin de semana. Cali estaba totalmente absorbida por sus estudios y compromisos en Piura y rara vez viajaba a Chiclayo, pero siempre que lo hacía iba a pasar el fin de semana en El Choloque. Por esas fechas Manolo me regaló un acordeón. Él sabía que yo moría por tener un piano así que me lo dio diciendo: "Te reto a que aprendas este pariente más chico del piano, que ya vendrá algún día el grande."

Encontré un profesor de acordeón e inmediatamente lo contraté para que me enseñara. Lo malo fueron las únicas horas que tenía libres: ¡sábados y lunes a las seis de la mañana! Llegué a aprender algo y a tocar varias piezas que animaron nuestras tardes en el Choloque. También desde fines del año anterior me había matriculado en la Alianza Francesa, y como no podía ir entre semana solo asistía a una de las dos clases del curso, los lunes en la tarde, en que además me permitían asistir como una especie de "convidada de piedra" a una clase más avanzada. Estas clases, más un método de aprendizaje por discos de

45 rpm, que escuchaba de sábado a lunes mañana y tarde, me ayudaron bastante en el aprendizaje de este hermoso idioma.

Por primera vez en los años que llevábamos en El Choloque el río bajó en diciembre, y bastante más cargado de lo que habíamos visto antes. También las lluvias se presentaron ese mes con mayor fuerza y frecuencia. Ahora sí que todo el paisaje cambió. No solo se veía el verdor de los pastos. Además, entre la humedad por las continuas lluvias y el clima tan caluroso que habíamos tenido todo ese año en que, literalmente, no hubo invierno, había surgido una vegetación exuberante, con enredaderas que cubrían los postes y los árboles a una velocidad increíble y que nos perjudicaba en la chacra, ya que los árboles frutales se cubrían de ramas, hojas y hasta frutos de enredaderas silvestres como el jabonillo, sandía de zorro y leque. Como las altas temperaturas del invierno habían impedido la floración del mango, decidimos dedicarnos a limpiar el limón que estaba en plena época de cosecha, y, por falta de tiempo y gente, abandonamos los mangos, ya resignados a que no tendríamos producción ni ingresos de ese cultivo ese año.

No había información ni el nombre del fenómeno El Niño hasta ese momento. Aparte de los problemas económicos causados por la pérdida del mango y de los inconvenientes que traían las frecuentes lluvias, realmente disfrutamos de los paisajes, del río, de la lluvia y también de ir todas las tardes al lugar donde habíamos cruzado el río seco para llegar a la chacra; donde ahora descargábamos del tractor las cajas de fruta que cruzaban al hombro los trabajadores a la otra orilla, en la cual esperaban los camiones que las llevarían a Lima o a la planta en Motupe en el caso del maracuyá.

En la Panamericana, a unos tres kilómetros al norte de la entrada al Choloque, se erguía el Cerro de la Vieja, un cerro rodeado por una especie de bosque de piedras redondeadas, algunas de las cuales habían sido horadadas por la fuerza del viento a lo largo del tiempo, que ocupaba una extensión de más de veinte hectáreas. Era un lugar hermoso y extraño, distinto del paisaje habitual del bosque seco. En la cumbre del cerro había una piedra inmensa con la forma de una cabeza cubierta por una toca o manto, como el que usan las mayoras de la zona, y a la que el cerro debía su nombre. Además de las hermosas piedras, en ciertas partes donde había algo de tierra el cerro había permitido que creciera una vegetación especial. Había palo santo, cuncún y otros árboles que solo se vestían cuando llovía en la zona. Los zapotes y algarrobos mantenían sus hojas tristes y fuertes aun en los periodos más secos. Había también varias especies de cactus y otras suculentas que crecían en grietas de las piedras partidas por algún terremoto o caídas, y espacios entre piedra y piedra por donde aparecían milagrosamente un sinnúmero de plantas silvestres.

En los cuarenta a cincuenta metros que separaban al cerro de la Panamericana, se levantaban unas cuantas casitas aisladas unas de otras que alegraban el paisaje con sus corrales de cabras y tendales de ropa de todos los colores. Años atrás, una importante y muy devota familia, cuya hacienda colindaba con el cerro, había logrado subir una gran imagen de la Virgen hasta colocarla exactamente debajo del "manto" de piedra de la roca que asemejaba una cabeza. A partir de entonces, los habitantes del caserío frente al cerro y los que vivían al pie le cambiaron el nombre a Cerro de la Virgen, pero para todos los demás siguió siendo el Cerro de la Vieja.

Corría una historia sobre cómo se formó este cerro y sobre cómo aparecieron esas tremendas piedras en un lugar donde, el que quiere piedras, tiene que comprarlas.

Decían los mayores que Jesús, desde que tuvo un lío con los curas de los templos de una gran ciudad cuando era muchacho, desapareció de ese lugar, y que por más que sus padres y parientes lo buscaron no se supo nada de él en muchos años. Lo cierto es que, en algún momento de ese tiempo, Jesús llegó por estos lares. Era verano y Jesús iba caminando a pie en dirección a Motupe, cansado y sediento por la larga caminata bajo el sol, cuando al pasar por un pequeño terreno sembrado de sandías vio a un mayorcito torneando la noria para llenar unos baldes con el agua y regar las sandías.

-Mayor –le pasó la voz Jesús– soy un peregrino que viene de muy lejos, ¿podría darme un poco de agua para saciar mi sed y poder seguir mi camino?

A lo que el mayor le contestó: "¿Tas cojudo? El agua es para mis sandías y no para un flojo que ni trabaja. Quita, quita y sigue tu camino."

Resignado, Jesús siguió avanzando y unos metros más allá se encontró con la mayora, que estaba sentada en un petate y rodeada de las sandías cosechadas, a las que iba separando por tamaños mientras hablaba en voz alta calculando cuánto iban a recibir por la venta del día: "Las grandes a una por una, las medianitas a dos por una, y las boliches a tres por una."

Jesús, al verla, se detuvo. Luego se acercó y le dijo: "Mayora, soy un peregrino que viene de muy lejos caminando bajo este calor. ¿Podría darme una sandía de las boliches para calmar mi sed y seguir mi camino?"

La mayora levantó la vista y mirándolo le contestó: "¿Tas loco? El mayor me mata, ¡las sandías son para vender en el mercado del pueblo! Anda sigue tu camino que ya falta poco para que llegues allá y puedas pedir el agua que quieras."

Tras decir esto, la mayora volvió a su tarea sin volver a levantar la mirada.

Cómo serían el calor, el polvo y los mayores tan egoístas, que le cambiaron el humor a Jesús. Muy molesto, le gritó a la vieja mientras levantaba los brazos al cielo: "¿No te gusta compartir tus sandías, no? ¡Pues de ahora en adelante tú y tu marido estarán contemplando las sandías hasta la eternidad!"

Mientras que Jesús seguía su camino sin mirar atrás, las sandías se volvieron piedras, piedritas y piedrones, que se acumularon unas sobre otras hasta formar un cerro con la vieja sentada encima de ellas y el viejo quién sabe dónde.

Ese diciembre y antes de que la vegetación lo impidiera, subimos todos hasta la Vieja para ver, por primera vez, toda la extensión de ese inmenso bosque seco cerrado por contrafuertes de la cordillera. Parecían paisajes de la ceja de selva, con los cerros totalmente verdes y con una que otra cascada que brillaba a lo lejos por el sol de la tarde. Hasta donde nos alcanzaba la vista era verde, interrumpido por una que otra casa, la carretera y varias de lo que parecía ser manchas blancas y pardas, pero que eran grupos de cabras y ovejos pastando sin ningún control en el delicioso y exuberante pasto que cubría todo como una alfombra. Son estas vivencias tan especiales las que disminuyen la importancia de las cosas negativas que también vivimos, y que nos deben servir para apreciar aún más las que sí lo valen.

67.   Los Arens.

Capítulo aparte es la llegada de los mejores vecinos que alguien pudiera tener: Heinz y Louise Arens. Ellos, verdaderos amantes del campo, llegaron en 1980 a residir en el fundo San Isidro, que quedaba apenas a tres kilómetros del Choloque en la otra vera del río. Heinz había sido compañero de colegio de Manolo, y tras haber enviudado hacía ya tiempo se había vuelto a casar con una verdadera campesina "gringa", Louise; quien, sin dejarse amilanar por la falta de comodidades y vida social de las que había gozado toda su vida tanto en Estados Unidos como en Lima, estaba tan encantada como él en su papel de pionera.

Ni bien llegó, Louise empezó a sembrar su huerto además de un lindo jardín al pie de la terraza sombreada por algarrobos y enredaderas. Al igual que nosotros, eran fanáticos lectores e intercambiábamos libros felices de los nuevos aportes en historia, revistas o novelas que además de disfrutarlas no nos costaban, lo que era muy importante para todos ya que, como buenos agricultores, siempre escaseaban los medios para lo no indispensable.

Fueron unos años ricos en el cariño y la amistad que surgió entre las dos familias. Nos veíamos todas las semanas y nuestros hijos gozaban con las invitaciones de los Arens, porque les permitía saborear los queques, postres y comidas diferentes que Louise preparaba utilizando casi siempre las verduras y frutos de su huerto.

La pareja que trabajaba en su casa, Basilio y Rosa, eran familia del brujo más famoso de Motupe, don Basilio. A él acudieron a insistencia de Basilio hijo, cuando un alma en pena asustó a una sobrina de Louise que había llegado de visita de Estados Unidos. La chica había quedado traumada al despertarse y presentir esta presencia, además de los ruidos extraños que no cesaban en su dormitorio y que no la dejaban dormir. También se quejaba de náuseas y dolores de "cuerpo", como los describía Basilio hijo, quien estaba tan preocupado como los tíos porque sabía que la medicina que le daban no era la indicada para temas del más allá, y porque, además, sabía que lo que la sobrina necesitaba era un "trabajo" de un maestro como su padre. Y así se los hizo saber a sus angustiados patrones, quienes, un poco por curiosidad y otro poco con la esperanza de que la chica se normalizara, aceptaron la oferta.

Una noche se dirigieron hacia los terrenos de don Basilio, donde formarían parte de la "mesa" y del trabajo que el brujo le iba a hacer a la afectada por semejante experiencia. Después de horas de rezos, consultas y sorbos de San Pedro, y también de huaraqueos y trabajos con piedras y huesos en medio de la oscuridad bajo los algarrobos, don Basilio dio su veredicto. El sitio en que habían construido el cuarto de huéspedes había estado ocupado por un cristiano. Su alma en pena había salido en señal de protesta y había impresionado a la muchacha. Aparte de esto, la susodicha ya venía con un problema de salud y había que limpiarla. Le dieron una bebida, la escupieron de arriba a abajo y le aplicaron otros artilugios propios de la profesión, y luego la enviaron de regreso a casa asegurando su total curación en el transcurso del día. Y, efectivamente así sucedió, según contaba Louise, aliviada y encantada con la interesante experiencia vivida en pleno Siglo XX, que podría compartir con amigos y parientes de Louisiana, su tierra natal, junto con otras tantas anécdotas que les tocó vivir.

Lo que sí tuvieron que pasar para llegar a la curación total fue la "salidera al campo", que le vino a la sobrina gracias a la bebida mágica preparada por el mismo don Basilio, ingerida al terminar la sesión, que le hizo perder varios kilos y que la dejó completamente curada, tanto de los males físicos como de los fantasmales.

Los Arens fueron testigos de la peor experiencia que nos tocó vivir en esos años que estuvieron cerca de nosotros. Fue en el año 1983, el año del primer fenómeno El Niño cuyos efectos en nuestra vida, así como también la violencia y el daño que su presencia nos ocasionaría, jamás pudimos imaginar.

Era fines de febrero y ya hacía un mes que llovía casi a diario y que el río venía bajando más cargado que lo normal. Llamo normal a una bajada de no más de cincuenta metros cúbicos de agua, que discurre ocupando todo el cauce hasta que se pierde en su camino por el desierto hacia el mar. Esto se presentaba cada tres a cinco años, duraba unos pocos meses y tan solo nos perjudicaba porque el río nos cerraba la salida directa a la carretera, por lo que teníamos que dar toda una vuelta de más de media hora por el Camino Real, o dejar el carro en casa de unos amigos campesinos al otro lado del río y cruzar en ropa de baño. En tiempos de colegio teníamos que cargar a los chicos nuestros y de los trabajadores para que no se mojaran el uniforme a la hora de ir al colegio. Al regreso, todos se calateaban y cruzaban solos, de paso que se bañaban en el río felices de la vida. El mayor problema que enfrentábamos era la cruzada del río con la carga de limones o maracuyá al hombro por nuestros trabajadores, y que era el entretenimiento para los chicos y las señoras que nos reuníamos en el río a gozar del espectáculo y disfrutar de la frescura del agua mientras duraba la tarea. No faltaba alguna de las señoras que traía limonada, cancha, cecina o fruta para compartir con los esforzados trabajadores que iban y venían con la carga.

Una tarde de febrero de 1983, Manolo tenía que ir a Motupe. Como ya no era tan fácil ir y venir donde los Arens, y como además no los habíamos visto en dos semanas, decidimos que me dejaría en casa de ellos tomando un buen café pasado y gustando las riquísimas galletas que hacía Louise. Él pararía a tomar también un café a su retorno del pueblo y regresaríamos juntos al

Choloque antes del anochecer porque teníamos que cruzar el río. En la parte más profunda y torrentosa, el agua nos llegaba arriba de la cintura y solo el hecho de cruzar con Manolo y el deseo de ver a los Arens me animó a hacerlo. Al fin, ya en la otra orilla, nos secamos y pusimos algo sobre las ropas de baño que tendríamos que volver a usar al regreso. Luego emprendimos la caminata hacia la casa de don Guevara, a unos quinientos metros del río donde guardábamos la camioneta, para ir en ella donde los Arens. Allí me quedaría esperando a que Manolo regresara de Motupe. Estábamos en plena tertulia y empezando el cafecito cuando Manolo llegó del pueblo muy agitado, cosa rara en él, diciendo que venía una enorme crecida del río, que la había visto ya por el puente y que teníamos que apurarnos para cruzar el río antes de que llegara al Choloque, que estaba aguas abajo, de lo contrario no podríamos cruzar y los chicos se quedarían solos al otro lado.

-Heinz -le dijo Manolo- tienes que llevarnos tú porque ya está oscureciendo y no va a haber tiempo de ir a guardar la camioneta. Que se quede aquí en tu casa.

Casi corriendo nos subimos los cuatro a la camioneta de Heinz y emprendimos el regreso a la orilla del río, frente a la entrada al Choloque. Nos bajamos y después de quitarnos los zapatos nos metimos al agua tras apenas un adiós a los Arens, quienes se quedaron parados en la orilla mirándonos avanzar en la ruta iluminada por los faros de su camioneta, que iban a dejar encendidos para iluminar el río y guiarnos hasta que nos vieran llegar al otro lado, pues ya estaba oscureciendo. Ellos, nos confesaron después, pensaron que Manolo estaba exagerando. En realidad, desde que llegaron a vivir en Motupe habíamos tenido un largo periodo de sequía y el cauce se había mantenido seco, así que nunca habían visto el río con agua, y no podían imaginarse el cuadro que había descrito Manolo.

Ni bien entramos al río, el agua ya nos daba a los hombros. Alcanzamos a ver al otro lado al caporal y a varios de los trabajadores que nos hacían señas y gritaban, aunque por el ruido que hacía el río no entendíamos lo que nos decían. No habíamos avanzado ni veinte metros, de los casi sesenta que nos separaban de la otra orilla, y ya la fuerza de la corriente nos había sacado del haz de luz de la camioneta, llevándonos aguas abajo y alejándonos de la entrada. Avanzábamos sesgando y luchando contra la fuerza de la corriente por llegar a la otra orilla, agarrados de las manos y aterrados en medio de la casi total oscuridad. Con la crecida además se formaban olas que nos tapaban y arrastraban ramas, palos y hasta árboles de las chacras que el río iba comiendo a su paso. En eso un tronco le golpeó las piernas a Manolo y le hizo perder el piso. La fuerte correntada no le permitía pararse de nuevo y yo ya no podía caminar por el esfuerzo que hacía al tratar de que no se soltaran nuestras manos. No sabíamos ni a qué distancia estábamos de la otra orilla. En eso, escuchamos la voz del caporal que nos decía que gritemos para que nos pudieran ubicar, que ya estábamos cerca. "¡Aguante Ingeniero, ya lo alcanzamos!", fue lo último que escuché. Recuerdo que me recriminé por habernos arriesgado así. ¡Íbamos a morir los dos juntos y los chicos se iban a quedar solos!

No supe más hasta que me desperté tosiendo, echada en la arena, a unos cien metros más abajo de donde habíamos entrado al río. Manolo estaba a mi lado, asustado al verme en ese estado que felizmente no había durado más que unos pocos minutos. Nos abrazamos aliviados y felices de habernos librado de una muerte que ambos creíamos segura, y no queríamos otra cosa que llegar a la casa para estar con los chicos. El caporal nos explicó que habían hecho una cadena humana amarrándose con la soga, y que habían logrado agarrar a Manolo y jalarnos hasta la orilla. Algunos habían corrido río abajo entre ramas, espinas y troncos que cubrían las orillas, mientras que otros se habían metido al agua, atados con una soga sujetada por los que estaban en tierra, tratando de alcanzarnos hasta que al fin lo lograron.

Fue una experiencia terrible, que nos enseñó a respetar a ese nuevo río, peligroso e indomable, que habíamos visto por primera vez en los años que llevábamos en El Choloque.

Los Arens se habían quedado atónitos y desesperados al ver cómo el agua nos sacaba de la ruta iluminada y nos perdíamos en la oscuridad. Estaban literalmente llorando, convencidos de que ya habíamos muerto en medio de esa avalancha increíble de agua y de todo lo que traía consigo. El caporal, imaginando cómo estarían, ya que por las luces de la camioneta que todavía estaban prendidas sabíamos que seguían en la otra orilla, envió a dos de los muchachos a hacer señas frente a la luz de los faros y hacerles saber, como pudieran, que estábamos bien. Nosotros demoramos en llegar hasta la entrada de la chacra frente a donde estaban los Arens. De pie en la orilla, y todavía temblando de la impresión y por el esfuerzo realizado, les hicimos señas de todo tipo, ya que era imposible escuchar nada con el estruendo que cada vez era más ensordecedor. Al vernos se tranquilizaron y emprendieron el regreso a su casa, probablemente dando gracias a Dios que su chacra estaba lejos de la orilla del río.

Ya en casa nos recibieron los chicos y nos tomamos con los trabajadores unas cervezas para calmar los nervios y relajarnos un poco. Todos nos contaban qué habían visto en la poca claridad que había, cómo las olas nos cubrían y volvíamos a aparecer, y cómo ellos seguían corriendo por la orilla aguas abajo para ganarle al río y lograr acercarse a nosotros para jalarnos a tierra. Creo que ninguno de los que estuvimos allí olvidará jamás esa experiencia, ni volverá a menospreciar la fuerza de la imparable naturaleza. Lejos estábamos de saber que ese increíble aumento del caudal del río era tan solo un aviso del inicio del fenómeno del Niño, y que el río bajaría aún más cargado arrasando a su paso tierras, plantaciones, animales y la tranquilidad y esperanzas de tantos agricultores que nos encontrábamos en su camino.

68.   1983: El Niño.

El 2 de enero de 1983 en la tarde llegaron mis padres a nuestra casa en Chiclayo tras un largo viaje en su Volkswagen, su primer carro de "primera mano" y además su chochera. El viejo disfrutaba manejando, y tener que hacerlo por tantas horas no los molestaba para nada. Al día siguiente era su cumpleaños y ya nos había dicho que quería pasarlo en El Choloque, así que después de un buen descanso esa noche y bien equipados de víveres y regalos partimos todos para la chacra en la mañana. Solo Santiago se perdió esta vez toda la diversión que venía con el río, también la belleza de los cerros cubiertos de vegetación, el bosque seco rebosante de ramas nuevas y verdes, y los pastizales creciendo para alegría de los criadores de cabras y ganado en general. Pasaría todo ese verano viviendo en Piura, en la pensión del OPUS, preparándose para su ingreso a la Universidad. Al igual que Cali, había hecho la promesa de aceptar su mudanza a cualquier otra pensión en cuanto ingresara. El día de los resultados del examen de ingreso fuimos Manolo y yo a Piura para acompañarlo durante la espera. ¡Por supuesto que había ingresado! Después de festejar con un almuerzo piurano las buenas noticias, visitamos la pensión que ya habían escogido él y su amigo Julio Carlos, y que felizmente quedaba muy cerca de la Universidad.

Con las lluvias que habían continuado algo aisladas, pero bastante fuertes, el paisaje seguía siendo hermoso y muy diferente al que estaban acostumbrados a ver los viejos. Aunque les habíamos contado sobre el cambio que verían a lo largo del camino, especialmente a partir de Jayanca, que era el límite de los valles que se irrigaban desde el reservorio de Tinajones con aguas del río Chancay y con el río La Leche, quedaron extasiados con el verdor de los campos y de los árboles que parecía se habían vestido para la ocasión. Como el río estaba algo crecido para que cruzaran los viejos, y sabiendo además que iban a disfrutar cada tramo del camino Real, seguimos hasta Motupe y cruzamos el pueblo para tomar esa ruta. Nos habíamos cruzado con varios campesinos amigos que iban al pueblo a caballo y a pie, mojados y enlodados hasta arriba de las rodillas y cargando sus alforjas. No era práctico usar las bicicletas, con las que normalmente hacían esa ruta, y pese a que les tomaba más tiempo y trabajo se les veía contentos sabiendo que tendrían un buen año y mejores cosechas y que habría abundante pasto para su ganado. Nos cruzamos con varios rebaños de cabras que caminaban pegadas a los cercos buscando las zonas altas y los frutos de las enredaderas silvestres que los cubrían. Sus pastores, generalmente niños en tiempo de vacaciones, eran un solo de barro de la cabeza a los pies, y nos saludaban con gritos y sonrisas disfrutando este estilo de pastoreo tan diferente al habitual, en el que caminaban largas horas bajo el sol del verano y sin ver una gota de agua, salvo la que llevaban en sus botellas y que ya estaba caliente para cuando la tomaban. Había llovido regular los días anteriores, y las huellas de camiones que sacaban la fruta de las chacras a lo largo del camino habían malogrado el afirmado. El viaje que hacíamos normalmente en veinte minutos nos tomó más de una hora. Poco antes de llegar al Choloque, encontramos una poza tan profunda que la camioneta no pudo pasar y nos quedamos en medio del barro. No hubo más que enviar a los chicos a pie al Choloque por ayuda, y nos quedamos admirando el paisaje sin que realmente nos importara el percance. El caporal llegó al rato con el tractor, nos sacó del charco y en minutos estuvimos de nuevo en camino al Choloque

Pasamos una linda mañana festejando a don Héctor, y durante la tarde fue cambiando el cielo, que poco a poco se cubrió de nubes oscuras y amenazantes. Al final de la tarde empezó a llover, y ya anocheciendo veíamos los relámpagos iluminando el cielo, seguidos por el retumbar de los truenos que hacían correr a los perros, que se escondían debajo de los muebles de la casa. Estábamos todos sentados en la sala a la luz de los lamparines de kerosene, ya que el techo de la terraza era una hermosa buganvilia, llamada en el norte "papelillo", que si bien nos protegía del sol era totalmente inútil ante la fuerte lluvia que no cesaba desde las seis de la tarde. Estábamos fascinados escuchando las historias de los viejos sobre sus experiencias en Tarma y Chanchamayo, con sus tormentas similares, y también gozando del olor a tierra húmeda y de la novedad de la intensa lluvia y el ruido que hacía al estrellarse contra el techo de eternit, y asombrados con los relámpagos y truenos que nunca antes habíamos tenido en El Choloque.

Manolo había estado muy callado, y tenía tal aire de preocupación que me acerqué a ver qué le pasaba. Había venido tomando el tiempo entre los relámpagos y truenos para calcular, por la velocidad de la luz y el sonido, a qué distancia estaba la tormenta. Definitivamente era cercana. Estimaba que estaba sobre la cordillera que circundaba Motupe y que de día podíamos ver claramente desde la chacra.

—El río va a cargar demasiado con esta lluvia -me dijo.

Había preocupación en su rostro. No era difícil saber que estaba pensando en la vez que casi nos ahogamos, aun cuando las lluvias no habían sido tan fuertes como la que estábamos soportando esta vez. No había nada que hacer hasta la mañana siguiente, así que decidimos no hablar más del tema y culminar los festejos por el santo del viejo con una noche de guitarra y canciones que les encantaban, y que cantaba con mamá acompañado por todos nosotros animado por su "capitán", el trago que les gustaba a los dos.

Y así dejamos para mañana lo que esta vez no podíamos hacer hoy.

69.   El día siguiente.

Casi no dormimos esa primera noche de enero de 1983 que pasamos en El Choloque. Cuando ya todos estaban dormidos, nos fuimos los dos a casa del caporal para ir con él a la orilla del río y ver si todo estaba bien. Sobre todo, temíamos por Isabelo y Chepo, trabajadores que nos habían seguido desde Las Norias y cuyas casas estaban muy cerca del cauce.

Por primera vez, echados en la cama sin cambiarnos, habíamos oído o sentido un ruido sordo amenazante y permanente que no podía ser otra cosa que la crecida del río. Ya con el caporal caminamos hacia el portón de ingreso en medio del diluvio, apenas cubiertos con plásticos y sin zapatos ya que carecíamos de impermeables y botas de jebe. Ese camino estaba bien enripiado y al menos no teníamos que luchar contra el barro y las plantas silvestres que habían nacido y crecido por todas partes después de tantos días de lluvia. Era una noche muy oscura y las linternas solo nos permitieron ver que el río ya había cubierto unos veinte metros del espacio que había entre el cauce y el portón. Pusimos una estaca en el lugar al que ya había llegado el río y esperamos unos diez minutos. ¡El río cubrió la estaca! O sea que estaba en pleno aumento. Eso nos decidió a pasarle la voz a Isabelo, para que sacara a su familia y la llevara a la casa de solteros, donde había cuatro camas libres, y pasaran la noche en un lugar más seguro. Los ayudamos a llevar lo indispensable y los dejamos acomodándose, rogando que el río no subiera hasta su casa y perdieran nuevamente parte de sus cosas. Lo mismo hicimos con Chepo, cuya casa estaba al otro extremo del fundo. Allí sí que sufrimos para llegar, ya que solo había un sendero entre las plantaciones. En medio de la oscuridad no pudimos evitar embarrarnos y rasparnos con las ramas de los árboles que había a lo largo de la trocha. Era una zona más alta y el río, aparentemente, no representaba ningún peligro ya que se había cargado al frente y pasaba sin mayor fuerza por nuestro lado.

Ya regresando a la casa, empapados y embarrados, hablamos de que, en realidad, pese a la amenaza que representaban esos cambios tan fuertes en nuestro habitual clima, estábamos disfrutando y aprendiendo de tantas experiencias nuevas e interesantes. Definitivamente teníamos que equiparnos mejor, así que al día siguiente enviaríamos al tractor al pueblo para conseguir impermeables, linternas y botas para todos, y de ser necesario encargar otras cosas a Chiclayo.

Al día siguiente, ni bien aclaró la mañana, salimos a inspeccionar la ribera. Frente a la casa, al otro lado de la pampa de fútbol, que estaba por debajo del nivel de la zona de las casas debido que habíamos sacado de allí todo el material para los adobes de las construcciones, se había formado una laguna. Vimos a casi todos los trabajadores excitados, hablando y gesticulando. Ni bien nos acercamos nos recibieron con la noticia de que el río había ingresado al Choloque por el lado de Santa Teresa, la hacienda vecina. El campo más grande de maracuyá estaba totalmente inundado y se habían caído algunos árboles, entre ellos dos algarrobos grandes y un cocotero. Nos dirigimos al lugar y efectivamente las diez hectáreas estaban totalmente inundadas. Ya se habían caído algunos sectores completos de las estructuras de soporte o tabancos de algarrobo, obero y eucaliptos, y las plantas de maracuyá llenas de frutos yacían en medio del barro y la mala hierba. Decidimos inspeccionar todos los campos que daban al río, lo que nos tomó cerca de dos horas, y pudimos identificar algunos puntos de peligro que tendríamos que proteger de alguna manera. Ya había bajado el caudal del río y eso nos permitiría trabajar con toda la gente, salvo dos leñadores que tendrían la tarea de desramar los árboles caídos que estorbaban el pase en algunos sitios. En cuanto al maracuyá, no se podía hacer nada por el exceso de agua en el campo. Habría que esperar que no lloviera y secara la tierra antes de poder levantarlos. El caporal de cosecha se encargaría de repasar el campo cosechando los frutos maduros para llevarlos todos a la fábrica en el tractor. Ya no tenían la calidad necesaria para el mercado y era imposible cruzar el río con las mallas de fruta a cuestas.

Regresamos a la casa y ambos nos dimos cuenta de que había dos algarrobos muy cerca. Después de ver los que se habían caído, representaban un peligro si las lluvias continuaban. Tendríamos que ver si había otros árboles que amenazaran las demás casas, y en ese caso cortarlos antes que cayeran y dañaran a alguien o a las construcciones.

Encontramos a los chicos felices con la nueva "piscina", metidos en el agua y corriendo con los perros esperando que regresáramos para desayunar "todos juntos", tal como había dicho la abuela. El panadero que nos visitaba en las mañanas no había podido cruzar por lo cargado del río, así que, para felicidad de los chicos, habían preparado el consabido "arroz con tomate", que se había convertido en plato frecuente a insistencia de Santiago, quien había aprendido a comerlo de los portaviandas de sus compañeros de colegio. Les contamos las novedades y por supuesto todos quisieron ir a ver el campo inundado, así que ni bien terminamos el desayuno Manolo se fue con la gente a ver los trabajos y los demás partimos para Peniste, como se llamaba ese campo.

El nombre se lo debía a Manolito. Cuando tenía tres años salía solo a caminar y se nos perdía a veces por algunas horas. Siempre que le preguntábamos dónde había estado, nos contestaba que con su amigo Peniste.

—¿Y dónde vive Peniste?

—Cerca del toro saladón —nos contestaba.

—¿Y cómo es?

—Amarillo con azul —respondía, y luego se iba cansado de contestar tantas preguntas tontas.

Ya había salido el sol y el cielo estaba limpio de nubes. El paisaje era espectacular, pues con las lluvias el ambiente se limpia y veíamos con claridad los cerros de la cordillera que lucían su "chalina", como decía la gente por las nubes de humedad que rodeaban los cuellos, y que dejaban ver las puntas libres contra el cielo. También distinguíamos las caídas de agua que se formaban en las quebradas cual cascadas plateadas con el reflejo del sol. Al fin llegamos a Peniste, donde nos quedamos parados en silencio mirando todo el daño que había causado la entrada del río. En ese momento pensé que menos mal que no era tan grave y que nos habíamos librado de algo peor. Era difícil que volviera a llover tanto y con las medidas de protección que dispusiera Manolo ya nada nos volvería a pasar.

Todavía no se hablaba del Niño y no podíamos imaginar lo que vendría después.

70.   Hacienda Santa Teresa.

Cuando recién llegamos al Choloque, la hacienda Santa Teresa, que tenía 110 hectáreas, era de un agricultor motupano que había logrado sacar adelante su tierra gracias a su dedicación a la agricultura y a que contaba con el agua de dos buenos pozos.

Tenía además la ventaja de tener derechos de agua del río, que le llegaba ocasionalmente mediante un canal que habían construido los regantes de la zona. Era la última hacienda en ese sector de riego, y eso era lo malo, porque el agua pasaba por varias chacras que no perdían la oportunidad de robarla, para lo cual simplemente abrían sus compuertas. Eso exigía poner gente a cuidar todo el trayecto del canal. El agua era un bien muy apreciado en la zona, porque no todos tenían pozo, y si no había "excedentes" para la parte baja del valle, simplemente ese año nadie sembraba.

Algunos agricultores con pozo vendían el sobrante del agua a los vecinos, generalmente de noche y con el costo extra de los guardianes. Cuando el Ministerio de Agricultura normó el uso del agua, incluyó un nuevo concepto: el agua era del Estado, y por lo tanto había que pagar también por su uso, al igual que los regantes con agua de los ríos o lagunas. Algunos agricultores que compraban agua de pozo pretendieron dejar de pagarles a sus proveedores. El agua ya no era de ellos y ciertamente era mucho más cara que el valor del agua de los ríos. Felizmente, todos comprendieron que en realidad no era el agua lo que se vendía, sino que se trataba del "alquiler" de la maquinaria que la extraía del subsuelo con motores Diesel, y que por lo tanto había que cubrir el costo del mantenimiento y la inversión realizada en la perforación del pozo y su equipamiento.

Aunque conocimos al dueño de Santa Teresa, un hombre parco y muy huraño, no llegamos a hacer amistad y lo veíamos muy de cuando en cuando. Él y su familia vivían en el pueblo, en una gran casa en la avenida principal, que según los vecinos hasta tenía piscina. Falleció por el año 1980, y un tiempo después los hijos pusieron en venta la hacienda.

Habíamos tenido la suerte de conocer a un empresario yugoslavo, A. Dorsner, quien fuera el gestor del proyecto Majes, en Arequipa, y también del Reservorio de Poechos, en Piura. Representaba a una de las más grandes empresas israelitas especializadas en sistemas de riego tecnificado, y habíamos sido los primeros en el Perú en comprarle esos sistemas, que instalamos en El Choloque. En el arancel de entonces no había partidas de importación de sistemas de riego, y pudimos exponer el problema al Ministro de Economía, el Dr. Manuel Ulloa, quien inmediatamente nos invitó a su despacho. Con ayuda de sus técnicos redactamos las partidas que abrieron las puertas para el ingreso de esa nueva tecnología, indispensable en las zonas desérticas irrigadas con agua de pozo y en los proyectos de irrigación.

Varias veces el Sr. Dorsner nos había dicho que quería tener sus propias tierras y que le encantaba la zona, así que le pasamos la voz y en cuestión de semanas ya era el feliz propietario de la Hacienda Santa Teresa. Desde que le hablamos de la hacienda, le dijimos que queríamos comprar las diez hectáreas colindantes con El Choloque, y acordamos que él compraría toda la tierra y nos vendería después lo que necesitáramos, cosa que cumplió a cabalidad para felicidad nuestra, que seguíamos en pleno crecimiento. Una vez en posesión de su fundo nos encargó que le consiguiéramos un buen Ingeniero Agrónomo para que se hiciera cargo, y así fue como llegó el Ing. Germán Fernández, lambayecano y gran amigo nuestro, quien muy pronto compartió nuestra amistad con los Arens. Las tres familias nos reuníamos con frecuencia, y nos apoyábamos en emergencias y en tantas otras situaciones que se presentan en lugares tan aislados.

Años más tarde, tras la muerte de nuestro amigo yugoslavo, el hermano de Manolo, en sociedad con un querido amigo nuestro, compró Santa Teresa. Así se convirtieron en nuestros vecinos, y aunque nunca vivieron en la hacienda venían de vez en cuando a quedarse algunos días con o sin la familia, y disfrutábamos todos juntos de almuerzos, cenas y guitarreos.

El día de la inundación de Peniste, Fernández llegó de Chiclayo y se dio con la sorpresa de que el río se había metido en la hacienda por una vega antigua, y que había dañado una regular extensión de los sembríos, al igual que El Choloque. Al anochecer llegó a cenar al fundo, y conversamos sobre lo que debíamos hacer en términos de prevención. Luego regresó a dormir a la casa que ya habían construido en Santa Teresa, y en la que se quedaría toda la semana. Fue una gran tranquilidad para nosotros contar con él para cualquier emergencia. Su familia se había quedado en Lambayeque, y podríamos enviar con él a los chicos y a mis padres a Chiclayo si la situación se ponía peligrosa.

Aunque continuaron las lluvias, felizmente no volvieron a ser tan fuertes y el río se mantuvo en su cauce. Para mala suerte de los chicos, ya no era el río amable en el que podían disfrutar a su gusto. En adelante solo pudieron bañarse en la orilla y siempre en presencia de alguno de los trabajadores, a quien poníamos de guardián por si se adentraban en la fuerte corriente, por el centro del río, contra cuya fuerza no podrían luchar.

Una mañana salimos a caminar con Álvaro y Manolito aguas arriba, hasta los límites con Santa Teresa. Queríamos ver las defensas que había levantado Fernández en el punto por donde había ingresado el río y hecho tanto daño. En esa zona no había playa, pero se había formado una especie de islote a unos diez metros. Como podíamos cruzar esa pequeña corriente, dejamos a Manolito en la ribera quejándose por no poder ir y cruzamos al islote con Álvaro. Estábamos tratando de ver la zona protegida cuando sentimos un grito.

Manolito se había puesto tan al filo del barranco que este se había vencido y caído al agua. En cuestión de segundos la corriente lo arrastró hasta el cauce grande, y antes de que Manolo o yo pudiéramos reaccionar Álvaro se tiró al río para tratar de alcanzarlo. Pudimos ver que lo sujetaba, pero el río seguía arrastrándolos a los dos. No sé cómo hizo Álvaro, pero levantó a Manolito y lo tiró sobre unas ramas de limón que se habían atracado en la orilla. Vimos a Manolito agarrarse de ellas, ya fuera de peligro, y también que la corriente se llevaba a Álvaro, a quien perdimos de vista en una de las curvas del río.

Logramos llegar donde Manolito, quien seguía prendido de las ramas. El viejo lo sacó todo arañado y asustado, y nos pidió a gritos que fuéramos por Álvaro. No había más que atravesar a pie el fundo río abajo, por donde había estado el portón de ingreso. Era la única parte en la que les permitíamos a los chicos que se bañaran. Aún quedaba una playita con poca corriente y suponíamos que había podido salir por ahí. Fueron momentos de angustia hasta que llegamos al lugar. Con la velocidad del río, Álvaro ya había llegado. Estaba tendido en la arena, agotado por el tremendo esfuerzo que había hecho para vencer a la corriente. Lo bueno de esta aventura fue que todos, los chicos en especial, tomamos conciencia del peligro que representaba el río, y que aprendimos a respetarlo y temerlo de ahí en adelante.

71.   Noticias del Niño.

Ya para fines de enero se hablaba sobre la corriente de aguas calientes El Niño, que cruzaba el Pacífico desde Australia y llegaba a la costa norte, a la que recorría desde el Ecuador hasta La Libertad causando las lluvias torrenciales y tormentas eléctricas que venía sufriendo toda la región.

Aunque el fenómeno climático ya tenía nombre, no podíamos siquiera imaginar la magnitud que alcanzaría, y dimos por hecho que tendríamos un mes y tal vez algo más de lluvias, con algunas molestias para la cosecha, el envío de fruta y el acceso al fundo. Manolo se quedó solo casi dos semanas en El Choloque mientras yo negociaba en Chiclayo la compra de una casa más grande y cómoda... ¡que además venía con un piano!

Aunque las lluvias continuaban moderadas, el río seguía tan cargado que ya no se podía cruzar a nado, y tres de nuestros trabajadores habían llegado por el Camino Real y ocupado la casa de solteros, donde se quedaban toda la semana. Ya esta vía de ingreso estaba muy dañada, y solo se podía transitar a caballo, a pie o en tractor.

El río había empezado a "comer" parte del barranco en el lado norte. Manolo y la gente trabajaban colocando sacos de arena y se metían al río para armar unas especies de trípodes con troncos unidos por cables, que se adentraban unos metros en la corriente y a los que atracaban en la palizada de troncos, ramas y algunos árboles frutales arrancados de raíz de la chacra de algún pobre agricultor aguas arriba. De esta manera formaron una pared que desviaba el río del barranco, y lograron metro a metro evitar que el río nos quitara la tierra. Solo esperábamos no volver a sufrir la crecida de principios de enero, y rogábamos que pararan las lluvias. Seguíamos cargando algo de limón a través del río, pero solo los dos trabajadores más altos y fuertes lograban llegar sin mayores problemas. Varios de los otros perdían la carga a medio camino por la fuerza del río, e impotentes veíamos cómo las cajas de limón y las mallas con maracuyá se iban flotando. Como Manolo se había ocupado de enripiar todos los años el camino de ingreso, además de construir tres puentes sobre los canales que cruzaban el camino, todavía los camiones chicos podían llegar cerca de la orilla a recoger la carga. Había que aprovechar que el precio del limón había subido mucho, porque compensaba la poca carga que lográbamos enviar a Lima. La cosecha tanto de limón como de maracuyá era todo un desafío, pues había que entrar a los campos anegados con el agua de las lluvias y luchar contra las enredaderas que cubrían los árboles y dificultaban la tarea. Había miles de limones amarilleando en el suelo y que ni recogíamos, porque Lima recibía solo verdes y los precios de la fábrica no cubrían el costo de la cosecha.

Por los trabajadores que venían del otro lado, nos habíamos enterado de que varias casas de adobe de nuestros vecinos se habían "derretido como hielo" porque carecían de cimientos, y que los adobes estaban en medio del agua. Mejor estaban los que tenían su casa de palos entretejidos. Con la abundancia de agua por lo menos pudimos economizar el petróleo que consumía el pozo, que ya solo se encendía una hora diaria para llenar cilindros y baldes para el consumo de las casas. Todas las tardes veíamos llegar a las mujeres a ambas veras del río cargando sus tinas llenas de ropa sucia, que lavaban aprovechando para pasar un rato conversando entre ellas mientras los chicos, felices, se bañaban en la orilla bajo sus atentas miradas. Antes de irse iban llegando los hombres del trabajo, y algunas se animaban a meterse al agua entre risas y bromas de todos por la novedad que esto representaba.

Y así pasaban los días con mucho trabajo: revisando y aumentando las defensas en el río, limpiando los árboles de enredaderas y mala hierba, cruzando la corriente con los limones y maracuyás seleccionados, que para colmo de males estaban en su época de mayor cosecha.

72.   La casa nueva.

Para la última semana de febrero, las lluvias ya se habían calmado y el río había vuelto a su cauce. El camino Real estaba en mejor estado y con algo de dificultad podíamos utilizarlo. También los envíos de limón a Lima se habían casi normalizado, aunque con menor volumen de carga de lo acostumbrado debido a la dificultad que aún teníamos en la cosecha.

Era momento de ir a Chiclayo a cerrar la compra de la casa y proceder con los preparativos de la mudanza. Yo había preparado un estimado de ingresos en los próximos dos años. Quería demostrarle a Manolo, quien no estaba muy convencido de este gran cambio, que definitivamente sí podíamos seguir adelante con el proyecto. Vivir en Lima no formaba parte de nuestros planes, y los argumentos de que los viejos vivirían con nosotros gran parte del año, que era muy probable que los chicos hicieran su vida en Lima, y que la casa grande podría ser el lugar de reunión para toda la familia en el futuro, terminaron por convencerlo. Con esta maravillosa expectativa viajé a Chiclayo decidida a cerrar el trato, poner en venta la casa que dejaríamos, y embalar todo para la mudanza a la nueva casa.

Me tomó casi dos semanas dejar todo listo, incluido el arreglo de la casa a la iríamos al regreso del Choloque. Estaba feliz con el piano y me la pasaba tocando en los pocos momentos libres que tenía. Queríamos pasar unos días en el fundo antes de que los piuranos, Cali y Santiago, tuvieran que irse a la Universidad, y antes también de que empezaran los preparativos para los colegios.

Chiclayo había sufrido su primer día de lluvia realmente fuerte en muchos años, y había pagado el costo de la falta de preparación para enfrentar esta eventualidad. Solo hubo un día más de lluvias igual de intensas a mediados de marzo, de manera que la capital del departamento no sufrió lo que sí experimentaron los distritos del norte del departamento con lluvias torrenciales y fuertes vientos casi a diario, desde mediados de marzo hasta fines de abril.

Ya con todo arreglado en Chiclayo, nos fuimos al Choloque con los chicos y con don Héctor y doña Nita, quienes se sentían felices de poder estar en medio de tanta novedad y cambios por unas semanas más. Hicimos la ruta por el camino Real con alguna dificultad, pues se habían caído varios árboles y aún los vecinos no habían terminado de cortar algunas ramas y troncos que cruzaban el camino e impedían el pase. Tuvimos que esperar y ayudar con la camioneta a limpiar la ruta y llegamos ya en la tarde, muertos de hambre después del largo pero emocionante y entretenido recorrido. En El Choloque también se habían caído árboles. Sobre todo, nos sorprendió y apenó ver dos algarrobos grandes echados en el suelo, uno de ellos delante de la casa, que había caído encima de la enramada y se había traído abajo el armazón y la enredadera que formaba el techo.

Conversando más tarde con el caporal, decidimos podar o cortar todos los árboles que amenazaban caminos y casas, y que ponían en peligro a las personas que por ahí transitaban o vivían. No habíamos caído en la cuenta de que el follaje de los algarrobos era como un encaje que atrapaba la lluvia, lo que aumentaba considerablemente el peso de las copas y hacía que estas se voltearan y cayeran cuando menos uno lo esperaba. Al día siguiente cancelamos la cosecha y nos dedicamos a esa ingrata pero imprescindible labor, que nos tomó varios días y en la que participamos todos acarreando leña, varas, orquetas, vigas y cuanto corte útil iba saliendo de estos generosos árboles.

Y así el trabajo normal de la chacra se vio interrumpido por estas tareas necesarias para la seguridad interna y por la continua lucha para proteger las orillas y barrancos contra las crecidas del río.

73.   ¡Salir, salir!

Esa noche de marzo llovió sin parar desde que empezó a oscurecer hasta casi las siete de la mañana. Manolo y yo salimos pasadas las doce con linternas e impermeables hasta el portón de ingreso donde quedaba la casa de Chabelo, que ya había estado en peligro anteriormente.

Encontramos a la familia en la terraza de afuera, todos asustados con el ruido del río que parecía estar rodeándolos. Había una playita de unos cincuenta metros, entre el cauce y el portón, y nos encaminamos hacia ella para ver si el río la había invadido. Ya casi no quedaba la playa y el río llegaba a pocos metros del portón. Teníamos que evacuar esa casa inmediatamente. En medio de lo que parecía un diluvio, regresamos a la casa con todos los Chabelos, cargando cada cual lo que podía llevar en ese camino que ya era puro barro, bajo la lluvia que golpeaba con fuerza, y en medio de la oscuridad de esa noche cerrada.

Después de dejar a los evacuados acomodados, secos y con un chocolate caliente, Manolo y yo nos fuimos a la terraza. Imposible dormir con el ruido de la lluvia, con el miedo a que aumentara el río y con las decisiones que debíamos tomar ante este fenómeno que no solo no paraba, sino que podría ser aún más fuerte y peligroso. Decidimos llevar a toda la familia a Chiclayo antes del mediodía. Esperábamos que pese a la lluvia todavía se pudiera transitar por el Camino Real. Esperaríamos a que llegara de Lambayeque Fernández, nuestro amigo, quien vendría ese día a Santa Teresa. Según lo que nos informara sobre el camino, saldríamos a Chiclayo en su camioneta y la nuestra llevando a mis padres y los chicos. Así podríamos ayudarnos ante cualquier percance.

Fue una suerte contar con Fernández. Le había costado llegar a Santa Teresa, ya que en el Camino Real se habían formado dos lagunas profundas por donde era imposible pasar. Además, había caído un gran algarrobo que cortaba totalmente el camino. Se había encontrado con un campesino que regresaba a su casa en el caserío Mondragón, quien le advirtió que no había pase por el camino, pero que había una ruta por una zona alta. Efectivamente, tomó el desvío y finalmente había llegado a Santa Teresa, aunque con bastante dificultad y temor a quedarse botado y que empezara nuevamente a llover.

Estuvo totalmente de acuerdo con que había que llevar a la familia a Chiclayo. Además, tenía que ser en la mañana, porque ya se dejaban ver las nubes cargadas y calculábamos que empezaría a llover a eso de las cinco o seis de la tarde.

Manolo se fue a hablar con el caporal sobre la necesidad de evacuar a todos en el tractor a Escusa Baraja si la situación ponía en riesgo la vida de la gente. Acordamos que en dos días estaría de vuelta para quedarse hasta que pasara todo.

Y así, todos excitados por la aventura y con algo de temor, emprendimos el viaje a Chiclayo guiados por Fernández, en medio de un calor húmedo muy fuerte y del agua que nos salpicaba al cruzar los charcos de esa ruta nueva que, a Dios gracias, nos iba permitir salir antes de que las cosas se pusieran peor.

Ese día no sabíamos que la siguiente vez que viéramos al Choloque, iba a estar tan herido que no lo reconoceríamos. Tampoco imaginábamos que ya no nos daría la bienvenida esa fila hermosa de cocoteros, que se mecían con el viento que pasaba entre sus hermosas y grandes hojas y que dejaba volar libre su música encantada. Ni mucho menos que al mirar el río, color chocolate, ya no sería por la tierra ajena; sino que la próxima vez sería por la tierra nuestra, que se alejaba para siempre con la corriente.

74. Sombras.

Al fin llegamos a la nueva casa dejando atrás las preocupaciones de este raro y amenazante clima, y con la felicidad de estrenar esta hermosa y cómoda casa. Estábamos dispuestos a trabajar todo el día con tal de dejar listo y acomodado al menos lo más necesario. Hasta los viejos se fueron a arreglar su inmenso dormitorio, en el que ya los chicos habían dejado sus cajas y maletas.

Habíamos pasado peripecia y media en el recorrido de los diez kilómetros que nos separaban de Motupe y de la carretera. Manolo había dispuesto que el tractor nos siguiera hasta pasar la zona inundada del Camino Real, y no sé cuánto nos habríamos demorado de no haber tenido quién nos sacara de las profundas pozas de agua y lodo que no había forma de evitar. La carretera también estaba dañada, sobre todo las bermas, que en gran parte del camino habían desaparecido, con pozos de agua en que se habían convertido cada uno de los huecos y baches agrandados por la lluvia.

Ni bien llegados y organizado el almuerzo, todos, los viejos, los chicos, Manolo y yo, corrimos a desembalar y organizar cada quien lo suyo y luego ayudar con el resto de las habitaciones, felices de iniciar nuestra vida en una casa tan linda y cómoda. No podía dejar de mirar mi piano cada vez que pasaba por la sala, donde lo habíamos colocado, y no veía las horas de terminar mi tarea, que era considerablemente mayor a la de los demás, y sentarme a recordar las canciones antiguas que tocaba para las tías mayores cuando iba a Lima; así como también alguna que otra que había aprendido en las pocas veces que el novio de la prima de mi mamá no estaba sentado al piano tocando las canciones de Liberace, tal y cual él las tocaba. ¡Cómo sería, que uno de los tíos que iba con frecuencia a la casa le decía bromeando al novio que debía tocar más a la novia y menos al piano!

Estábamos terminando de almorzar a eso de las dos de la tarde cuando sonó el timbre y escuchamos la voz de Mauro, el caporal, que preguntaba por "el Ingeniero". Lo hicieron pasar y, sin siquiera saludar, mirando a Manolo le contó con voz angustiada: "Ingeniero el río se salió de madre y se está llevando la chacra por el lado de Jojoba, tiene que volver al Choloque, Ingeniero. Vuelta está lloviendo y no sabemos qué más hacer."

Nos quedamos fríos ante lo que significaban las palabras de Mauro. El río había empezado a dañar la parte norte del fundo y amenazaba el pozo y el equipo de bombeo, aparte de destruir las nuevas plantaciones de frutales. Manolo no tardó ni veinte minutos en cambiarse y preparar un maletín con lo indispensable. Sereno, pero con el inmenso temor ante lo que encontraría en El Choloque, partió con Mauro sabiendo que ante la fuerza de la naturaleza es poco lo que se puede hacer. Los demás nos quedamos angustiados. Sabíamos que no tendríamos noticias de Manolo y del Choloque. La falta de comunicación sería total debido a la dificultad para salir del fundo hasta el pueblo a tratar de llamar por los teléfonos que no siempre funcionaban.

Esa noche llovió regular en Chiclayo, y tras dejar a mi mamá a cargo de la limpieza de los daños que había causado la lluvia en la casa, nos fuimos el viejo, la Lani y yo a la casa que habíamos ya desocupado, para ver cómo la había afectado la lluvia. Las calles de Chiclayo eran un solo de huecos, agua y barro, y se veía a mucha gente sacando el agua del interior de las casas. La nuestra también había sufrido. El agua se había empozado en el techo y se filtraba al primer piso en la sala y comedor. Nos pusimos manos a la obra, cada cual con su escoba y balde, y mientras tratábamos de arrojar el agua hacia el jardín en el primer piso, vi a mi padre agarrándose el pecho y caer de rodillas al suelo. De inmediato supe que era un infarto. Ya había tenido otro anteriormente, y su gran temor era volver a sufrir esa terrible experiencia. Pasamos momentos muy angustiosos hasta que llegó la ambulancia y lo llevaron al hospital del Seguro, que era el mejor de Chiclayo. Los médicos recomendaron enviarlo a Lima en el primer avión. Después de dejarlo bajo los cuidados del hospital, fui a ver la compra de los pasajes para los dos viejos y arreglar su recibimiento en Lima. Fue muy difícil conseguir pasajes. La Panamericana ya estaba empezando a sufrir los embates del clima y solo conseguimos un pasaje, gracias, como siempre, al amigo de un amigo que tenía otro amigo. Mi viejita se tuvo que quedar, desolada y angustiada por no estar con su viejo en esos momentos. No fue sino hasta cinco días después que logramos al fin que nos dieran un pasaje y se fuera a Lima, donde la esperaría mi hermano Óscar para llevarla directo al Hospital a estar con su viejo del alma, como ella lo llamaba.

Toda esa angustiosa semana no tuvimos noticias de Manolo ni de nadie del Choloque. Un agricultor amigo nuestro del valle vecino, que logró alquilar una avioneta para sacar algo de limón para llevar a Lima, nos llevó a la casa en Chiclayo unas fotos que había tomado volando sobre El Choloque. Nos quedamos fríos después de ver las fotos. Ni en nuestros peores temores nos habíamos imaginado algo así. Ya el río se había llevado el último campo de diez hectáreas que habíamos comprado, y que ahora formaba parte del cauce de un río violento y veloz por la fuerte pendiente que había en su recorrido. Tampoco vimos ya un hermosísimo macizo de cañas de Guayaquil, del que cosechábamos material para construcciones, hacer escaleras y mil usos que tenían en la chacra. La hermosa hilera de cocoteros que marcaban todo el lindero este del fundo, se veía interrumpido en varias partes y ya no quedaba ni la mitad de las inmensas palmeras que bailaban todos los días al son del viento de la tarde. Ya no soportábamos esta situación, así que ni bien mi madre se fue a Lima, al día siguiente partimos Santiago, Álvaro y yo con destino a un Choloque que ya nunca sería el mismo y con el inmenso deseo de estar con Manolo, ya que sabíamos cómo estaría sufriendo y cuánto nos necesitaba.

75.   Caminos y caminantes.

Partimos de Chiclayo a las seis y media esa mañana. Regresaba al Choloque con mis dos hijos mayores para estar con Manolo y juntos luchar contra este nuevo reto que de ninguna manera nos podía vencer.

Fue un viaje totalmente diferente. La primera quiebra en la carretera estaba apenas a unos veinte kilómetros de Chiclayo. Se había formado un nuevo brazo de algún río aguas arriba, que había roto la carretera y formado una quiebra que solo se podía cruzar a pie, con el agua casi a la cintura, en botes que habían llevado algunos pescadores que trataban de ganarse "alguito" a falta de peces, que habían huido debido a la alta temperatura de las aguas marinas. Los botes al menos aseguraban que llegáramos secos al otro lado; y también había unos cuantos "cargadores" que cruzaban la quiebra cargando a quienes quisieran arriesgarse, y a quienes les cobraban desde uno hasta cinco soles dependiendo del cliente.

Esa vez cruzamos en el bote, pero en los siguientes viajes ya iba preparada para cruzar caminando la quiebra. La siguiente vez que regresé yo sola al Choloque, llegué hasta esa quiebra con una señora jayancana algo llenita de carnes, como se dice por allá. Habíamos viajado en el mismo bus desde Chiclayo, y seguiríamos juntas gran parte del camino. Los botes estaban unos metros aguas abajo de la carretera, y, al vernos, dos de los cargadores nos animaron a cruzar cargadas por ellos gritándonos: "¡El bote va a demoraaar, nosotros las cruzamooos! Cinco soles por la gorda y un sol por la flacaaaa!"

Finalmente, la flaca, su servidora, les gritó: "¡La flaca pasa solaaaa!"; mientras que la gorda accedió a pagar sus cinco soles, pero a condición de que la cargaran entre dos. Por mi parte, ya preparada pues venía en short y zapatillas y con mis cosas bien protegidas en un morral de plástico, crucé a pie entre las risas y sonrisas de los demás caminantes.

Siguiendo el viaje con los chicos, nos dimos cuenta de que había cerca de diez quiebras en la carretera hasta El Choloque. Varios carros, camionetas, camiones y algún ómnibus se habían quedado entre quiebra y quiebra, y eran los que ahora transportaban a los viajeros de una a otra. El cruce del agua era generalmente a pie, ya que algunas quiebras no eran en ríos sino en drenes y pases de algunas acequias de regadío. En los puentes colapsados o arrasados era más difícil cruzar, y todo constituía una aventura cuyo final no se podía asegurar.

En una oportunidad íbamos Fernández y yo al Choloque y Santa Teresa, y ya habíamos cruzado cuatro a cinco quiebras hasta llegar a la entrada de Jayanca, donde había una quiebra no muy ancha pero sí bastante profunda y cargada. Como no se veía carro libre al otro lado, decidimos esperar tomando un café en uno de tantos quioscos que se habían armado cerca de las quiebras, donde servían desde café y refrescos hasta un buen arroz con pato acompañado con cebiche a los caminantes y a los dueños de los vehículos que estaban presos entre las quiebras. Acercándonos a uno de los quioscos, vimos un letrero al lado izquierdo que decía "CAFÉ 5 SOLES" y luego a la derecha, otro que anunciaba "CAFÉ UN SOL" Preguntamos si era del mismo dueño y el mismo café, y nos dijo que sí, así que nos sentamos en el de un sol esperando que llegara pronto un carro que nos pudiera llevar. No habíamos terminado el café cuando empezó a llover a gota gruesa. Cargamos nuestras tazas y nos dirigimos al lado a sentarnos en otra mesa bajo techo. Estábamos acomodándonos cuando se acercó el quiosquero y nos pidió que le pagáramos los otros ocho soles por los dos cafés.

-Sin techo un sol, señores y bajo techo son cinco soles- dijo.

Pagamos callados y sonriendo por las reglas tan prácticas del improvisado empresario, y nos quedamos casi media hora más hasta que pudimos tomar el carro que nos llevaría a la siguiente quiebra, ya bastante cerca a la entrada del camino al Choloque.

En otro viaje de Chiclayo al Choloque también tuve que quedarme casi una hora esperando a que regresara alguno de los carros que hacía este servicio. Esta quiebra también era profunda, aunque no muy ancha, y el chofer y ayudante de un camión cargado con madera y tablones que venía de Jaén con destino a Lima, pero que llevaba cerca de un mes sin poder pasar de Jayanca, habían improvisado un puente peatonal con dos tablones y cobraban por cruzar un sol por persona. Con eso al menos podían mantenerse, ya que el escaso efectivo que traían se les había acabado hacía buen tiempo. Terminaba el consabido café cuando se escucharon unas voces acaloradas discutiendo al otro lado de la quiebra. Se había formado un grupo de curiosos, y el chofer que cobraba el peaje en ese lado movía la cabeza diciendo: "No señor. El que quiere cruzar por mi puente tiene que pagar."

Me pareció muy lógica su explicación y no entendía el disgusto del caminante, así que me paré para ver de cerca qué pasaba. Alcancé a oír al quejoso cuando decía: "¡Pero somos dos los que vamos a caminar por su puente, y aquí le estoy dando dos soles!"

A lo que el chofer le contestó muy serio: "Son tres soles, señor. El finado también paga."

Recién entonces caí en la cuenta de que en el suelo había un cajón al que los dos cristianos iban a hacer cruzar cargándolo a los hombros. ¡Tenía razón el chofer, en realidad eran tres los que cruzaban!

Finalmente llegó mi movilidad, y pagando mi sol crucé el puente y seguí mi viaje sin saber el desenlace del lío del finado y el pago del peaje. Por esta ruta así de alterada hicimos varias veces el intento de llevar algo de limón a

Chiclayo para despacharlo a Lima, donde el precio estaba altísimo, pero era casi imposible. Perdíamos muchas cajas en el intento de cruzar el río. También perdimos algunas debido a los paros en la carretera que a veces duraban varios días, lo que malograba el limón en ruta, y, por último, esta fruta era tan codiciada que en todo el camino a Lima sufríamos robos. Los ladrones se subían a los camiones en movimiento y arrojaban las cajas un lado del camino, de donde las recogían sus cómplices.

Sorprendidos por todos estos cambios en la carretera, y sin esperarlo, el viaje que normalmente hacíamos en dos horas nos tomó cerca de siete. Finalmente nos bajamos de un último camión en la entrada del camino al Choloque, por el cual se notaba que no transitaban ya vehículos, pues estaba lleno de pozas de barro y agua y las enredaderas cubrían todos los cercos y árboles que había en la ruta. Caminamos en silencio pensando en lo que nos esperaría y en cómo estaría Manolo, y llegamos a la orilla del río por donde se podía cruzar al otro lado. Todo fue como una pesadilla. Mirábamos al frente pensando que nos habíamos equivocado. ¡No estaba la casa de Chabelo, ni los mangos, tampoco los cocoteros! El río era anchísimo y bajaba tan cargado y tan rápido que se formaban olas y se veían troncos y ramas. Hasta pasaron pedazos de una silla de mimbre y varias cañas de Guayaquil cortadas, que probablemente habían sido parte un techo. No imaginaba cómo íbamos a poder cruzar. Estaba desconsolada pensando que tendríamos que desandar los tres kilómetros hasta la Panamericana, y luego seguir a pie los diez kilómetros que nos separaban de Motupe con la esperanza de que alguien nos recogiera antes. Luego tendríamos que buscar algún camión que nos llevara por el Camino Real hasta el Choloque, eso si es que estaba habilitado. Todo nos tomaría no menos de unas cuatro a cinco horas más, y yo lo único que quería era estar con Manolo cuanto antes y saber por él cómo estaba la situación real del Choloque.

No me di cuenta de que Santiago se había ido caminado por arriba del barranco aguas arriba unos cien metros. Nos gritó al Álvaro y a mí que iba intentar cruzar sesgando al otro lado, y sin más se tiró al agua. Fue angustioso verlo luchar por llegar al otro lado mientras que el río lo arrastraba aguas abajo, pero lo consiguió y salió a unos veinte metros al sur de la entrada a la chacra. Volvió caminando otra vez aguas arriba, frente a nosotros, y haciendo la misma maniobra se tiró al río para salir esta vez donde estábamos parados.

-Si podemos, madre -me dijo- tú vas entre Álvaro y yo y nos sujetamos de la mano.

Así lo hicimos, y al primer intento logramos cruzar los tres y pisar la tierra de nuestro Choloque sintiéndonos seguros y felices, llenos de la expectativa por ver y estar con Manolo y toda nuestra buena gente, y de compartir lo que fuera que estuviera pasando, así como de unirnos al esfuerzo que estábamos seguros hacían para defender la tierra de todos los que vivíamos allí.

76.   Las lágrimas de mi tierra.

Hasta ahora no sé cómo pudimos cruzar el río tan cargado. Creo que los tres solo queríamos estar con Manolo, y cualquier demora simplemente no era aceptable. Al fin nos encontramos con él en el lindero con Santa Teresa. Estaba tan feliz y sorprendido por vernos que nos abrazamos los cuatro felices de estar juntos otra vez. Nos explicó que estábamos en la zona más peligrosa y nos señaló toda la zona del barranco, a unos metros de donde estábamos. No podíamos creer lo que veíamos ¡Las últimas diez hectáreas que habíamos sembrado y que ya empezaban a producir ya no estaban! ¡Tampoco el nuevo equipo de riego! Esa zona había sido la más afectada y era la más vulnerable. Todas las defensas habían sido arrasadas. El río golpeaba derrumbando el barranco y avanzaba lentamente dentro de la chacra sin que pudiéramos hacer nada.

Decidimos recorrer todo el borde del río para trabajar en las zonas más peligrosas. Junto con el caporal, los cuatro emprendimos la caminata entre ramas, espinas y barro, mientras que mirábamos impotentes cómo el río, pese a mantenerse dentro de su cauce, invadía el Choloque. Manolo iba explicándonos que todos los días empezaba a llover en la sierra desde las cuatro o cinco de la tarde, y que ya a partir de las nueve o diez de la noche se escuchaba y sentía la bajada del río. La crecida tenía tanta fuerza que era imposible controlarla, y cualquier defensa que se levantaba en el día desaparecía en la noche. Manolo estimaba que ya habíamos perdido cerca de 15 Has., y su mayor temor era el pozo, el corazón del Choloque, que había estado a más de cien metros del cauce, pero que debido al avance del río ahora estaba a casi cincuenta metros. Ya habían sacado el motor y la bomba del pozo y los habían llevado a lugar seguro, por lo que no había más agua que la de la lluvia para todo menester.

Durante la inspección, vimos que el lugar se había convertido en una especie de península con la casa al medio. No entendíamos por qué el agua no se había llevado ese pedazo de tierra sobre el que estaba la casa, ¡sin daño alguno y rodeada de agua por tres lados! Ya la familia había salido y estaba en los almacenes del establo, en lugar seguro, pero no dudábamos de que esa casa se iba a perder, así que desarmamos puertas, ventanas y sacamos todo lo de valor. Al finalizar, nos fuimos de allí seguros de que ya no la encontraríamos al día siguiente.

En realidad, no fue así. Lo primero que hicimos al día siguiente fue ir a verla, y la encontramos intacta. El río no había tocado la península. Era la calidad del suelo. Había una "mancha" de tierra gredosa y dura mezclada con cascajo, que había logrado burlar y vencer al río. La casa sobrevivió y quedó siempre rodeada por las aguas en cada oportunidad que bajó el río en los años siguientes.

Lo que salvó al Choloque fue esa inspección de la casa de Chepo. Unos metros al sur de la casa había un gran y hermoso árbol: una ponciana. El río había comido el barranco y el árbol había caído al agua. Sin embargo, las raíces lo habían mantenido en su sitio, y ya en la mañana, con el nivel del agua que había bajado, alrededor del árbol se había amontonado la arena, lo que había alejado al agua del barranco varios metros.

Eso nos dio la idea de utilizar árboles. Si los arrojábamos al cauce sujetos con cable, el río no se los llevaría. Inmediatamente nos pusimos a trabajar con toda la gente de la chacra, con mis hijos y algunas mujeres. Como traer árboles de lejos era casi imposible por el barro, empezamos a cortar los naranjos que estaban arriba del barranco todavía a salvo del río. Ese día logramos colocar árboles a lo largo de unos cincuenta metros de barranco. Al día siguiente, ¡el daño era mínimo en la zona protegida! Pasamos toda la semana cubriendo el lindero del río, y mientras duró el fenómeno del Niño nos dedicamos a reforzar las defensas ya colocadas.

Siempre perdimos algo más de tierra, pero definitivamente ganamos esta guerra contra la fuerza del río. Lo que sí perdimos fue más de trescientos hermosos naranjos, algunos árboles de toronja y varios paltos y mameyes, que por estar cerca de la zona de peligro tuvimos que sacrificar para asegurar las defensas.

Las lluvias continuaron hasta fines de mayo, y el caudal del río fue bajando desde fines de abril. A partir de esa fecha ya podíamos cruzar a pie, y cruzar también la fruta que se había logrado salvar. Recién en julio secó el cauce y rehicimos el pase para los vehículos. En esos meses vimos a gente del pueblo, devotos de la Cruz, arriesgar sus vidas por bajarla de la cueva arriba del cerro, donde era su morada, y llevarla a salvo a su capilla, donde estuvo hasta que pasó el peligro de derrumbes por las lluvias.

Cali y Santiago, en Piura, también estaban pasándola difícil. Escaseaban los víveres y toda la ciudad era un completo caos. No había pase por la Panamericana y tan solo podían aterrizar avionetas y aviones pequeños, pues la pista de aterrizaje había colapsado. Pude ir a visitarlos llevándoles velas, fósforos, sal y conservas unas cuantas veces, en una avioneta que partía de Chiclayo contratada por las entidades financieras y algunas empresas, y en la cual a veces nos reservaban un lugar gracias a la intervención de algunos amigos.

Lamentablemente, nuestro querido caporal se había enamorado de una vecina buenamoza, y, como les pasaba a todos los "amorosos", el dinero no le alcanzaba para mantener felices a ambas, por lo que no encontró nada mejor que alquilar el motor del pozo y además entregar el agua en el canal de riego de un par de agricultores vecinos cobrando el producto de su negociado para su bolsillo, o, mejor dicho, para el de las féminas.

Mauro y su familia se fueron del Choloque con gran pena para todos, menos de la esposa quien no quería arriesgar su matrimonio ante la cercanía y juventud de su rival. Esa misma semana nombramos al nuevo caporal, Mariano, quien resultó siendo extraordinariamente bueno en su trabajo y honesto y leal en su comportamiento.

Otra experiencia que tuvimos relacionada con El Niño, fue la llegada de langostas por primera vez en la historia de la zona.

Estábamos Manolo y yo almorzando en la terraza cuando sentimos un zumbido que iba aumentando a cada minuto. Manolo se paró y salió hacia el jardín, lejos de los árboles y mirando hacia el cielo.

-¡Ven! -exclamó- ¡Apúrate para que veas una nube de langostas!

Efectivamente, una mancha inmensa de color oscuro se iba acercando en lo alto, de la cual caían langostas aisladas encima y alrededor de nosotros. Yo nunca las había visto. Eran parecidas a los grillos, pero mucho más grandes y de un color gris más oscuro. Un grupo grande bajó al norte de nuestro terreno, sobre un campo de maracuyá, y en menos de una hora solo quedaban los frutos y las ramas. Todo el hermoso follaje había desaparecido gracias a las incansables mandíbulas de estos animales tan dañinos. Manolo quiso ir a ver dónde se posaba la gran nube, así que la seguimos en la camioneta. Cuando llegamos a Motupe, ya algo tarde, se nos acercaron varios agricultores amigos a contarnos que las langostas se habían posado alrededor del pueblo, en varias chacras de maíz y en otras de maracuyá. Varios agricultores habían ido al colegio principal del pueblo a pedir voluntarios para reventar cohetes, quemar llantas y hacer ruido con latas y ollas. Habían salido varias camionetas y algunos camiones cargados con jóvenes decididos a luchar contra la plaga y también felices por reemplazar el salón por la aventura. Lamentablemente no habían logrado evitar el daño, y al oscurecer se habían retirado mientras las langostas se posaban en las plantas ya sin comer hasta el día siguiente.

Fue una desgracia inesperada y totalmente desconocida. El único experto que había en La Molina estaba en el centro del país atendiendo el mismo problema, y la ayuda solo llegó unos días después, cuando ya las langostas se habían retirado hacia Olmos tras dañar campos enteros en el valle. Lo bueno fue que alcanzaron a eliminarlas mediante fumigaciones efectuadas bajo la supervisión del Ministerio de Agricultura y antes de que cruzaran los cerros donde se habían posado y llegaran al siguiente valle, Olmos.

En una de las semanas que me quedé en Chiclayo con los viejos y los chicos, ya más tranquila porque las defensas nuevas del río estaban funcionando, me senté un rato al piano. La situación económica había cambiado tanto con El Niño, que tuvimos que hacer muchos ajustes y malabares para poder terminar de pagar la casa. Debido a la situación en que había quedado la economía en general, el valor de venta de nuestra casa antigua era otro, y solo conseguimos venderla en un precio bastante más bajo de su valor. Entre los sacrificios que tuvimos que hacer estuvo el de entregar el piano, que ya no podíamos pagar.

Esa tarde, sentada en el piano por última vez, y pensando en el Choloque y los cambios que había sufrido, en cómo nos había cambiado la vida de pronto y tan inesperadamente, decidí que tenía que expresar en una canción lo que sentía… y allí me quedé llorando, sintiendo y tratando de transmitir todo eso en música y palabras que juntas reunieran los sentimientos que yo sabía nos embargaban a todos, desde mis viejos, Manolo, mis hijos y mi gente, sentimientos hacia esa maravillosa tierra que también había sufrido y llorado a nuestro lado.

Y así quedó escrita, con la música de mi piano, una canción sobre el amor por la tierra nuestra: "Las lágrimas de mi Tierra."

77.   El nuevo Choloque.

Las lluvias finalizaron a mediados de mayo y el río terminó de secar a fines de julio. Aunque los últimos meses pasaba muy poca agua, era imposible cruzar en carro el lecho de arena del río, por lo que volvimos a dejar la camioneta en casa de don Guevara, que amablemente nos había ofrecido espacio y guardianía. Manolo estaba dedicado por completo a la limpieza y recuperación de los campos, que habían quedado cubiertos de maleza después de tantos meses de lluvia.

Me contaba feliz que el nivel del agua del pozo, que inicialmente estaba a veintiséis metros de profundidad, ahora estaba en catorce. Eso nos aseguraba el rendimiento del pozo por mucho tiempo. Ya habíamos aceptado la pérdida de las doce hectáreas que se había llevado el río, y estábamos decididos a compensar producción con productividad. Si alguien podía lograrlo, ese era Manolo.

Todo este esfuerzo y horas de trabajo ayudaban también a distraerlo de la pena por la muerte de don Teobaldo. El patriarca de la familia, de más de noventa años, había fallecido tranquilo en su casa y con la presencia de todos sus hijos.

También habíamos terminado de cerrar el capítulo de la venta de la casa anterior y de la cancelación de la casa nueva. Habíamos decidido cerrar la distribuidora de cerveza por cambios en las condiciones del contrato, que no nos parecieron favorables. Para cubrir parte de lo que faltaba para la cancelación de la casa, vendimos el camión chico que usábamos para reparto de la cerveza en el pueblo y quedó en El Choloque el grande, que hasta tenía techo. El mejor uso que tuvo años después fue como "bungalow" de huéspedes. Allí alojábamos a los amigos de los chicos cuando llegaban a pasar algunos días, ganándose así el apodo de los "camioneros".

Nos dejaron el piano unos meses más, hasta que al fin le encontraron su lugar, y, con gran pena, lo vimos irse a alegrar la vida de otras personas.

El Gobierno había declarado todo el norte en "emergencia" por El Niño. Como siempre, nadie sabía qué beneficios traía consigo tal designación, pero sí pensamos que al menos debíamos acreditar los daños y pérdidas. Tal vez podríamos lograr alguna mejora en el nuevo préstamo, ahora que no quedaba ni un metro del campo de diez hectáreas para el cual lo habíamos solicitado. Logramos que la Agencia Agraria de Motupe y la Oficina del Banco Agrario nos hicieran una visita de inspección y que prepararan un documento, en el cual certificaron los daños en plantaciones y cosecha y la pérdida de la tierra. También tomamos fotos de toda la ribera y del lecho de arena en que se había convertido nuestro hermoso campo de limones y maracuyá. Todo eso me serviría un par de años después, cuando pudimos renegociar las deudas con el Banco.

Tuvimos unos meses muy difíciles. Las continuas lluvias desde enero hasta mayo habían malogrado la floración de limón, y ya a partir de julio empezamos a sentir la baja fuerte en la producción y por tanto en los ingresos del fundo. Felizmente, las empresas con las que trabajábamos en nuestra empresa de servicios también habían sufrido los embates del Niño, y por varios meses se incrementaron los trabajos considerablemente, lo que compensó en parte el bajonazo en la producción del Choloque.

Eso, más el apoyo de la gente que aceptó trabajar horas extras sin cobrar hasta que mejorara la situación, y un ajustón a la correa, cosa para la cual ya éramos expertos, nos permitió seguir trabajando con la misma ilusión y gusto de siempre, esta vez para curar a la tierra herida, pero deseosa de recuperarse y de seguir siendo el sostén de tantas familias que dependíamos de ella.

78.   Lunita de miel.

Los días volaban entre el trabajo de la chacra y las otras empresas que atendíamos, además de los viajes que hacíamos para visitar a los dos piuranos, Cali y Santiago, que también vivían en medio del desorden de la reconstrucción de la ciudad, carreteras, puentes y todo lo que había resultado de la normalidad después del Niño.

En esos días me salió un trabajo inesperado. Nuestro amigo, dueño de Santa Teresa, me contrató para hacer un viaje a varios estados americanos en que cultivaban la jojoba. Pensaba que podía ser un cultivo muy interesante para las zonas desérticas del país por su bajo requerimiento de agua. Feliz por la oportunidad de al fin viajar al extranjero, aunque sea para trabajar, y también por la posibilidad de incrementar los ingresos que tanta falta nos hacían, preparé el viaje. Con la empresa que me enviaba hicimos los contactos en la Universidad de California, donde estaba el experto más reconocido en el tema, y luego coordinamos con Tucson con igual propósito. Fue una experiencia increíble para mí. Estuve quince días en diferentes lugares, recogiendo información y tomando fotos para escribir el informe que entregaría a la empresa. A mi regreso preparé un informe bastante completo sobre la siembra y manejo del cultivo, que luego fue entregado a la Asociación Internacional de Productores de Jojoba, en la Convención Anual que se realizó en el Perú unos años después.

A pocos días de mi regreso recibimos la visita del Ministro de Agricultura de Israel, Ariel Sharon. A raíz de la compra de Perú, por parte de la hacienda El Choloque, del primer equipo de riego fabricado en Israel, se abrió una ventana de oportunidad para la comercialización de bienes y servicios de ese rubro, y los Ministros de Agricultura de Perú e Israel decidieron visitar a los "pioneros" en este ramo. Fue una experiencia muy interesante que culminó con una invitación del Gobierno Israelí a Manolo para que visitara varias zonas agrícolas y centros de investigación y tecnología de riego en ese país. Manolo viajó más que feliz, porque fue parte de la comitiva de nuestro Ministro de Agricultura, muy querido amigo y compañero de la Universidad, Nils Ericsson, y tuvo la oportunidad de visitar casi todo Israel en casi un mes que duró su viaje.

Nuestras horas de tertulia se alargaron después de nuestras experiencias fuera del país. Tanto él como yo fuimos invitados a varios eventos del sector, en los que dimos charlas sobre los temas de riego y jojoba, y realmente disfrutamos bastante el "ser famosos" por unos días; más aun considerando lo "sólido", como se dice en el monte, de nuestra vida desde que llegamos al norte. Poco tiempo después de su regreso, Manolo empezó a sentirse mal. Siempre habíamos gozado de buena salud, y comprendí que para que él mencionara su fastidio tenía que ser algún problema que requería un chequeo general.

Teníamos que ir a Lima para una misa en recuerdo de Teo, la cual sería dentro de unos días. Decidimos adelantar algo el viaje, así tendríamos tiempo de que se hiciera un chequeo antes de regresar a Chiclayo. No teníamos ningún seguro, excepto el Seguro Social, que ya habíamos utilizado en las dos oportunidades en que habíamos tenido que ser operados, y, la verdad, nos había ido muy bien. El hospital del Seguro era el mejor de la ciudad, y los médicos, aparte de buenos profesionales, habían sido muy buenos amigos, lo que nos había dado gran tranquilidad. Averiguamos lo necesario y partimos a Lima, muy tranquilos porque los viejos estaban nuevamente de visita en la casa y se ocuparían de los chicos. Mi papá estaba feliz de que le encargáramos ir al Choloque para ocuparse de las planillas las dos semanas que, como máximo, pensábamos estar en Lima.

Los preparativos para el viaje se alargaron y finalmente viajamos un día antes de la misa de don Teobaldo. Fue un lindo encuentro con la familia, a la que no veíamos en algún tiempo, y los tres primeros días en Lima nos dedicamos a disfrutar con los hermanos, sobrinos, tíos y hasta con algunos amigos de Manolo, que se lo llevaron a comer una noche —asunto de molineros— según explicaron los organizadores. La verdad es que Manolo regresó feliz y hablador como nunca. La comida riquísima, sus amigos una maravilla, el lugar increíble, ¡y el trago buenisísimo!

Por fin fuimos al chequeo, y luego de las pruebas y análisis de ley nos citaron para el día siguiente, en que tendrían los resultados y podrían darnos todas las indicaciones y medicinas para poder regresarnos al Choloque. La estábamos pasando bien y nos alegrábamos de haber ido, pero no veíamos la hora de regresar. Manolo había dejado encargada la siembra de una avenida de mameyes que había querido realizar hace tiempo, pero que recién había podido empezar a sembrar por la falta de plantones.

Esa noche salimos a caminar por el parque de Miraflores buscando algún lugar bonito para comer algo. Estábamos felices de estar juntos, solos y compartiendo cosas nuevas y tan poco comunes en nuestra clase de vida. No necesitábamos absolutamente nada más en esos momentos. Casi nos sentíamos de luna de miel. Qué felicidad pensar que siempre que quisiéramos íbamos a tener esas vivencias tan lindas. Que solo se trataba de estar juntos, no importa dónde o cuándo.

79.   Viviendo el futuro.

Estoy sentada en el consultorio de Ernesto, un médico hermano de unos queridos amigos de Chiclayo. Retrocediendo en los hechos que me trajeron acá, no puedo todavía asimilar tanta información, y sobre todo tan inesperada. Manolo se sentía muy cansado en la mañana. Me pidió que fuera yo sola a recoger los resultados de las pruebas, que le pidiera al doctor que nos diera el tratamiento recomendado y que, solo si era indispensable, nos diera otra cita para el día siguiente.

Llegué puntual a la cita y me informaron que el doctor estaba en el Instituto del Cáncer por una emergencia. Me entregaron los resultados de las pruebas y me indicaron que podía verlo allá o que, en su defecto, podían darme otra cita para el día siguiente. Ni hablar de esperar. Tomé otro taxi y en media hora ya estaba en recepción, preguntando por el médico y dirigiéndome hacia su consultorio. Subía las escaleras cuando me encontré con Ernesto, médico oncólogo y hermano de uno de nuestros amigos de Chiclayo, quien se sorprendió al verme.

-¿Qué haces acá? Espero no tengas algún problema -me dijo.

Le expliqué la situación y me pidió que le enseñara los resultados que traía.

-Déjame darte mi interpretación para que la compares con la de tu médico -volvió a decirme.

Se tomó unos cinco minutos en leer los informes y mirar las radiografías allí en plena escalera. Finalmente, metió todo en el sobre y, mientras me lo entregaba moviendo la cabeza, me dijo: "¡Qué lástima, querida! Muy avanzado el cáncer. Cuando mucho le quedan cinco a seis meses de vida."

Mi reacción fue inmediata: "¡Estás equivocado, Ernesto! Manolo está bien, apenas tiene un malestar y algo de cansancio. Solo hemos aprovechado el viaje a Lima para que se haga un chequeo."

Supongo que entendió que yo no tenía idea de la gravedad del estado de Manolo, y me abrazó y me trajo aquí, a su consultorio, donde estoy reviviendo una y otra vez sus palabras, mientras trato de aceptar lo que me dice sobre lo que debemos hacer inmediatamente, a partir de ahora.

Tantas cosas... reservar habitación en el Instituto, pues es inevitable el internamiento para iniciar cuanto antes el tratamiento más adecuado. Él se ocupará de todo, yo solo tengo que presentarme mañana con Manolo para las formalidades

-¿Cuánto tiempo tendrá que estar internado? –le pregunté.

-Al menos una semana, pero hazte la idea de que tiene que seguir algún tratamiento ambulatorio -me contestó.

-"Qué bueno," pensé, "tal vez podemos regresar a Chiclayo y seguir cualquier tratamiento allá, donde él estará más tranquilo y toda esta pesadilla pasará."

El taxi de regreso al departamento de los viejos llegó demasiado rápido. Estaba como sumergida en una nube escuchando las palabras de Ernesto y tratando, sin lograrlo, de tomar una decisión en cuanto a cómo comunicar esto a Manolo.

Me bajé del taxi y me fui caminando por los mismos sitios que habíamos recorrido tan felices la noche anterior. Creo que esos recuerdos me centraron y me hicieron comprender que ahora me tocaba a mí estar allí para Manolo. Me invadió una gran serenidad, y me dije a mi misma que tenía que dejarme de tonterías y no caer en un inútil y negativo estado de depresión. Eso era un lujo que no me podía permitir. Tenía que estar a la altura de lo que Manolo esperaría de mí. Eso le daría la tranquilidad necesaria para enfrentar y aceptar lo que vendría en los próximos días, sin estar preocupándose de que yo no pudiera manejar la situación.

Convencida de que ya estaba más tranquila y lista para conversar con Manolo, me dirigí de regreso al departamento. Apenas abrió la puerta me abracé a él tan fuerte que comprendió que algo grave sucedía. Ni bien entramos le conté con detalles todo lo que había pasado apenas hacía unas horas. Los dos comprendimos que había cambiado para siempre nuestra vida, y que todo lo demás eran tan solo detalles sin importancia ante lo que implicaba esta tremenda noticia.

Recuerdo que esa noche nos dormimos en silencio. Cada uno tenía tanto en qué pensar, tanto que organizar y modificar en los próximos días... Sé que lo que nos ayudó a manejar esta situación, y vivir con tranquilidad los días que siguieron, fue saber que estábamos los dos para decidir, planificar y enfrentar todo lo que viniera en el futuro, sin importar ni pensar cuánto tiempo tendríamos.

Era cada día lo que de ahora en adelante importaba, y lo haríamos valer como nunca antes.

80.   La ciencia o la sabiduría.

Hemos estado en el hospital una interminable semana de exámenes y tratamientos que ponen a prueba a cualquier cristiano. La paciencia y buena disposición de Manolo para todo, me hizo recordar uno de los hornados o Pachamanca norteña, que organizábamos todos los 29 de julio en el Choloque para los amigos nuestros y de los chicos. En mi papel de anfitriona, me acerqué a un grupo de chiclayanas que estaban en plena conversación y que, de lo más risueñas, confesaban cuál era el peor defecto de sus maridos. Ni bien llegué me asaltaron con la correspondiente pregunta: "Ahora sí que no te escapas. Tienes que decirnos cuál es el mayor defecto de Manolo."

No tuve que pensarlo mucho, ya que era una pregunta que me había hecho alguna vez.

-El defecto de Manolo es el peor de los defectos -les dije.

Por fin iban a enterarse de secretos de los Santa María, que eran tan evasivos, y a quienes veían tan solo de vez en cuando. Definitivamente, contaba con la total atención de la audiencia.

-El peor defecto de Manolo es que no tiene defectos —les dije- ¿Se imaginan lo que es vivir con alguien que siempre tiene la razón y con quien no se puede pelear porque simplemente no pelea?

Y era muy cierto. Manolo escuchaba y guardaba silencio hasta que, inevitablemente, los ánimos se calmaban y la pelea pasaba a ser una conversación en la que cada uno exponía su opinión y se llegaba a un acuerdo. Y esto se confirmaba una vez más, ahora en circunstancias tan graves y angustiosas. Manolo estaba tranquilo, hablaba racionalmente del tema de su enfermedad y del futuro de la familia, y jamás lo escuché quejarse o lamentarse por la tremenda situación que le había tocado vivir.

Y así recordaba que, recién casados, Manolo me había pedido que hiciéramos un pacto. Nunca nos iríamos a dormir sin arreglar algún entredicho o problema. Las diferencias se debían resolver el mismo día, porque tendían a empeorar y aumentar con el tiempo, y además nunca debíamos levantar la voz delante de los hijos ni de extraños. Y sé que lo cumplimos. Alguna vez les he preguntado a mis hijos si recuerdan alguna pelea o algo parecido entre nosotros, y siempre me han contestado algo como:

-No, mamá. No sabemos cómo hacían, pero no recordamos ni siquiera escuchar o ver maltrato o falta de respeto entre ustedes.

Eso, obviamente, se debió, gracias a Dios, a su peor defecto y, sin duda, ¡no a mi "buen" carácter!

Finalmente, a la semana dejamos el hospital y regresamos al departamento de los viejos. Manolo sería paciente ambulatorio por una semana más y tendría que ir diariamente a sus sesiones de radiación. Decidimos entonces que yo iría a Chiclayo para organizar la caja y el pago de planillas, entre otros trabajos pendientes. Partí en bus y llegué a Chiclayo amaneciendo un viernes. Después de ir al banco y arreglar algunos asuntos importantes, recogí la camioneta que habíamos dejado en una cochera en la ciudad y me fui al Choloque. Recién entonces pude informarle a la gente de lo que estaba pasando, y también les anuncié que se tendrían que quedar nuevamente solos pues yo regresaría el domingo en la tarde a Lima para estar con el ingeniero.

Llegué al Choloque a la hora de almuerzo, y a las dos de la tarde conversé con mis cinco jefes de campo, a quienes les conté las malas noticias. No hablaron mucho y, tras comprender la razón de la demora en regresar al fundo, se retiraron a sus tareas, no sin antes quedar en que nos veríamos el domingo por la tarde, antes de partir a Lima.

En realidad, desde que vieron que no regresábamos y que no recibían mayor explicación por tan inusual comportamiento, habían ido a consultar con el mejor vidente o brujo de la zona, que además era un buen amigo nuestro, don Basilio, que había quedado en venir ese mismo viernes en la noche a hablar conmigo "después de leer al Ingeniero".

Don Basilio llegó a la casa cerca de las nueve de la noche. Yo ya había comido algo, así que nos sentamos en la terraza con una botella de whisky "para calentarse los dentros", dos vasos y una cajetilla de cigarros abierta en la mesa para ayudar a la mente. Resumiendo esta larga sesión de "cariño, consuelo y sabiduría", puesta a mi servicio para el bien del Ingeniero, don Basilio me rogó primero que lo escuchara y luego simplemente me ordenó:

-Doña Nitty, yo le voy a hablar con la verdad. El ingeniero está con sentencia de muerte. He buscado ayuda e inteligencia y no hay nada que hacer. Su tiempo llegó y usted no debe permitir que lo corten. Hay un galeno colorado que lo quiere cortar. Eso solo lo va a hacer sufrir. Así que le digo ahora: NO PERMITA QUE LO CORTEN. Déjenlo vivir tranquilo lo que le queda de vida. No se vaya a separar de él. ¡Regrese pronto a Lima!

Le expliqué que sabía la gravedad del ingeniero, y que ninguno de los médicos que lo estaban tratando había hablado de operación. Inclusive habíamos enviado todo su expediente a los Estados Unidos, donde un especialista amigo de la familia, y estábamos a la espera de esa opinión, sin la cual no haríamos nada. Insistió en que era real la mala intención de operarlo, y que solo había querido advertirme y ordenarme que NO lo permitiera.

Don Basilio se despidió después de varios benditos tragos, que me permitieron dormir unas horas después de tantas malas noches pasadas en Lima. Estaba regresando con el caporal de dar una vuelta por los campos cuando me encontré a Fernández esperándome. Había dado su teléfono de

Lambayeque como referencia para cualquier emergencia y venía a darme un mensaje urgente.

-Me han llamado de Lima para que te diga que tienes que regresar hoy mismo si es posible, porque tienen que operar a Manolo por un problema de obstrucción en el hígado y tienes que firmar la autorización.

Uno piensa tantas cosas… Para hablar por teléfono tendría que ir a Chiclayo. Difícilmente conseguiría pasaje en avión ese mismo día. Era más fácil que consiguiera cambiar mi pasaje en bus del domingo para el sábado y que amaneciera en Lima el domingo, lo que en efecto confirmé.

No podía dejar de pensar en don Basilio, en su insistencia en que querían operarlo y en que no lo debía permitir. Él lo había sabido antes que yo. Definitivamente hay cosas que la razón desconoce, pero que la intuición acepta o debe aceptar.

Y tal como lo pensé, logré cambiar mi pasaje y me embarqué esa misma noche a Lima sabiendo que esas doce o trece horas de recorrido iban a ser otra prueba más, aumentada por la falta de información y por las palabras de don Basilio, dichas con la verdad y llenas de "cariño, consuelo y sabiduría". Nos habíamos ido a Lima, felices, un 12 de noviembre. Mañana 25 llegaría a Lima después de haber vivido un siglo de angustias. Qué me esperaba en Lima… qué decisión iba a tomar, cuánto sabría ya Manolo de todo este nuevo problema. Al fin, ya en el bus, cansada de tantos "si esto o si aquello", decidí que ya no iba a pensar más hasta hablar con el doctor. Tenía que descansar y esperar a estar con Manolo para llenarme de su presencia y decidir juntos lo que fuera mejor para él. Faltaban aún más de diez horas para llegar. Estaba en una especie de limbo en el que no podía hacer nada.

Casi hubiera deseado no llegar nunca, ni a Lima ni al Choloque. Solo quedarme en esa mitad donde nadie me necesitaba ni me podía encontrar.

81.   Un día a la vez.

La casualidad, la suerte o el destino, quién sabe, determinó que, llegando a Lima, se me acercara un médico a quien conocíamos bien gracias a su amistad con nuestras hijas. Me preguntó por Manolo y le conté brevemente lo acontecido y la razón de mi urgente regreso a Lima. El caso es que insistió en llevarme al hospital, donde me esperaba el médico con los papeles que yo debía firmar para autorizar la operación.

En el camino comentó que le gustaría hacer unas preguntas al médico a cargo y así fue. Eran preguntas muy lógicas: ¿le habían hecho una tomografía o, al menos, una ecografía? ¿Había la posibilidad de que el hígado estuviera también comprometido? No. No le habían hecho ninguna prueba. Sí. Si podía estar comprometido. Sin dudarlo, nuestro amigo le dijo que nadie firmaría la autorización sin antes haber realizado esos estudios. Pese a que era domingo, consiguió quién los hiciera.

Salí de ese hospital sabiendo que ya no volvería jamás... ni sola ni con Manolo. Don Basilio sabía de lo que hablaba cuando me fue a buscar.

Salimos con los resultados unas horas después. Nuestro buen amigo nos llevó al departamento y, después de dejar a Manolo descansando, conversamos un momento. Tenía toda la razón. El cáncer ya había comprometido otros órganos y no había razón para operar. Ya no había nada que hacer, y me sugería que conversara con nuestro médico y le entregara las pruebas. Lo abracé sin poder expresarle cuánto le agradecíamos su ayuda y apoyo en todas las gestiones y lo que había significado para mí que me acompañara en esos momentos.

Se juntaron una serie de cosas en apenas tres días. Para el miércoles ya habían llegado los resultados y la opinión de los especialistas consultados en Estados Unidos. Coincidían plenamente con la conclusión de los médicos amigos. No había nada que hacer y, estudiadas las pruebas, el pronóstico optimista de vida era de cinco semanas.

No le diríamos nada sobre plazos a Manolo. Regresaríamos a Chiclayo para pasar Navidad con los chicos, y ya volveríamos a Lima después de las fiestas. Invitamos a una pequeña reunión en el departamento a todos los hermanos de Manolo y les contamos que al día siguiente nos íbamos al norte. Ya estaban enterados de todo y sabían que era una reunión de despedida. Manolo estaba feliz de regresar para estar con los chicos y ayudarlos en esta temporada de exámenes. No veía las horas de conversar con los suegros sobre las elecciones próximas en abril, tema que le fascinaba, sobre todo porque yo me había inscrito en Acción Popular y él iba a votar por el "Tucán". Soñaba con regresar al Choloque a ver cómo iba la siembra de sus preciosos mameyes y, en realidad, lo que más lo animaba era volver a la tranquilidad y seguridad de esa hermosa vida que teníamos en el monte.

Y así, ese jueves 29 de noviembre nos fuimos en avión de regreso al Choloque, donde todo iba a estar bien y donde íbamos a estar con nuestros hijos y nuestra gente de la chacra. Los dos disfrutamos ese último viaje juntos como ningún otro antes. Y salimos de esa ciudad gris y triste para encontrar un cielo azul y el brillo del sol, que nos habían hecho tanta falta en los días pasados lejos de nuestra tierra.

Ya habíamos pasado un día más y había sido muy bueno. No iba a pensar en mañana hasta que amaneciera nuevamente.

82.   El fin o el principio.

Fue un viaje tranquilo. Manolo durmió casi todo el trayecto, cansado tal vez por el esfuerzo de los preparativos y de subir las escaleras del avión, que insistió en hacerlo sin ayuda. Había adelgazado bastante y el tratamiento de radioterapia había dejado sus huellas.

Por mi parte, disponía de tiempo para pensar en lo más difícil: hablar con los chicos. Ya era ese día, y debía enfrentar el desafío de compartir esta tremenda verdad con ellos, aunque actuando y pensando en primer lugar en su padre.

Manolo no sabía que se había acortado tanto su pronóstico de vida. Con el médico y sus hermanos habíamos acordado no decírselo. No se debe vivir restando días a la vida, y no era necesario hacerlo. Ese era el primer tema para tratar con los chicos y los viejos. Todos tendríamos que hacer un esfuerzo para que cada día que pasáramos juntos fuera un buen día para él. A Lani y Manolo, los menores, no les diríamos nada todavía, pensando que así les evitaríamos una pena tan injusta y tal vez inmanejable para ellos.

Todo pasó tan rápido... Instalamos todo lo necesario para que Manolo estuviera cómodo en la casa. Tenía las medicinas y las indicaciones del médico, y no se necesitaba enfermera pues yo podía administrarle el suero y medicamentos, y además tenía las instrucciones para todos los posibles problemas que se podrían presentar. Poco después llegó el médico especialista del Seguro, quien supervisaría el tratamiento de Manolo en coordinación con el médico en Lima, a quien llamaríamos en caso de una emergencia. El viernes hablé con los chicos que estaban en Piura en plenos exámenes para que vinieran el sábado. Podían regresar el domingo a mediodía para dar sus exámenes del lunes. Llegaron el sábado en la tarde, y después de estar con Manolo hasta que se quedó dormido nos fuimos todos, excepto Lani, a quien teníamos que recoger más tarde de una reunión, y Manolito, que se había quedado a dormir en casa de un amigo.

Tanto los viejos como los tres muchachos suponían que Manolo tenía algo serio, pero no esperaban que le quedaran tan solo cinco a seis semanas entre nosotros. Fue un golpe muy fuerte para todos, pero sí quedó claro que Manolo estaba primero y que no le dejaríamos sentir nuestra angustia. Ellos vendrían los fines de semana hasta terminar sus exámenes y poder ya quedarse en casa. Los viejos se quedarían con nosotros a pasar las fiestas y parte del verano, así que tendríamos el cariño y la ayuda de ellos en todo momento.

Otro día. Empieza el lunes 4 de diciembre, ya sin los dos piuranos.

Manolo había pasado feliz el día con todos los chicos alrededor y escuchando los comentarios, quejas y anécdotas sobre los exámenes de universitarios y colegiales. No había salido el sol, cosa rara por estas tierras en el mes de diciembre, a menos que fuera a ser un año de lluvias. Manolo también parecía sentir el cambio y estaba muy decaído. Sentí que debía llamar a su hermano, tal como habíamos quedado en Lima. Tenía que venir inmediatamente –Manolo se nos iba… lo sentía muy adentro. Felizmente consiguió pasaje y llegó en la tarde acompañado de Alguita, su hermana mayor. Manolo seguía mal, aunque no se quejaba ni decía nada. Llamamos al doctor del Seguro, quien dispuso hospitalizarlo inmediatamente.

Llevábamos cerca de tres horas en la habitación del hospital cuando escuchamos la voz de un gringo discutiendo con la enfermera para que lo dejaran entrar a ver a Manolo. No sé cómo supo Manolo quien era, pero hizo el esfuerzo de quitarse la máscara de oxígeno y le dijo a la enfermera que estaba a su lado que lo dejaran entrar, que era su hermano. ¡Fue la primera y última vez que habló mientras estuvo en la habitación! John Hatch, pues era él quien estaba afuera, entró, lo abrazó y se quedó a su lado hasta que el doctor ordenó que lo llevaran a la UCI.

John me contó poco antes de irse que había estado volando de Nueva York a Bolivia, con parada en Perú, y que al sobrevolar la zona donde podía estar el Choloque sintió que Manolo lo llamaba. Había aterrizado en Lima y conseguido un pasaje Lima-Tarapoto-Chiclayo en el único vuelo que quedaba y que podía llevarlo ese mismo día a Chiclayo. Son de esas cosas que no se pueden explicar racionalmente. Ellos se apreciaban mucho de los años que John estuvo trabajando en el norte como Jefe del Cuerpo de Paz, y también unos años después en que regresó a Motupe para hacer su tesis de post grado. Indudablemente, ese cariño y afinidad entre ellos hizo que se comunicaran y entendieran sin palabras y que John viniera a estar con él en sus últimas horas.

Acompañé a Manolo hasta la UCI y me quedé afuera mirando por la ventanita de la puerta cómo lo trasladaban a una cama de esa gran habitación, donde estaban varios pacientes graves. El doctor había pedido a las enfermeras que me dejaran pasar unos minutos cada cierto tiempo, y así lo hice las dos o tres horas que estuve sola, sentada en esa salita de espera oscura y fría. Solo me habló una de las veces que entré. Me preguntó si era el fin y le contesté que sí, pero que también era el principio para los dos de una nueva y diferente vida. Quiso saber qué iba a hacer con el Choloque, a lo que le aseguré que nos quedaríamos allí y que todo iba a estar bien. La siguiente vez que me permitieron entrar, me pidió que les dijera a los chicos que no dejaran de estudiar, que la familia era lo más importante, que siempre estuvieran a mi lado y se cuidaran el uno al otro.

Manolo nos dejó unas horas después, ya casi amaneciendo. Las cinco semanas esperadas se habían convertido en ocho días… había quedado tanto por decir, por preguntar, por compartir. Pese a la inmensa pena, sabía que había sido mejor así para mi viejo tan querido y que eso tendría que servirnos de consuelo.

Esa misma tarde mis hijos, padres, sus dos hermanos, John, unos cuantos amigos y la gente del Choloque, acompañamos a Manolo al aeropuerto, de donde lo vimos irse hacia el cielo, perdiéndose entre las nubes, sabiendo que pronto regresaría para quedarse cerca de nosotros, como debía ser.

Cumpliremos los deseos de Manolo, los que habíamos hablado hacía años cuando sembramos el campo de Luna, parados en la pequeña huaca con los viejos algarrobos: él quería que sus cenizas quedaran entre los algarrobos y choloques que habíamos sembrado en ese lugar años atrás.

83. Retrospectiva.

Tenía tanto dolor de solo pensar en el regreso al Choloque... pero era inútil postergar lo inevitable, y al fin pasó. Ya estoy aquí, sentada en la terraza de nuestro Choloque, sin atreverme aún a entrar a la casa tan sola y callada, recordando los últimos hechos de esta nueva vida que aún no alcanzo a vislumbrar.

Cali y Santiago regresaron a Piura a terminar sus exámenes, y Johnny y Olga, hermanos de Manolo, partieron a Lima el día de ayer. John, nuestro amigo tan querido, también se fue hoy en la madrugada. Temprano fui al banco a retirar el dinero para la planilla y otros gastos del fundo, que se habían acumulado en las últimas semanas. Almorcé con los viejos, quienes se quedarían con los tres chicos hasta mi regreso, y luego alisté la camioneta para salir. Pensé en la llamada que recibí poco antes de partir.

—Para usted, señora —me avisó la Pepita.

Alcé el teléfono y escuché una voz de mujer: "Sinvergüenza, no se ha enfriado tu marido y ya estás en el banco tirándote la plata", alcancé a escuchar antes de que colgaran sin darme tiempo ni a reaccionar.

No me sorprendió.

El día anterior me habían dejado el recado de que fuera a una misa que ofrecían por Manolo en la catedral, y había ido para agradecer a quienes habían tenido ese amable gesto. No encontré a nadie conocido, ni se mencionó el nombre de Manolo en la relación de los recordados en la misa.

Ya estoy en camino. Tengo que hacer un gran esfuerzo para concentrarme en el manejo. Todo parece tan irreal... La carretera, el pase por los pueblos, el perfil de los cerros, la escuela de los chicos al pasar por Anchovira, el letrero de la CH en el desvío al fundo. Todo se veía tan normal y, sin embargo, todo era tan diferente...

Llegué poco antes del fin de las tareas del personal y me fui de frente a la oficina. Le dije a Juan, el oficinista, que avisara a los otros cuatro hombres de confianza y mayor responsabilidad en la chacra que vinieran a la oficina. Tenía que conversar de muchas cosas que no podía ni quería dejar para después. Al día siguiente tendría que enfrentar al resto del personal. Debía transmitirles un mensaje que les diera la seguridad de que las cosas iban a seguir como siempre, que con la ayuda de todos saldríamos adelante. Tendría que ser convincente ante todos, incluyéndome a mí, que me sentía tan perdida sin la presencia de Manolo.

Fue un alivio conversar con ellos y sentir su aprecio y apoyo. Realmente tenía la suerte de contar con gente buena, responsable y con la que tenía un fuerte lazo de afecto por tantas cosas compartidas en los años que llevábamos juntos. Ya algo más tranquilos, nos fuimos cada uno a su casa. Hubiera querido quedarme en la oficina. Abrir de una vez el cajón del escritorio de Manolo. Revisar y ordenar los papeles que dejara apenas dos meses atrás, en que nos fuimos a Lima sin imaginar siquiera que él no volvería al Choloque. Era algo que tenía que hacerse, pero me aferré al pretexto de la falta de luz y de un cansancio que realmente no sentía, y, cerrando la oficina, dejé todo para el día siguiente en que estaría Juan. Entre los dos sería más fácil y rápido realizar esa dolorosa e injusta tarea que no quería enfrentar aún.

***

Creo que esta noche me voy a quedar aquí en la terraza. Hay tanto en qué pensar y decisiones que tomar... No voy a poder dormir. Ya mañana será otro día. Empezaré mañana con el sol.

***

Ya está amaneciendo. Es el primer día de mi otra vida y debo hacer lo que no fui capaz de hacer ayer. Entraré a la casa, juntaré todas sus cosas para compartirlas con quienes las necesitan y revisaré su escritorio para organizar el trabajo y la oficina. Hablaré con la gente y probablemente lloraré con ellos por esa única vez. Luego de tomar un café, iré a recorrer los campos con Mariano para ver la alameda de los mameyes y empezar a aprender a entender al Choloque. Tengo la presencia de Manolo en el recuerdo, todo el tiempo del mundo y todo el apoyo de mis hijos y mi gente para poder hacer las cosas bien.

Solo tengo que pararme ya y empezar...

84.   De Manolo para Nitty.

Mi amor:

He examinado profundamente mis sentimientos y sé que hay amor en mí; amor que se enriquece con el reflejo del que me llega de ti.

Sé que nos vamos a casar. No creo que logremos con ello una vida feliz, pero sé que eres tú con quien quiero compartir los momentos de felicidad que nos toque vivir; y, sé que juntos viviremos más completamente, más plenamente.

La suerte que tenemos es el darnos cuenta de todas estas cosas y que no pasen sin importancia, como cualquier amor juvenil. ¡Imagínate, si empezamos nuestro hogar con tanto amor, cuánto más lo alimentarán el paso de los años y los hijos que vengan!

Sin duda alguna, amor, seremos ricos.

Manolo, junio de 1963.

85.   **Una carta sin destino.**

<u>Una carta sin destino</u>

Hola mi amor... ¿cómo te encuentras?
Quisiera preguntarte qué me cuentas,
cómo estás, qué haces sin mí...
yo, que fui todo para ti.

Hace ya tiempo que te fuiste
si supieras, mi amor
qué fue de lo que hiciste!

Nuestra hija, la Califa es ya toda una mujer
se parece a ti en que le es difícil entender
el valor de poseer
la serenidad y entereza
que su actitud expresa.

Es muy linda y muy mujer
y, como tenía que ser,
ella pronto decidió
su camino recorrer.
José Luis es como tú
y los hijos de los dos
no te imaginas, mi amor,
lo maravillosos que son.

Santiago ha llegado a ser
lo que tú decías ...y mejor,
al ser puro corazón.
También tiene algo de ti
que me hacer recordar
lo que fuiste para mí.
.

Siempre tan apasionado,
quedó pronto enamorado.
Linda mujer su pareja
ni a sol ni a sombra lo deja
y su hogar es como un sol
con dos chiquitos de amor.

Tenemos también,
puedes imaginar quién,
todo un egresado
con título de post grado,
quien siguiendo tus pasos
destacó en todos los casos:
Como amigo, en su trabajo,
como hijo y como hermano
es de los que a todos
da siempre una mano.

Te preguntarás por tu Furrufa...
ella superó con creces
tu partida y algunas
etapas de su vida.

Ahora es una hermosa mujer
que sabe hacerse querer;
tiene mucha sensibilidad
y cultiva el pensamiento
que es su gran cualidad.

Me imagino cómo ansías
saber de Manolito
ese hijo chiquitito
a quien tanto querías.
Puedes estar muy orgulloso
que al igual que los demás,
ha seguido el camino recto
sin preocuparme jamás.

Lo que sí, de vez en cuando,
necesita un empujón,
y en eso, corazón,
tiene más de Santa María
que de Rizo Patrón.

De esta manera termina
aquella conversación
que cerró nuestro camino

cuando hablamos del destino
y prometimos los dos,
lograr para nuestros
hijos un futuro mejor.

Nitty, 10 de mayo del 2003.

86.   Posdata.

Posdata

Querido Padre:
Aquí estamos los cinco hermanos
y es difícil escribir
de quien con orgullo
queremos hablar...
solo que no heredamos
su facilidad para expresar.

La gran mujer de la que hablamos
y a la que todos admiramos,
ha logrado vencer todas las pruebas
que la vida le quiso poner
seguramente por esa promesa de amor
que te hizo ella alguna vez.

Padre, ella es la fuerza de nuestras vidas,
pues ha sabido ser tú y ella a la vez.
Una luchadora incansable que se entregó totalmente
a aquellos sueños que empezaron juntos un día.

Si la vieras, padre, cuánto más hermosa es ahora.
Se ha vuelto una reina,
sabia y sensible, inspiración de muchos.

Tu Choloque lo ha dejado
que es un lugar soñado
y allí ella sigue engriéndonos
con el amor y alegría,
que le puso siempre a la vida.

Gracias, Padre, no solo por el amor que nos diste,
sino también por elegir
esta madre que ha logrado
hacer de nosotros,
lo que somos hoy.

Tus hijos, El Choloque, 3 de junio 2003.

87. Canción al Choloque.

Canción al Choloque

Las lágrimas de mi tierra
Se van al río, se van al río
Y con su llanto el río
Se va llevando
La tierra mía

Ay río qué mal te hicimos
Ay tierra porqué lloraste

Ay alma que es tierra y río
Por qué te fuiste
Con la corriente
Ay vida que es alma y tierra
Por qué cambiaste
Tu faz sonriente

Ay tierra que fuiste madre
Ay madre tierra
Por qué te has ido

Tus hijos que son raíces
De tus entrañas
Lloran tu ausencia

Pero en tu recuerdo, tierra
Ahondaremos raíces
Y juntos recordaremos
Aquel trocito
De tierra nuestra

Que en su locura un día
Al ver tan lindo
Se llevó el río.

88.   Recetas Del Choloque.

ARROZ CON TOMATE PARA EL DESAYUNO

Ingredientes

2   tazas de arroz graneado del día anterior
2   tomates
Aliños: sal y pimienta

Preparación

1   Pelar los tomates y picarlos en cuadraditos
2   Poner a calentar la sartén con poco aceite
3   Freír los tomates por dos a tres minutos
4   Agregar 2 cucharadas de agua, sal y pimienta al gusto y
        dejar hervir dos minutos
5   Agregar el arroz mezclando bien

FOTOS

La "Gringa" en el monte.

La casa hacienda.

El establo.

Nuestros hijos.

El hornado.

Cruzando el río.

Cerro "La Vieja".

El ingeniero zarco.

La familia y la carreta aguatera.

Manolo y Nitty.

Adiós maracuyás (Niño 83) despúes de las langostas.

Inundación desde la hacienda Santa Teresa.

Don Héctor y doña Nita en sus Bodas de Plata, en Jecuán.

Primer día de clases en la cuidad.

Álvaro a caballo.

Manolo al nido.

Los dos Rambos.

Cali, al colegio en Martín.

Construyendo la casa.

El nido de Lani.

Mis hijos.

Contenido

www.ingramcontent.com/pod-product-compliance
Lightning Source LLC
Chambersburg PA
CBHW080859020726

47502CB00008B/2289